新编21世纪新闻传播学系列教材

—— 传播学系列 ——

全球传播导论

高金萍 著

Introduction to
Global Communication

中国人民大学出版社
·北京·

新编21世纪新闻传播学系列教材

编委会

主　编　　方汉奇

副主编（以姓氏笔画为序）

丁淦林　　何梓华　　周瑞金

郑兴东　　赵玉明　　郭庆光

童　兵

内容简介

20世纪90年代以来，全球化的发展推动全球传播成为新的研究领域。本书旨在构建全球传播理论框架，确立全球传播研究的基本范畴，助推中国国际传播研究走出去、走进去，探索全球传播规律。

本书从理论维度出发，阐述了全球传播的概念、要素及支撑理论；从历史维度出发，梳理了30余年来全球传播实践的源流变迁；从传播生态出发，揭示了全球传播的演变基础和技术基础，以及全球传播的多元治理结构和全球传播生态的特点；从全球传播内涵出发，分别探讨了全球新闻传播、国家形象、公共外交、全球健康传播、全球环境传播、全球体育传播等六个核心范畴；从全球传播秩序构建与人类传播趋势出发，辨析了西方的理想社会愿景与中国的人类命运共同体方案，并基于人类命运共同体理念提出了全球传播新秩序的构想。

本书是当前国内首部面向国际新闻传播专业高年级本科生和研究生的全球传播教材，也可供新闻传播学专业和国际关系等相关专业本科生和研究生参考。

作者简介

高金萍 北京外国语大学国际新闻与传播学院教授、博士生导师，马克思主义新闻观研究中心主任。教育部"新世纪优秀人才"，北京市宣传思想文化系统"四个一批"人才，国家社会科学基金重大招标项目首席专家。主要教学与研究领域为新闻理论、全球传播。著有《外国新闻事业史》《西方电视传播理论评析》《跨文化传播：中美新闻文化概要》《"明镜"与"明灯"：中国主流媒体话语与社会变迁研究（2003—2012）》《新闻理论基础》等。

总序

中国人民大学出版社策划出版的"新编 21 世纪新闻传播学系列教材"，是一套在新闻传播学领域内密切联系新闻传播工作的实际，广泛吸收新闻传播学的最新研究成果，供新世纪的高等院校新闻传播院系教学使用的系列教材。

20 世纪初以来的 100 年，是世界新闻传播事业飞速发展的 100 年。这 100 年来，随着科学技术的不断发展，继报纸、期刊、通讯社之后，广播、电视、网络和多种新媒体相继问世，新闻传播的媒介日趋多元化，新闻传播的手段日趋现代化，"地球村"变得越来越小，新闻传播事业对世界政治、经济和文化的影响则变得越来越大。

这 100 年，也是中国新闻事业飞速发展的 100 年。尤其是中国改革开放以来，发展得尤为迅猛。

进入 21 世纪以后，中国新闻事业发展的势头更为迅猛。报纸、期刊、通讯社、广播电台、电视台的数量在宏观调控下，虽无大变化，但软硬件的实力都有了很大的提高。据 2011 年 12 月出版的《中国新闻年鉴》的最新统计数字，2010 年全国共出版报纸 1 939 种，平均期印数 2.14 亿份。共出版期刊 9 884 种，平均期印数 1.63 亿册。全国共有广播电台 227 座，电视台 247 家，广播电视台 2 120 家，教育电视台 44 家。广播综合人口覆盖率为 96.78%，电视综合人口覆盖率为 97.62%。

另据 2012 年 1 月中国互联网络信息中心（CNNIC）发布的《第 29 次中国互联网络发展状况统计报告》，截至 2011 年 12 月底，中国网民规模已达到 5.13 亿，互联网普及率达到 38.3%。其中，手机网民数量为 3.56 亿，博客和个人空间用户数量为 3.19 亿，微博用户数量为 2.5 亿，社交网站用户数量为 2.44 亿，网络视频用户数量为 3.25 亿。中国居民中具备上网条件和技能的人已经基本转化为网民，大专及以上学历人群中互联网使用率已达96.1%。中国网站总数为 230 万个，网页数量为 866 亿个。

这样大的发展规模，这样快的发展速度，在世界和中国新闻事业史上都是空前的。回顾既往，盱衡未来，新闻传播事业在 21 世纪还将保持旺盛的发展势头。新闻传播，作为上层建筑和意识形态的一个重要组成部分，在全面准确地宣传党的基本理论、基本路线和基本方针以及各项决策，反映人民群众的伟大业绩和精神风貌，以及推动改革开放和社会主义现代化建设等方面，必将继续发挥重要的作用。

与新闻传播事业的发展相配合，这 100 年来，为中国的新闻战线培养和输送人才的中国新闻教育，也有了相应的发展。中国的新闻教育起始于 20 世纪初，迄今有近 90 年的历史。中华人民共和国成立前的 30 年，虽然先后在个别院校中设立了新闻系或新闻专科，但规模都不大，设备也不够完善，在校学生人数最多的时候不超过 400 人，30 年间累计培养出来的毕业生还不到3 000 人。中华人民共和国成立后，为了给新闻事业培养人才，新闻教育有了新的发展，但到 20 世纪 60 年代中期为止，全国的新闻教育机构也还只有14 家。当时全国只有 343 家报社、78 座广播电台和 13 家电视台，革命老区来的新闻工作骨干正当盛年，足以支撑大局，新闻系和新闻专业的学生统招统分，基本上能够满足中央和省市以上新闻单位梯队建设方面的需要。"文化大革命"爆发后，新闻事业进入低谷，新闻人才的培养也被迫中辍。拨乱反正之后，新闻事业有了飞速的发展，但新闻工作的人才却出现了断层，明显供不应求，因而极大地推动了新闻教育的发展。中国的新闻教育得以重整旗鼓并得到空前迅猛的发展，主要是改革开放以来的这 30 多年的事情。30 多年来，中国新闻教育和中国新闻事业同步发展。截至 2011 年，全国设有新闻传播学类院、系、专业的高校已由改革开放之初的两三所增加到 800 所以上，各种类型和层次的专业教学点已不下 1 000 个。新闻专业的教学已从单一的大学本科教育，发展到博士生、硕士生、本科生、大专生、成人教育、函授教育等多层次的格局，不少院系还设置了新闻传播学方向的博士后流动站。改革开放之初，全国在校新闻系科学生总共只有 500 来人，现在仅在校本科生就有 16 万人左右，硕士和博士研究生 3 万人左右，办学层次、办学规模、办学水平都有了很大的提高。进入 21 世纪以后，随着新闻传播事业的加速发展和新闻战线人才需求的不断增加，中国的新闻教育还将有更大幅度的发展。

一般说来，新闻教育质量的高低，起决定作用的主要是两个因素：一个是师资，一个是教材。两者之间，教材的作用更大。这是因为，师资的多少和良窳，往往受办学主客观条件的限制，而教材一旦完成，就可以直接嘉惠于学子，风行四海，无远弗届。进一步说，一部好的教材，不仅可以满足教学的需要，培养出一大批人才，而且还可以同时拥有一定的学术含量，推动新闻传播学研究的发展。1919年出版的徐宝璜的《新闻学》，1927年出版的戈公振的《中国报学史》，就是这方面的很好的例子。这两本书都是作者在高等学校从事新闻学理论和新闻史教学时作为教材编写出来的，出版之后，立即引起世人的关注和推崇，一再重版，历久不衰，至今仍然是公认的新闻学理论和新闻史方面的传世之作和经典之作。正因为这样，新闻教育的前辈们，历来十分重视教材的建设。中华人民共和国成立初期的十来年，坊间出版的新闻学方面的书籍，绝大部分是教材。改革开放以后，新闻传播学研究空前繁荣，新闻学方面的书籍大量问世，但教材仍然在其中占了很大的比重。这些教材，覆盖了新闻传播学的方方面面，经过出版家和众多作者们的长期努力，门类和品种基本配套齐全，曾经为同时期的新闻教学做出过重要的贡献。但是，随着时间的推移和新闻工作实际的飞速发展，这些教材的体例日显陈旧，观点和内容也亟待调整和更新。一些属于学科前沿和科技含量较高的新开课程的教材尚付阙如，使现有的教材出现了不少缺口。在21世纪已经到来之际，集聚力量，重新编写出一套体系完整、门类齐全、能够为新世纪的新闻教育和新闻人才培养服务的新闻传播学的系列教材，已经成为人们的共识和新闻业界与新闻教育界的迫切需求。

呈现在读者面前的，就是应这样的需求产生的一套系列教材，它将涵盖新闻学、传播学两个二级学科的方方面面内容，满足新闻、广播、电视、广告、媒体经济、新媒体等多个专业的教学需要。负责这些教材编写工作的，是中国人民大学、复旦大学、北京大学、清华大学、中国传媒大学、中国青年政治学院等多所著名院校长期从事新闻传播学方面教学与研究工作的专家学者，其中有相当大的一部分编写者是相关学科的国家级的学术带头人，堪称一时之选。收入本系列的教材中，既有国家级重点教材，也有部级重点教材，其他的也是经过严格筛选的精品，所以，本套系列教材的质量是有保证的，其权威性也将得到社会的认同。

21世纪是一个高度信息化的时代，是信息经济和知识经济占主导地位的时代。信息经济和知识经济有两大支柱，一是以高科技为代表的传播技术产业，二是从事新闻和信息产品生产的媒体产业。新闻传播学作为将这两大领域有机联结的桥梁，在今后的国家建设和社会发展中必将发挥越来越重要的作用。中国人民大学出版社经过精心策划，隆重推出这套系列教材，是具有高度的前瞻性和战略眼光的。在这里，我谨代表编委会和全体作者向中国人民大学出版社表示由衷的感谢。

　　这部系列教材开始策划于 20 世纪的最后一年，21 世纪初起陆续问世，迄今已编写出版了 50 余种。在体例和内容的创新和开拓等方面，远远超过同时期出版的同类教材。其中的有些教材，还根据整个新闻传播理论与实践的发展和新闻传播学教学与研究的发展，陆续作了必要的补充和修订，重新出版，实现了内容的与时俱进。

　　这批教材的问世，将会为新闻传播事业和新闻教育事业的发展和繁荣、为新世纪新闻传播人才的培养做出它应有的贡献。这是出版者和全体作者共同的一点希望。是为序。

方汉奇

2012 年 3 月 15 日

于中国人民大学宜园

目 录

第一章

全球传播的概念与要素

全球化的发展促使人们从全球视角看待传播。全球传播是以近30年来国内外学术界的主导性解释模型——全球化为出发点，关注人们跨越地理、政治、经济、社会和语言文化鸿沟（即跨越社会系统和生活世界）进行的信息分享、互联和动员活动；它超越了国家中心主义，彰显着人类整体论和人类共同利益观的思维模式。全球传播着眼于人类的日常生活世界，通过传播活动彰显人类整体利益，作用于并改变着以民族国家为中心的社会结构，以及国家主义的思维方式、传统的国际传播观念，在多主体的互动中促进国家利益与人类整体利益的和谐共存。当前，"世界之变、时代之变、历史之变"正以前所未有的方式展开。在人类社会面临前所未有的挑战之际，全球传播在建立全球公众联结、传播和共享全球共同价值方面，正在变得更加重要。

第一节　全球传播的概念

全球传播是全球化时代人类社会变迁的产物，20 世纪 90 年代末期人类传播形态逐步从国际传播转向全球传播。从传播致效角度来看，国际传播（international communication）的目标是维护本国利益，全球传播的目标在于促进人类共同价值的实现。全球传播（global communication）超越了国际传播一国对某国（点对点）或一国对多国（点对面）的传播路向，体现为国家民族以及多主体之间对话、交流的互动过程。国际传播指向人群的分化，而全球传播指向共同体的重建。全球传播是世界各国、各民族对话交流的平台，人们在这个平台上理解他人，构建全球共同体。

一、全球传播的表征

从经济角度来看，全球传播的现实表征是媒介生产和消费的全球化，以及全球事务的高度媒介化。在全球传播语境下人类共存于一个高度媒介化的世界中，汉斯-彼得·马丁（Hans-Peter Martin）、哈拉尔特·舒曼（Harald Schumann）在《全球化陷阱：对民主和福利的进攻》（*The Global Trap：Globalization and the Assault on Prosperity and Democracy*）一书中指出："以前从来没有这么多人，听到并且感受到这么多的关于世界其他地区的信息。有史以来，人类第一次在一个共同的生存梦幻中联合起来。"①

（一）传播主体弥散

在全球传播形态下，传播主体与接受主体合一，弥散于全球各地、各领域、各阶层。除了国家政府，国际组织、非政府组织、跨国公司、跨国媒体和个人也都不同程度、不同方式地参与到全球化进程中来，这些主体运用便捷的传播手段进行跨国、跨民族、跨语言、跨领域的信息交流，多元主体的互动打破了国际传播形态下国家之间的区隔，使得全球传播比国际传播更加多元复杂，具有更多的不确定性。

国际组织是具有国际性行为特征的组织，是两个或两个以上国家（或其他国际法主体）为实现共同的政治经济目的，依据缔结的条约或其他正式法

---

① 马丁，舒曼. 全球化陷阱：对民主和福利的进攻 [M]. 张世鹏，等译. 北京：中央编译出版社，1998：11.

律文件建立的有一定规章制度的常设性机构。国际组织分为政府间组织和非政府间组织，也可分为区域性国际组织和全球性国际组织。20 世纪以来影响范围最广的国际组织是联合国；21 世纪以来全球流行病多次暴发，特别是新冠病毒感染疫情全球蔓延，让联合国下属的专门机构世界卫生组织（简称"世卫组织"，World Health Organization，WHO）① 日显重要。

非政府组织（Non-Governmental Organization，NGO）是在地方、国家或国际级别上组织起来的非营利性的、志愿性的民间组织。当前全球非政府组织从事的社会公益活动向社会提供公共产品，涉及社会救济、医疗卫生、教育文化、环保、人权等多个方面。非政府组织具有组织性、民间性、非营利性、自治性、志愿性和公益性的特征。② 国际非政府组织（International NGO，INGO）的成员不是国家，而是个人、社会团体或其他民间机构，按照其覆盖范围和功能作用可分为四类：全球性的单一功能组织，如国际救助贫困组织；全球性的多功能组织，如国际红十字会；区域性单一功能组织，如阿拉伯律师联盟；区域性多功能组织，如香港地球之友。国内著名的非政府组织包括中国红十字会、中国职业安全健康协会、中国野生动物保护协会、中国教育发展基金会、中华全国总工会、中国可持续发展工商理事会、中国人权研究会、中国国际民间组织合作促进会，以及印尼-中国经济、社会与文化合作协会等。当前，非政府组织积极参与全球传播，在国际舆论中主动发挥着协调、沟通国家政府与企业和公众的作用。

个体也成为全球传播的重要力量。在国际传播中，个体仅仅是接受者，被动地接受国家政府主导的信息传播；在全球传播中，人人都有麦克风，人人都能借助全球性社交媒体，跨越地域、种族、文化，向全球公众言说。一方面，个体在交流互动中结合起来，形成社群或共同体，达成共识，甚至通过互联网自组织形成挑战国家政府政策的政治力量，改变或形塑着未来的社会样貌。另一方面，个体通过全球性媒介（电视真人秀、谈话类节目，博客、短视频等自制内容），把自己变成媒介的内容，甚至创造了胜过组织（政府媒体）的传播效果，创造了全球传播的奇迹，如优兔上的网红（中国的李子柒、

---

① 世界卫生组织是国际最大的政府间卫生组织，只有主权国家才能参加，总部设在瑞士日内瓦。其主要职能包括促进流行病和地方病的防治；提供和改进公共卫生、疾病医疗和有关事项的教学与训练；推动确定生物制品的国际标准。宗旨是使全世界人民实现尽可能高水平的健康。世界卫生组织确定 4 月 7 日为全球性的"世界卫生日"。2004 年世界卫生组织对疫情的全球应对行动框架《国际卫生条例》（International Health Regulations）进行重大修订，旨在纠正全球在 2003 年"非典"疫情中的反应缺陷，196 个国家签署条例。这一条例成为新冠病毒感染疫情中全球多国统一行动应对疫情的框架依据。在新冠病毒感染疫情中，世界卫生组织在信息搜集、国际协调和疫情防控过程中发挥了关键的协调作用。在新冠病毒感染疫情暴发期间，全球研究人员的交流和信息共享是史无前例的，促进了各国科学家间的协作，使得研究行动的执行效率前所未有。

② SALAMON L M，SOKOLOWSKI S W. Global civil society：dimensions of nonprofit sector［M］Vol. 2. West Hartford：Kumarian Press，2004，2：9 - 10.

阿木爷爷等）。

（二）传播内容无界

全球传播不仅涉及科学世界，而且容纳人类生活世界，全球传播内容具有无界的特点。按照胡塞尔的现象学理论，生活世界是在主体间性的交互关系中构建起来的世界，生活世界是第一性的、基础性的，是日常生活中人们的知觉行为，是人们身体体验的以及日常经验的世界，是人们被给予的最普遍的视域。科学世界是在生活世界基础上构建起来的，是抽取生活世界中的一部分加以理论化、形式化的结果，自然科学和社会科学的视域是在生活世界的经验中被给予的，因此，科学世界的问题要在这种与直观打交道的世界中才能被充实，生活世界才是科学世界的基础。由此看来，生活世界是构建科学世界的前提条件；两个世界相互作用、相互渗透，历史地统一。国际传播的传播内容以科学世界为主，其视域是国际关系、国家间的博弈，展示的是一个高度客观化、规范化和概念化的世界；而全球传播的视域是在主体间性的交互中由生活世界给予的，全球传播主体的泛在性和弥散性，使得它的传播内容不仅包括客观化、概念化的科学世界，而且容纳了更多由个体知觉给予的、被人们经验到的世界。因此，全球传播处在永恒的变化之中，它对每个人都是开放的、平等的，而且永远是具体的、经验性的。全球传播容纳了人类的科学世界与生活世界，让传播成为人类社会的中心。

（三）传播方式融合

在全球传播时代，卫星电视、移动互联网、人工智能等信息传播技术弥合了传统媒体与现代媒体的鸿沟，媒体融合不仅带来信息采集渠道和传播通道的多元化，更重要的是通过整合不同媒体的传播优势，衍生了多种形式的信息产品，然后通过不同的平台传播给受众，极大地提升了信息传播的质量和深度，迅疾传达信息，展现事件背后的真实，还原事件的全貌。伴随着下一代互联网的发展，基于虚拟现实、云计算、超高清视频、数字孪生、网络游戏等多个产业的元宇宙，将成为人类面临的"第二世界"，人类传播的场景化、可视化、智能化将为受众提供更真实的沉浸式体验和互动感受，既有以视觉、听觉、触觉、嗅觉等为主的感官体验，也有叙事性和故事性的情感体验，还有追求价值认同的精神体验。与传统技术比较，信息传播新技术和数字技术的最大特点在于具有互动性，在两类技术支持下，传统媒体给予被动的信息消费，新媒体提供交互的信息传播。

（四）传播媒介多元

除了传统的报刊、广播、电视等大众传媒，新兴的平台媒体和社交媒体也成为全球传播的重要渠道，互联网把全球信息产业纳入全球传播生产、销售、分发中来，让媒介无所不在，实现了"万物皆媒"。国内学者赵子忠认为，随着载体的扩大和5G、物联网的泛化，人工智能应用以后，这些技术都具有媒体属性，摄像头、无人机、卫星等都变成了信息的采集端，成为信息的一个重要来源。万物媒介化，平台多样化，信息传播新技术在深刻改变人们行为方式的同时，也颠覆性地改变着全球传播生态，人机共生于这个传播生态中。

（五）传媒产品环球

所谓新自由主义在多个国家的实践助推了全球经济一体化，为跨国集团和互联网超级公司的全球发展创造了机遇。跨国传媒集团和互联网超级公司用自己生产的媒介产品将消费主义和多元民族主义推向全球。跨国传媒集团和互联网超级公司带来了传媒产品的全球化传播。20世纪90年代后，随着经济全球化的发展，出现了一大批跨国传媒集团（时代华纳、新闻集团、迪士尼等）。21世纪以来，随着互联网技术的普及，出现了一大批互联网超级公司（亚马逊、谷歌、雅虎、脸书等）。这些跨国传媒集团和互联网超级公司在全球范围内进行信息生产和分发，极大地推动了传媒产品的全球传播。

从政治与社会角度来看，全球传播的现实表征更加多元。传播学者凯·哈菲兹（Kai Hafez）和安妮·格鲁内（Anne Grüne）综合媒体全球化与其他形式全球化，从四个类群（个体、社会群体、商业公司和政治组织）出发分析了全球传播的表现，他们认为全球传播推动形成了六种模式：全球公共领域与全球社会（global public sphere and global community），远景感知与世界主义（perception of distance and cosmopolitanism），互动、协同定位与全球同步（interaction，co-orientation and global synchrony），离散的全球社会与对话的全球社会（discursive global society/dialogic global community），整合主义系统（integrationist system），生活世界中文化间对话的延伸（dialogue between "cultures" in an extended lifeworld）。[①] 这六种模式建构了信息传播者、经济与政治在信息传播中的互动、竞争与博弈关系，诠释了全球传播的两个路向：一是"理解全球其他人"；二是构建全球共同体。

无论是从信息生产与消费维度来看，还是从国际关系与全球治理维度来看，在全球传播时代传播已经成为社会结构的中心环节之一，成为人类生存、

---

① HAFEZ K，GRÜNE A. Foundations of global communication：a conceptual handbook ［M］. Trans. SKINNER A. London：Routledge，2002：8-17.

进步、发展的关键要素。

二、全球传播的概念

随着全球化趋势的深入以及互联网技术的普及，西方发达国家出现了全球传播的实践和研究。"全球传播指研究个人、群体、组织、民众、政府以及信息技术机构跨越国界所传递的价值观、态度、意见、信息和数据的各种学问的交叉点。"[①] 1992 年，美国学者罗伯特·L. 史蒂文森（Robert L. Stevenson）在《定义作为一个领域的国际传播》（Defining International Communication as a Field）一文中敏锐地感觉到国际传播向全球传播的转向，并且在文末提出"在 20 世纪 90 年代早期，国际传播正在变得很像全球化的传播"[②]。

1993 年，美国学者霍华德·H. 弗雷德里克（Howard H. Frederick）提出："过去几十年，我们一直称'国际传播'，其定义本身把民族国家放到了很高的位置，而'全球传播'则涵盖了地球上所有的信息通道。"[③] 全球传播的视域，超越了欧美中心主义，淡化了国家中心主义，逐步形成以全球为出发点的全球（本位）主义范式。今天，全球传播已成为国外理论界普遍接受的学术概念和传播实践。

当前学术界对全球传播的概念莫衷一是。有些学者认为，全球传播是国际传播在全球范围内的延伸、拓展和扩大。如国内学者张开提出，全球传播是国际传播的扩大和发展，它既包括传统的国际传播的各个领域，又拥有自己的全新课题。[④] 李智认为，广义的全球传播包括（自古以来）人类所有的传播活动，狭义的全球传播是（近现代以来）以全球为范围的网络化传播活动，最完全意义上的全球传播指 20 世纪后期互联网诞生以来的全球网络型传播活动。[⑤] 有些学者认为，全球传播是在知识共享和话语共同情境下开展的人类传播活动，如德裔学者巴萨姆·提比（Bassam Tibi）在《全球传播与文化排他主义》（Global Communication and Cultural Particularisms：the Place of Values in the Simultaneity of Structural Globalization and Cultural Fragmentation—the Case of Islamic Civilization）一文中提出，全球传播是世界各国各

① 刘继南. 国际传播与国家形象 [M]. 北京：北京广播学院出版社，2002：111.

② STEVENSON R L. Defining international communication as a field [J]. Journalism Quarterly, 1992, 69（3）：543-553.

③ FREDERICK H H. Global communication and international relations [M]. Belmont：Wadsworth Publishing, 1992：270.

④ 张开，杨光辉，王艳丹. 全球传播学 [M]. 北京：中国广播电视出版社，2013：35.

⑤ 李智. 全球传播学引论 [M]. 北京：新华出版社，2010：7.

民族进行文化间对话的平台，在互动中促进相互理解和文化借鉴。[①] 有些学者认为，全球传播是打破传统边界和阻碍的传播。德国埃尔福特大学教授凯·哈菲兹和安妮·格鲁内在 2022 年出版的新著《全球传播基础：概念化手册》(*Foundations of Global Communication：A Conceptual Handbook*) 中，把全球传播视为跨越边界的传播 (cross-border communication)，这里所谓的边界，是指人类社会系统和人们的生活世界。[②]

从罗伯特·L. 史蒂文森开始，全球传播被视为国际传播研究的新阶段、新范式、新路径。从人类传播发展进步的角度出发，全球传播指以信息传播新技术为支撑，由政府机构与非政府组织和个体共同参与，各个社会系统和多元文化之间的对话、互动和信息交流。从实践主体来看，国际传播的主体是各国政府，政府希望通过各种传播手段，向国际受众表达自己的外交意图，影响国际社会对自己的看法。全球传播的主体包括国家政府、国际组织、非政府组织、跨国公司和个人。从研究对象来看，国际传播关注国与国之间的关系，强调一个（一些）国家对另一个（另一些）国家的影响，既关注发达国家对发展中国家的传播技术输出，帮助发展中国家实现国家发展，又关注西方发达国家利用传播技术，建立自己的文化霸权。全球传播把全球视为整体性的信息生产、传播和消费场域，它涵盖了所有的信息渠道，打破了国内与国外、科学世界与生活世界的传播界限。从支撑理论来看，国际传播的支撑理论是发展传播学和媒介帝国主义，体现着 20 世纪初期美国传播研究的实用主义和行政研究特色。全球传播的支撑理论是全球化和当代文化转向，风险社会中共同体意识的萌生为全球传播提供了新的理论支持。全球传播倡导信息自由、平等传播的理想图景。全球化情境下，信息流动前所未有地扩大，以此为基础，倡导由多元、权力平等、目标一致的参与者构成的全球传播是现代社会发展的必然。

总而言之，全球传播是后冷战时期，以互联网技术为支撑的、由国家政府与国际组织、非政府组织、跨国公司及个体共同参与的信息传播活动。全球传播视全球为整体，面向全球公众进行信息生产、传播和消费，全球传播活动的主渠道是平台媒体和社交媒体。

---

① TIBI B. Global communication and cultural particularisms：the place of values in the simultaneity of structural globalization and cultural fragmentation-the case of islamic civilization ［C］//FORTNER R S, FACKLER P M. The handbook of global communication and media ethics. Oxford：Wiley-Blackwell，2011，1：54 - 78.

② HAFEZ K，GRÜNE A. Foundations of global communication：a conceptual handbook ［M］. London：Routledge，2022.

第二节 全球传播的要素

全球传播实质上是全球化带来的全球互联互通在传播内容和传播行为中的透射，具有过程性、系统性和互动性的特征。作为各个社会系统与多元文化之间进行对话、交流的活动，互动性是全球传播最大的特征，与国际传播相比，全球传播中的互动是及时、高效的。这一方面体现为传播内容涉及的传播对象之间的对话与互动，它受到外部环境的影响与制约；另一方面体现为媒体之间、传播主体之间、接受主体之间的对话与互动，它受到传播生态的影响与制约。全球传播与国际传播、跨文化传播、对外传播等的区别，体现在四个基本要素之中（见图1-1）——全球传播主体、全球传播内容、全球传播渠道、全球传播反馈，即对四个问题的回答：谁来传？传什么？怎么传？传得如何？

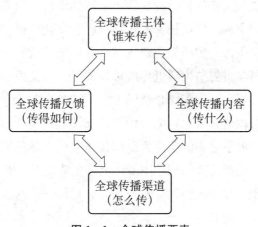

图1-1　全球传播要素

一、全球传播主体

在全球传播实践中，"谁来传"指的是全球传播中的主体，既包括传播主体又包括接受主体。传播主体即全球传播行为的引发者，即以发出信息的方式主动作用于他人的人[①]，又称信源；接受主体即全球传播媒体信息的接受者，又称信宿。在全球传播实践中，传播主体与接受主体出现了弥散化、多元化与一体化特征。一方面传播主体与接受主体弥散于全球各地、各个领域；

---

① 郭庆光. 传播学教程（第二版）[M]. 北京：中国人民大学出版社，2011：49.

另一方面传受主体合一，传播者即接受者。全球化趋势使全球的流动性、网络化、相互依存性空前高涨，不仅打破了地理空间和领域范围的隔阂，而且提升了全球的制度化和组织化程度，越来越多的人在自觉或不自觉的状态下参与到全球性活动当中，在与他人的对话与互动中不断处于传播主体与接受主体的交替转换中。

全球传播的主体泛在于全球各国、各民族，弥散于世界的各个角落，"人人都有麦克风，人人都是记者"，传播主体的全民性色彩日渐浓郁。新传播技术的运用与社交媒体的普及，极大地降低了信息发布门槛，对传播主体综合实力和专业资质的要求已经成为明日黄花。技术上的便利使所有机构和个人都能随时随地发布信息，成为信息传播主体。传播主体弥散化与互联网海量信息的特点极为契合，全球传播主体远远超越了政府设立的机构和媒体，越来越多的跨国公司、非政府组织、文化团体、学校等机构乃至个人活跃在社交媒体和平台媒体上，不断生产信息，积极参与公共舆论。

全球传播主体既包括国际传播主体——国家政府，也包括非政府组织、国际组织、跨国公司，以及个体。全球传播主体的多元化，一方面是全球化时代新传播技术带来的平台媒体和社交媒体赋权的结果，平台媒体和社交媒体让每个人都成为记者；另一方面是全球化时代社会结构变迁的结果，第二次世界大战后，所谓新自由主义逐渐抬头，20 世纪 80 年代后，多国从以政府为主的一元社会向以政府、企业、社会组织为主的多元社会转变，各种非政府组织、跨国公司和国际组织纷纷参与传播，共同构成了全球传播的多元主体和多种声音。

全球性媒体的网络化，让每个网民既是接受主体又是传播主体，全球传播主体的一体化已经成为其主要特征。过去有媒体与受众之分，而今所有的网民都可以成为媒体，成为传播主体——每个人都可以通过社交媒体向全球网民发布自己的所见、所闻、所思、所为，很多个人自媒体的粉丝量和阅读量甚至超过了传统的机构媒体，产生了覆盖全球的吸引力和影响力。借助大数据、人工智能和算法等技术，如今信息可以精准地抵达世界上任何一个区域或群体，乃至个人。

二、全球传播内容

在全球传播实践中，"传什么"指的是传播内容。全球传播与国际传播不同的传播理念——全球传播旨在促进人类共同价值，国际传播意在维护本国利益——决定了二者在传播内容上出发点与归宿的差异。国际传播基于本国和本民族视域，以国家利益为追求目标，服务于国家利益和国家间的权力博弈，具有"科学世界"的视域特征，关注的是人与世界的关系——外部关系。全球传播基于全球视域，以全球公众的福祉为追求目标，服务于全人类共同问题的协商解决，兼具"科学世界"与"生活世界"的视域特征，不仅关注外部关系，还关注在生活世界中人们循环往复的日常生活及其丰富的内容。虽然胡塞尔认为，每个"世界"通过特定的目的而有特殊的普遍性、通过无限的视域而有一定的总体性，但是从两个世界本身的关系来看，全球传播的视域更靠近人类社会的本原，随着人们的数字化交往实践渗透到日常生活的方方面面，与人们的日常生活互相嵌入、不可分割。

全球传播的突显表征是传播内容从国际关系、国际利益转向了生活世界。全球传播的价值在于对生活世界的回归，它借助新传播技术回归本真的生活，交互性技术、虚拟技术和智能技术让传播重返直而不隔的生活场景。生活世界正是通过交往活动来影响人在现实世界中的实践活动。换言之，全球传播既是个体的社会化活动，同时又基于实践活动将道德价值观念赋予个体，助力个体的社会实践和自我发展。

就传播内容的侧重点来看，国际传播重视国际话语权的竞争与较量，从民族主义或本位主义出发，强调塑造本国国家形象、维护本国国家利益，是一个经过抽象化的规范的科学世界。全球传播重视国家间、民族间的合作与互动，从人类命运共同体或全球主义出发，重视报道全球公共产品提供、维护世界和平发展的责任分担。针对同一事件，国际传播与全球传播的报道取向和报道角度是大相径庭的。以谷爱凌代表中国队参加北京冬奥会并获得 2 金 1 银奖牌为例：从国际传播理念出发，报道内容落脚于谷爱凌成为中国代表团中收获奖牌最多的人，以及体育移民的是非对错；从全球传播理念出发，报道内容关注谷爱凌如何通过刻苦努力实现梦想，个体对于推进全球冰雪运动可以如何作为。从前者的报道视角来看，其传播效应是强调民族主义情绪，可能加剧中美两国的割裂；从后者的报道视角来看，其传播效应是弘扬个人奋斗，把个体融入人类共同体之中。

全球传播内容具有无界性的特点。互联网无远弗届的传播特征，创造了"地球村/全球村"，"这个世界，各国相互联系、相互依存的程度空前加深，人类生活在同一个地球村里，生活在历史和现实交汇的同一个时空里，越来越成为你中有我、我中有你的命运共同体"。任何一个国家的议题和信息都已经不可能完全局限于一国之内，互联网将各国、各民族以不同形式和不同程度联系起来。这种国与国之间程度空前的"相互联系、相互依存"，打破了信息内容的地域局限性。① 人们在社交媒体上分享经验、提出问题、评价结果，

---

① 唐润华，刘昌华. 大变局背景下国际传播的整体性与差异化［J］. 现代传播，2021（6）：75－79.

形成了包容性的、不确定性的综合，促进了不同民族与国家之间的交流，也促进了人们不断地探讨问题和解决问题。与此同时，人们对他国社会发展的关注越来越密切，对异域文化的兴趣也越来越浓厚。无论是信息本身的意义拓展，还是受众关注范围的拓展，都在传播技术的助力下成为现实。美国学者尼古拉斯·J.卡尔（Nicholas J. Cull）指出："这些新技术模糊了国内新闻领域与国际新闻领域原本严格的界限。"①全球传播跨越国界，"你中有我、我中有你"的特征日益显现。

三、全球传播渠道

在全球传播实践中，"怎么传"指的是全球传播的渠道，即全球性媒体。全球性媒体不仅是连接全球传播过程中各种因素的纽带，而且是构建人们共识的平台。20世纪90年代以来，互联网技术为传统国际传播媒体的进化提供了可能性，传统国际传播媒体与互联网融合，打破了空间和时间的限制，进化为覆盖全球、影响全人类的媒体。21世纪第一个十年，全球性媒体的主渠道——平台媒体和社交媒体快速发展并普及。21世纪第二个十年，人工智能、5G技术、元宇宙等新科技再度与全球性媒体融合，让全球性媒体对人类社会系统和生活世界的影响和渗透进一步加强。

全球性媒体基于互联网技术具有突出的即时性、交互性，它通过通信卫星及光纤网络进行信号和数据传输，实时传播，而且信息呈现更加清晰、准确。全球性媒体采用多媒体技术，利用计算机对文本、图形、图像、声音、动画、视频等多种信息进行综合处理，建立逻辑关系来实现人与机、人与人的交互。新一代通信技术以及显示技术、算法的进步，催生了新的数字生态和数字应用，元宇宙被认为是下一代互联网模式，它融合了虚拟现实、云计算、超高清视频、数字孪生、网络游戏等多个产业，构建起一个具备新型社会体系的数字生活空间，是一个与现实世界映射与交互的虚拟世界。元宇宙具有与现实世界平行、反作用于现实世界、多种高新技术综合的特征，现实世界的传播秩序和媒体特征将以孪生或进化的形式出现在元宇宙中。

全球性媒体对人工智能技术的广泛应用强化了它的智能化特征。社交媒体机器人（social media bot）推动了"人＋社交机器人"传播生态的形成。社交媒体机器人不是一种单纯的工具，而是一种具有参与性的拟传播主体，全球传播生态已经由之前完全由人主导转变为"人机共生"。

---

① CULL N J. Public diplomacy：lessons from the past［M］. Los Angeles：Figueroa Press，2009：13.

全球性媒体与智能媒体终端紧密融合，体现着鲜明的随身性、易得性。智能媒体终端是移动通信技术与智能终端技术的结合体，智能手机、谷歌眼镜等可穿戴设备都是智能媒体终端。当前人们最常用的智能媒体终端是手机，手机具有可随身携带的特点。智能媒体终端搭载的智能化应用，将内容分发与个体的信息需求、接受习惯结合起来，一方面为人们获取信息提供了极大的便利，另一方面也成为收集个体信息、汇聚成为群体大数据的源头。

四、全球传播反馈

在全球传播实践中，"传得如何"指的是传播效果反馈，具体指传受主体间的互动。"反馈是体现社会传播双向性和互动性的重要机制。"[①] 全球性媒体作为中介，为全球公众和国家政府、各类组织机构共同讨论全球事务提供了平台。新传播技术的交互性，极大地提升了全球传播反馈的效率；全球性媒体的智能化，极大地提升了全球传播反馈的精准度。依据全球传播受众对反馈行为的意愿，全球传播反馈可分为两个渠道：主动反馈与被动反馈。

主动反馈来源于全球传播的互动过程中，是受众主动回应信息传播的行为。融合了互联网技术和人工智能技术的全球性媒体，其交互性功能远远超越传统媒体，能够实现及时、迅速的信息反馈。平台媒体与社交媒体信息传播的双向性和互动性，确保了全球传播反馈的及时和高效。社交媒体上同伴的回应与不回应、积极回应与消极回应、文字回应与表情回应，都是受传者对传播者的反作用，它是对传播者意图和目的实现程度的测量依据，同时也构成了传播活动的闭环，推动下一个传播活动循环往复。智能化的平台媒体和社交媒体可以全程记录受众的信息搜索和阅听行为，这为超级互联网公司收集受众接收信息的行为数据提供了便利，通过分析这些数据，可以全面了解受众的信息接收习惯、信息接收方式。

被动反馈体现于全球传播时代互联网公司及民意调查机构开展的受众调查、民意调查或舆论调查中，属于受众被动地提供信息传播的行为。民意调查或舆论调查的调查对象是社会公众，旨在了解一定范围内民众对某个或某些社会问题的态度倾向。理论上说，受众调查的范围比民意调查或舆论调查要窄，偏重于接受了全球传播的社会公众。伴随着全球传播全民化倾向的深化，受众调查与民意调查或舆论调查的结果越来越趋近。

近年来频频出现互联网公司甚至国家政府通过监控获取受众数据，甚至

---

① 郭庆光．传播学教程（第二版）[M]．北京：中国人民大学出版社，2011：49.

滥用受众信息的事件。这些互联网公司或国家政府依靠后门程序等隐匿行动，在受众不知情或未许可的情况下获取受众的各种数据。网上的个人信息全方位地覆盖了一个人从摇篮到坟墓的全部生活，不仅包括受众的媒体使用习惯和接触方式，而且包括他所有的自然信息（包括指纹、视网膜、脸部图像、身体特征等）和个人隐私。海量的个人信息累积形成庞大的数据群，客观上全面记录了网民的媒体接触行为与态度、对社会事件的认知，进而成为预判其未来媒体接受行为或态度的坚实基础。网民的这些信息成为一些互联网公司与国家政府寻求的被动反馈。

上述四个要素是全球传播过程得以完整成立的基本条件，在全球传播活动中，四者缺一不可，构成了全球传播活动的完整链条，并通过反馈互动，推动新的传播活动发生。当前，百年未有之大变局与传播技术大变革交织，全球不确定不稳定因素增多，全球传播在这个不确定不稳定的变革期，尚未形成稳定的传播模式。

第三节　全球传播的理论渊源

20世纪60年代，作为西方传播模式和发展传播学之外的一个重要领域，国际传播被广泛接受，并出现研究井喷之势，先后形成了国际传播的几种理论。[①] 国际传播的主导范式是控制论范式（the Paradigm of Dominance），控制论范式下的国际传播理论认为国际传播是通过大众媒体向对象国公众进行的信息输出，以塑造本国良好的国家形象，影响对象国公众接受本国价值观和意识形态。国际传播体现为一种具有强烈说服性的信息传播关系，甚至是胁迫性关系。20世纪90年代后冷战时期，全球传播应运而生。托马斯·L.麦克菲尔（Thomas L. McPhail）和斯蒂文·菲普斯（Steven Phipps）主编的《全球传播：理论、利益相关者和趋势》（*Global Communication: Theories, Stakeholders, and Trends*）一书，对国际传播与全球传播进行了比较。他们认为国际传播关注的是媒介对国家或民族之间文化、经济、政治、社会和技术的传播方式和效果分析。20世纪90年代后，国际传播更多关注全球视野下国家或民族之间的媒介传播，更少关注本地或一般的国家民族事务；而全球传播关注的是媒介视域下的全球互动及可持续发展，因为"我们生活在一个远超从前的、可以更快吸收异质文化并被

---

① 明安香.略论新世纪的全球传播格局［J］.现代传播（中国传媒大学学报），2006（6）：20-24.

其同化的、全新的文化环境之中"①。全球事务如恐怖主义、气候变暖、全球流行病等，不是某一两个国家可以解决的，而是需要全球多国、多民族在互动中共同应对。

一、国际传播的理论来源

（一）依附理论或依附模式

20世纪60—70年代阿根廷学者劳尔·普雷维什（Raul Prebisch）从国际关系和发展经济学角度提出了依附理论（Dependency Theory），他认为广大发展中国家与发达国家之间是一种依附关系、一种被剥削与剥削的关系。巴西经济学家费尔南多·亨里克·卡多索（Fernando Henrique Cardoso）对依附理论进行了深化，提出依附发展理论，认为第三世界国家在经济上依赖发达国家，这带来了国内市场和资产阶级的国际化，包括资金、技术和高端产品方面。同时，第三世界国家只能向发达国家提供一些低成本的初级产品或廉价端口，获得的低微利润难以发展本土经济。② 在社会学领域，依附理论认为发展中国家要实现自己的发展，就应当摆脱对西方发达国家的依赖，阻止西方贸易、技术、跨国公司、教育与思想的入侵，自力更生。西方发达国家应对发展中国家的不发达承担责任，发展中国家要实现现代化就必须摆脱对西方发达国家的依赖。在国际传播领域，依附理论认为发展中国家的媒体在传播内容、节目、广告和资金等方面受到发达国家（特别是美国传媒公司）经济、意识形态、消费习惯和社会价值观的支配，这些潜移默化地改变着依附国受众的欣赏习惯、文化传统乃至价值观念。按照这个理论的逻辑，处于依附地位的发展中国家在全球经济和传播结构中越来越被边缘化。

然而，互联网的社会化应用打破了西方发达国家媒介产品的垄断，墨西哥特莱维萨电视公司和巴西环球传媒集团制作出口的电视节目成功打入欧洲多国市场，出现了全球热播现象，这也暴露出了依附理论本身的局限性。

（二）文化帝国主义与媒介帝国主义

1969年，美国学者赫伯特·席勒（Herbert Schiller）在《大众传播与美利坚帝国》一书中首次提出文化帝国主义（Cultural Imperialism）概念。席

---

① MCPHAIL T L, PHIPPS S. Electronic colonialism: theories, stakeholders, and trends [M]. Hoboken: Wiley-Blackwell, 2019.

② HAMELINK C J. Cultural autonomy threatened [C] //ANOKWA K, LIN C A, SALWEN M B. International communication: concepts and cases. Belmont: Wadsworth Publishing, 2003: 227.

勒认为美国等西方国家出口的电影、音乐和其他媒介产品，破坏甚至取代了发展中国家的民族文化和本土文化，一如早期殖民者对殖民地国家自然资源的掠夺。文化帝国主义不仅关注全球文化产品流动的不平衡问题，而且关注资本主义文化扩张引起的另一个严重后果，即文化均质问题。英国学者杰里米·滕斯托尔（Jeremy Tunstall）认为："文化帝国主义命题认定，这个世界上许多地方真正的、传统的和本土的文化正在被主要来自美国的大量精心制作的商业和媒介产品的一股脑倾销席卷出局。"① 民族文化和本土文化的生存空间越来越小。20 世纪 70 年代美国媒体对全球媒体系统的支配达到顶峰，助推对文化帝国主义的研究。这一理论认为，文化优势国家利用先进的科学技术和发达的国民教育使自身文化始终居于世界领先地位，它们大力拓展和占领世界文化市场，企图将一国的文化优势变成世界性的文化优势。它们以强大的经济实力为后盾，通过文化市场（传媒市场）进行扩张；通过含有文化价值的产品或商品的销售和传播，实现全球化的文化支配，实现文化价值的扩张。

文化帝国主义理论忽视了资本主义文化扩张中的本土化问题。跨国传媒集团的运作实践表明，要实现利润最大化，节目内容、经营管理的本土化是必由之路，至少跨国传媒集团在本土化市场完全站稳脚跟之前大多如此。一些学者认为跨国传媒集团的全球扩张以利润为中心，文化多样性问题在它们的考虑范围之外。也有学者认为文化帝国主义理论对西方主导的跨文化传播现象过分敏感、小题大做。

1977 年美国学者奥利弗·博伊德-巴莱特（Oliver Boyd-Barrett）基于美国的电影、电视节目出口到全球许多国家，引起了国家之间媒介产品流通严重不平衡的现实，发展了文化帝国主义理论，提出媒介帝国主义（Media Imperialism）理论。巴莱特指出世界各国之间媒介产品进出口不平衡关系的实质是"某国媒介的所有权、结构、传递或内容，受制于他国媒介利益的强大压力，而未有相当比例的相对影响力"②。媒介帝国主义理论与文化帝国主义理论的不同，在于前者更关注全球各国之间不平衡的媒介产品进出口关系。有学者指出了第一世界传媒公司对第三世界传媒领域的控制体现在四个方面：一是资金或所有权的控制；二是传播模式的影响；三是媒介产品特别是电视

---

① ANOKWA K，LIN C A. SALWEN M B. International communication：concepts and cases［M］. Belmont：Wadsworth Publishing，2003；TOMLINSON J. Cultural imperialism：a critical introduction［M］. London：Continuum，1991.

② ANOKWA K，LIN C A，SALWEN M B. International communication：concepts and cases［M］. Belmont：Wadsworth Publishing，2003：230；LEE C-C. Media imperialism reconsidered：the homogenizing of television culture［M］. Beverly Hills：Sage，1980：21.

节目的不平等流通；四是媒介模式和节目进口对第三世界文化的影响。墨西哥、巴西、中国、印度和一些阿拉伯国家制作的电影、电视节目出口到全球相同的语言文化市场和地域，包括美国等发达国家，这在一定程度上平衡了发达国家支配的全球传媒市场。但是，仍有学者认为尽管跨国传媒集团的节目本土化了，但内容和概念还是西方化的、美国化的，传媒已经西方内在化了。

（三）发展传播学

发展传播学（Development Communication）以西方现代化理论为基础，以传播与社会发展的关系为研究对象，1958 年美国社会学家丹尼尔·勒纳（Daniel Lerner）的《传统社会的消逝：中东的现代化》（*The Passing of Traditional Society：Modernizing the Middle East*）一书出版，被视为发展传播学的起点，该书通过分析媒体信息对三类中东人的影响，进而提出大众传媒有利于世俗文化和个人主义价值观的传播，对中东地区的现代化发挥了推动作用。[①] 1964 年美国大众传播学者威尔伯·施拉姆（Wilbur Schramm）的《大众传播媒介与国家发展：信息对发展中国家的作用》（*Mass Media and National Development：The Role of Information in Developing Countries*）一书，确立了发展传播学的"主导范式"，即大众传媒的功能在于"塑造一种国家情感"，为此它应当扮演国家计划的喉舌，担负教育责任，在扩展市场方面发挥积极作用，帮助民众适应国家计划实施带来的各种社会变化，帮助民众养成国家主权意识。早期的发展传播学对大众传媒在社会发展中所扮演的角色高度乐观，它把大众传播看作社会发展的主要推动力之一，认为大众传播有利于民主化、工业化、城市化与观念的现代化，并认为大力发展现代大众传播事业就能让发展中国家走上西方发达国家式现代化与民主化的道路。

20 世纪 70 年代发展传播学的"主导范式"遭到学术界的强烈质疑，埃佛里特·罗杰斯（Everett M. Rogers）、丹尼斯·麦奎尔（Denis McQuail）等学者认为这一范式忽视了发展中国家社会结构和文化的特殊性，应关注发展中国家的复杂性以及发展模式的多样性，早期发展传播学忽略了社会结构的重要性因而无法深刻地把握发展中国家变革和发展道路上的真正障碍，它的普适性结论过于简单和乐观，甚至还在很大程度上破坏了发展中国家通向发展的其他可能路径，在发达国家（现代）与发展中国家（传统）之间造成了激进的对立。总部位于南斯拉夫的不结盟国家通讯社联盟（NANAP）和总部位于塞内加尔的泛非通讯社（PANA）是实践发展新闻学的标杆，它们

---

① 李兴亮.传播与现代化丹尼尔·勒纳的传播思想评介［J］.新闻研究导刊，2016（4）：8-9.

创建以来始终困难重重。由此,学者们逐渐将视角转向传媒与地区发展,探索适合特定国家国情的发展模式、传播与人的观念发展等更为具体的问题。

2009 年英国威斯敏斯特大学媒体艺术与设计学院传播与媒体研究所所长科林·斯巴克斯(Colin Sparks)所著的《全球化、社会发展和大众媒体》(*Globalization,Development and the Mass Media*)一书出版,该书依据理论范式的流变将发展传播学划分为四个阶段,首次系统梳理了发展传播学的理论变迁及未来趋势。第一阶段是 1947 年冷战后至 20 世纪 60 年代,表现为"主导范式"及"延续性变体""参与范式"。"主导范式"在发展中国家的转向表现为两种路向:一种是大众传媒影响个体(非社会结构层面),促进现代观念被接受,这就是"主导范式"的"延续性变体";另一种是大众传媒诉诸底层大众,大众在传播-发展关系中具有决定性作用,这就是"参与范式"。第二个阶段是 20 世纪 60 年代末的激进主义浪潮时期,表现为"帝国主义范式",以媒介帝国主义和文化帝国主义为理论基础,认为大众传媒深刻影响发展中国家的社会结构,甚至煽动颠覆性运动,通过外部机构的限制影响发展中国家。第三个阶段是 1989 年苏联解体、东欧剧变之后,表现为"全球化范式",全球化深刻影响人类的传播活动,传播更加侧重于以全球视角关照人类社会。第四个阶段是 21 世纪以来,正在崛起的新范式体现为一种新方法论和新型关系,具体表现为:媒体和传播日趋占据当代社会的中心地位;超级媒体不再受政治和地域的限制;在地化和本土化抬头,社会主导或控制中心缺位;媒体和传播出现多中心化;地区性市场发展,全球媒体产品出现。①

发展传播学从理论上探索了媒体在发展中国家现代化中扮演的角色、媒体在促进发展中国家现代化中发挥的作用,特别是西方国家媒体及其传播策略在发展中国家应用的实效。21 世纪以来,发展传播学涉及的重要领域是大众传媒是否有助于将西方国家制度、实践及市场经济模式传播到发展中国家、是否适应发展中国家的进步。

发展传播学对国际传播理论与实践产生了巨大影响。20 世纪 70 年代末,"中国模式"成为发展传播学研究的一个重要对象。随着 20 世纪 90 年代全球化时代的来临,全球结构性不平等和民众参与对促进发展中国家发展的意义日益上升。斯巴克斯尝试结合全球化趋势对发展传播学进行创新,他提出的"新范式"在十余年后正显示出部分端倪,这也显示着全球化理论对当代传播研究的影响与激发。

---

① 斯巴克斯. 全球化、社会发展和大众媒体 [M]. 刘舸,常怡如,译. 北京:社会科学文献出版社,2009:序 4-5.

二、全球传播的支撑理论

20 世纪 90 年代后，全球传播超越国家或民族间信息传播的狭窄视域，关注各国之间的互动与可持续发展。世界体系理论与电子殖民主义理论在这个领域显示出较强的解释力，建立世界新闻传播新秩序的斗争及其衍生理论也为全球传播提供了重要支撑。

（一）世界体系理论

1974 年美国学者伊曼纽尔·沃勒斯坦（Immanuel Wallerstein）在《现代世界体系（第一卷）：16 世纪的资本主义农业和欧洲世界经济的起源》（*Modern World-System I：Capitalist Agriculture and the Origins of the European World-Economy in the Sixteenth Century*）中提出世界体系理论（World System Theory），其影响遍及政治学、经济学、社会学、历史学、地理学以及传播学等主要社会科学领域。这种理论和方法创造性地融合了社会发展理论中的主流学派与非主流学派（即经典现代化理论与依附理论），揭示了现代化不可阻挡的全球化发展趋势。① 沃勒斯坦认为，依附理论为国际传播提供了从依附性国家到支配性国家的两极描述的分析路径，世界体系理论依据经济发展水平把世界各国划分为三个同心圆：核心国家（core nations）、边缘国家（peripheral nations）和处于两者之间的半边缘国家（semi-peripheral nations）。核心国家是世界资本主义系统的基本动力，半边缘国家和边缘国家要学习吸收有助于其现代化的各种经济价值观念。大众媒介系统在传播核心国家媒介产品的过程中创造出为大众市场和广大受众所欢迎的流行文化，并培育了相应的媒介市场。20 世纪 80 年代以来，美国的影视文化产品占据全球各国文化产品总量的 75%~80%，全球媒体系统映射了世界体系理论的三个同心圆模式。

后冷战时期，国际体制的多极化趋势给世界体系理论带来了重大挑战，信息的流动出现了多向、多元态势。首先，核心国家内部的经济结构裂变，欧盟内部的纷争以及欧盟主要国家与美国的分歧使核心国家在国际传播中发出不同的声音。其次，半边缘与边缘国家的媒体如墨西哥特莱维萨电视网、巴西环球电视网、卡塔尔半岛电视台、拉丁美洲南方电视台、伊朗英语新闻电视台、俄罗斯卫星通讯社等打破了美国媒体对国际新闻信息的垄断，出现

---

① MCPHAIL T L, PHIPPS S. Global communication：theories, stakeholders, and trends [M]. Boston：Allyn & Bacon, 2002：15-18.

了多种声音共振，或多或少地影响着美国及其他西方国家的舆论。

（二）电子殖民主义理论

1981 年加拿大媒介研究学者托马斯·L. 麦克菲尔（Thomas L. McPhail）在《电子殖民主义》（*Electronic Colonialism：the Future of International Broadcasting and Communication*）一书中提出电子殖民主义理论（electronic colonialism theory）。2002 年，麦克菲尔又在《全球传播：理论、利益相关者和趋势》一书中对这一理论进行了完善。麦克菲尔运用电子殖民主义理论"解释了媒介是如何整体地影响全球受众的心灵、态度、价值观以及生活方式"，电子媒介主义并非基于军事力量或领土掠夺，而是基于控制人心。[①] 这一理论侧重于解读全球媒介系统影响人们思考和行动的方式与路径，目的是解释大众媒体如何影响人们的社会认知与思维。

电子殖民主义从早期关注西方广播电视对发展中国家的精神殖民，到 21 世纪以来揭示互联网时代西方主导的超级互联网公司和信息传播技术对发展中国施加影响甚至胁迫和剥削，淋漓尽致地展现西方资本主义借助传播对发展中国家在政治、文化、生态和技术等领域的影响和控制。电子殖民主义的表现可细分为四个层面：迫使发展中国家使用西方资本主义的互联网标准，进而向这些国家施压，使得它们加入西方主导的国际机构和协约，对发展中国家进行政治殖民；西方主导的互联网信息传播将西方价值观和生活方式散播到发展中国家，对发展中国家进行文化殖民；西方国家将日益增多的电子垃圾（废旧手机、电脑以及其他电子设备等）转移到发展中国家处理，对发展中国家进行生态殖民；美国主导的互联网根服务器等，对发展中国家进行科技殖民。有学者通过定量研究发现，由于发展中国家对信息依赖的加强，发达国家的意识形态、经济政策和政治正在无形地影响着发展中国家。[②]

奥地利萨尔茨堡大学传播学系副教授罗伯特·M. 比希勒（Robert M. Bichler）在《最不发达国家在信息时代的黎明：从四个案例研究中获得的经验》[The Dawn of the Information Age in Least Developed Countries (LDCs)：Lessons Learned from Four Case Studies] 一文中指出："电子殖民主义不仅仅是一种与世界经济相互联系的文化现象，还是社会子系统中一种

---

① MCPHAIL L L. Electronic colonialism：the future of international broadcasting and communication [M]. Thousand Oaks：Sage，1981：21.

② EIJAZ A，AHMAD R. Electronic colonialism：outsourcing as discontent of media globalization [J]. American International Journal of Contemporary Research，2011（3）：137－143.

相对复杂的互动关系。"① 由此可知，电子殖民主义理论抓住了全球传播互动互联的特征。

电子殖民主义是当今世界传播权力不平衡的始作俑者，它深刻地揭示了互联网技术及信息传播新技术带来的数字鸿沟以及西方发达国家对发展中国家意识形态和文化价值观的影响与渗透，深刻解释了西方消费主义和多元民族主义是如何通过全球媒介进行扩张的。

（三）建立世界新闻传播新秩序的斗争和理论

20 世纪 70 年代，新闻媒介分布和国际新闻流通的失衡，以及国际新闻报道在内容上对第三世界国家的偏见与歪曲让发展中国家认识到在呼吁建立世界政治、经济新秩序的同时，也必须建立世界新闻传播新秩序（new world information and communication order，NWICO）。

在 1970 年联合国教科文组织第 16 届大会期间的政府间会议上，发展中国家首次明确提出新闻媒介分布不平衡的问题，拉开了有关世界新闻传播秩序大辩论的序幕。1976 年在突尼斯举行的不结盟国家传播问题讨论会，首次使用了"国际新闻新秩序"这一措辞。同年在内罗毕举行的联合国教科文组织第 19 届大会指示教科文组织总干事成立了一个由发达国家和发展中国家的 16 位著名学者、新闻工作者和前政府官员组成的国际传播问题研究委员会，即麦克布赖德委员会（The International Commission for the Study of Communications Problems，又称 MacBride Commission）。经过两年多的努力，该委员会于 1979 年完成了研究报告《多种声音，一个世界：交流与社会 现状和展望》（Many Voices One World：Communication and Society Today and Tomorrow）。这份报告不仅研究了国际社会在新闻报道与流通中面临的许多重大问题，而且研究了"现代社会传播问题的全貌"，要求把建立一个新的世界新闻传播秩序同建立新的国际经济秩序紧密联系起来。

1980 年召开的联合国教科文组织第 21 届大会通过决议，肯定了麦克布赖德委员会的报告，指明了今后需要采取的行动，并提出了建立"世界新闻传播新秩序"的明确概念和基本思想，通过了关于消除国际新闻传播领域内不平等、不平衡的格局，建立一个更加公正、更加有效的新秩序的决议。

以美国为代表的发达国家一直阻挠和反对第三世界国家提出的建立世界新闻传播新秩序的要求，美英等国曾先后退出联合国教科文组织。1981 年 5

---

① BICHLER R M. The dawn of the information age in least developed countries （LDCs）：lessons learned from four case studies ［J］. Triple Communication Capitalism ＆ Critique：Journal for a Global Sustainable Information Society，2008，6（2）：77-87.

月，在美国的策划下，20 多个国家在法国塔卢瓦尔召开会议，公开发表反对建立世界新闻传播新秩序的宣言。联合国教科文组织、联合国新闻委员会及广大发展中国家继续努力，先后召开两次世界性的圆桌会议，探讨和总结在建立世界新闻传播新秩序过程中出现的问题和取得的经验。

根据联合国教科文组织公布的数据，从 1970 到 1997 年，全球新闻媒介分布不平衡的现象有所改善，但整体传播格局没有发生根本性的变化。[①] 直到 20 世纪 90 年代末期，随着互联网的普及和广泛应用，全球新闻媒介分布格局才开始快速转变。

第四节　全球主义

随着全球化趋势的深入、全球传播实践的发展，国际传播理论对传播实践的解释日渐乏力，继而出现了全球主义理论（globalism）。全球主义理论反映了世界走向一体化的历史趋势，一般认为，全球主义是指把地球看作一个有机整体的类本质思潮，它倡导移民、自由贸易、降低关税、干预主义和全球治理等政策，与民族主义、民粹主义、社群主义等思潮相对。

一、全球主义理论的起源

全球主义理论起源于国际关系学科，最早滥觞于第二次世界大战，服务于美国的全球战略，被称作"以美国为中心的国家全球主义"。20 世纪 70 年代后，随着和平运动、环保运动的日益壮大，人们对全球性问题的关注不断增加，全球主义逐渐脱离美国全球战略的框架，成为一个相对独立的学术研究路径。

20 世纪 90 年代末全球主义理论伴随着全球化趋势加剧而风行一时。从政治层面来说，著名管理学家曼弗雷德·B. 斯蒂格（Manfred B. Steger）将全球主义划分为四种思想形态：以所谓新自由意识形态为核心的市场全球主义，强调正义、权利、可持续性以及多样性的正义全球主义，依靠某种特殊精神或政治危机的民粹主义唤醒式的宗教全球主义，"9·11"事件后小布什政府推行的带有新保守主义倾向的"帝国全球主义"。从文化层面来说，国内学者蔡拓认为全球主义概念出现于 19 世纪末 20 世纪初，是全球化第一个黄金时代（1870—1914 年）的产物，由于两次世界大战的爆发，全球主义随着

---

① 明安香. 略论新世纪的全球传播格局 [J]. 现代传播（中国传媒大学学报），2006（6）：20 - 24.

全球化被阻断而悄然退场；20 世纪 60—70 年代是全球化的第二个黄金时代，当下学术界、政治界与大众传媒所认知与言说的全球主义是指这个阶段；20 世纪 90 年代以来是全球化的第三个黄金时代，世界经济论坛创始人克劳斯·施瓦布（Klaus Schwab）倡导新全球主义，主张用新概念、新标准、新秩序来约束和完善现有的全球化，从而构建一个健康有序、可持续的、全新的现代全球化。

二、全球主义理论的四个领域

以全球学术信息数据库 Web of Science 核心合集为文献来源，对全球主义的相关文献进行分析，发现已有的关于全球主义的研究共涉及四个领域。

（一）广阔的跨国网络（transnational network）

这类研究以哈佛大学教授罗伯特·O. 基欧汉（Robert O. Keohane）和约瑟夫·奈（Joseph Nye）为代表，他们基于相互依赖网络探讨全球化和全球主义："我们将全球主义定义为：需要有关各方付出代价的、跨国或国际相互联系的、空间广阔的网络。"[①] 互联网技术提供了事物在全球维度上相互依存的形式和状态，基于此，他们提出全球主义具有明显的网络化和流动性特征。全球主义是世界的一种状态，它通过资本、商品、信息、观念、人民、军队、与环境和生物相关的物质的流动和影响联结在一起，构成了全球各国各民族之间相互依赖的网络。约瑟夫·奈提出，全球化或"去全球化"（deglobalization）指的是全球主义的增减。[②]

（二）市场全球主义（market globalism）

这类研究以德国社会学者乌尔里希·贝克（Ulrich Beck）为代表，他认为全球主义是与全球化密切相关的思想意识，这种思想意识作为一种意识形态就是市场全球主义。贝克刻意区分了全球化、全球性与全球主义，指出："我把全球主义描述为世界市场，即世界市场统治思想……排挤或代替政治行动的思想观点。"[③] 在某些国家或地区，全球主义被浓缩为市场全球主义和所谓新自由主义的单一意识形态，这种意识形态的膨胀将会导致世界局势混乱。加拿大哲学家约翰·拉尔斯顿·索尔（John Ralston Saul）在《全球主义的

---

① 基欧汉，奈. 权力与相互依赖 [M]. 门洪华，译. 北京：北京大学出版社，2002：283.
② NYE J. Globalism versus globalization [J]. The Globalist，2002：3-4.
③ 贝克. 什么是全球化？全球主义的曲解：应对全球化 [M]. 常和芳，译. 上海：华东师范大学出版社，2008：11.

崩溃与世界的重建》（*The Collapse of Globalism and the Reinvention of the World*）一书中认为，全球主义的重要形式是市场全球主义，在其激励下全球化已经分裂成矛盾的两面，全球化正在溃败，民族主义正在崛起，公民以积极和破坏性的方式重建国家主体。①

（三）全球维度的新价值、新伦理和新世界观（new value，new ethic，new world view）

这类研究以英国社会学家马丁·阿尔布劳（Martin Albrow）为代表，他认为全球主义是对全球化和全球性的一种价值提炼，代表着一种全球指向的新价值观、新伦理观。持有这一观点的学者立足于全球时代，视全球主义为冲破现代性牢笼、超越民族国家的，把世界作为一个整体并从全球维度思考、规范社会生活的一种新价值、新伦理和新世界观，这是对全球化和全球性（全球化时代，全球主体、全球空间、全球制度、全球价值正在变成现实）的一种提炼。② 阿尔布劳认为："凡是在人们把世界作为一个整体来看待并承担起对世界的责任的地方，凡是在人们信奉'把地球当作自身的环境或参照点来对待'这么一种价值观的地方，我们就可以谈论全球主义。"③这些学者认为，全球化是指人类相互依存，从分散的民族国家个体走向整体的向度与过程，属于现象层面；全球性是经梳理和概括的能够标示全球化事物与现象的一系列指标关系，即阿尔布劳所说的"我们用来指称有关全球化事物的一整套题记或一整套关系的术语"。具体来说，这种全球维度的新价值包括全球卫生正义（Ruger，2019）、全球秩序公平（Slobodian，2021）等。

（四）大众化的全球主义意识形态（globalist ideology）

这类研究以美国夏威夷大学教授曼弗雷德·斯蒂格（Manfred B. Steger）为代表，其特点是构建区别于国家，并与之竞争的全球性规范价值与行动方略。斯蒂格将全球主义概括为"将潜在的全球想象（global imaginary）转化为清晰的政治议程、计划和政策的相互竞争的诸种意识形态"④。美国前总统特朗普执政时期的白宫战略沟通部主任霍普·希克斯（Hope Hicks）认为全球主义是"一种尊重国际机制高于尊重单一民族国家的经济和政治意识形态；

① SAUL J R. The collapse of globalism and reinvention of the world [M]. Viking：Penguin，2005：2-4.
② 蔡拓. 全球学导论 [M]. 北京：北京大学出版社，2015：35.
③ 阿尔布劳. 全球时代：超越现代性之外的国家和社会 [M]. 高湘泽，冯玲，译. 北京：商务印书馆，2001：131.
④ STEGER M B. Globalisms：facing the populist challenge [M]. Lanham：Rowman & Littlefield，2020：preface vi.

试图对商品、劳动力的流动不加限制，允许人们自由越境；反对一个国家的公民有权优先获得工作和其他经济利益的原则，反对将国家作为公民身份的一个原则"①。中国学者李世默认为，"全球主义根植于……华盛顿共识……在其构想中，全世界经济、政治和国际关系等领域的规则与标准，都将必然地迈向一体化。国家边界将逐渐失去意义，甚至消失。选举民主和市场资本主义将主导整个世界。最终，所有国家都将以几乎相同的模式治理"②。

上述观点表明，全球主义是一个多向度、多层面、内涵复杂的概念。其基本倾向是将世界视为"地球村"，打破民族主义和本位主义，将人类社会视为一个整体。然而，21世纪以来，与全球化趋势和全球主义思潮并行的是迅猛发展的反全球主义思潮，包括民族主义、保护主义在内的形形色色的逆全球化思潮甚嚣尘上，与全球主义思潮展开了激烈论战。全球主义是否具有现实价值，应从全球主义的价值取向来考察。

三、全球主义的价值取向

全球主义是人类社会发展的一个多向度、多层次、内涵复杂的概念，是一种区别于国家主义的世界整体论和人类中心论的文化意识、社会主张、行为规范，它强调和重视个人聚合的整体——人类的独立价值、利益及其作用，认为人类是新的、独立的主体，整体性的人类是道德与价值的新本体。全球主义所倡导的世界整体论和人类中心论，是与国家本位论、个体本位论和群体本位论相对应的。

（一）人类中心主义的价值观

人类中心是相对国家中心而言的。在人类文明的演化进程中，国家逐渐成为管理人类社会生活的中心，特别是近代民族国家体制确立以来更成为人们崇拜的对象。人类中心主义主张超越国家主义和国家中心，倡导人们确立全球意识、全球思维和全球情怀，共同构建全球性的体制与制度，更多地维护和追求人类共同利益。

（二）整体主义的伦理观和利益观

亚里士多德从逻辑角度出发，认为城邦先于个人和家庭，因此人们行动

---

① STAC L. Globalism: a far-right conspiracy theory buoyed by Trump [N]. New York Times, 2016 - 11 -14.

② 李世默. 全球主义的终结与世界新秩序的诞生 [EB/N]. (2016-12-03)[2020-08-24]. https://www.guancha.cn/LiShiMo/2016_12_03_382714_s.shtml.

时首先必须考虑城邦利益，首开整体主义伦理观之先河，从此确立了整体大于部分的伦理规范。中世纪经院哲学家托马斯·阿奎那（Thomas Aquinas）继承了亚里士多德的整体主义思想，提出不能适应公共福利就不具有良好的品德。全球主义延续了整体主义的伦理观，强调地球是一个整体、世界是一个整体、人类是一个整体，全球治理和全球传播应基于这种整体视角，超越某个国家或民族的单一视域，从全球的整体利益、整体福利角度出发思考和行动。全球主义强调人类中心主义和人类整体主义，是基于对国家主义与国家中心的深刻反思，其核心关注是全人类，其理论视野是观照地球与整个世界的共同利益。

（三）作为一种行为规范和社会主张

全球主义具有鲜明的理论色彩和深刻性，但也不能忽略其实践意义与取向，否则难免割裂全球主义的本质。全球主义是在回应全球化、全球问题、全球依存、提升的新环境中产生的，当前人类各种事务中都不难见到全球主义的深刻影响。鉴于此，全球主义不仅是一种理念、价值和意识，而且是全球化时代因应全球与国家之间日益明显的张力以及全球性的凸显而出现的区别于国家主义的世界整体论和人类中心论的文化意识、社会主张、行为规范。它是一种倡导类本质、类主体的政治哲学。

四、全球主义与世界主义

世界主义也起源于古希腊文化，古希腊世界主义强调的是开放与包容的生活态度与方式，世界主义者即世界公民。康德赋予了世界主义新的理念：普遍人权、世界法律、以保护人权与世界和平为目标的世界秩序。第二次世界大战后，康德的世界主义理念得到广泛认同和实践，即普遍人权与司法性的世界秩序，后者具体体现为联合国的建立。20世纪中后期，哈贝马斯重建了世界主义理念，他除了继承康德的世界主义理念，还提出了新的世界秩序，或者说全球秩序，即由超国家、跨国家与民族国家三层次组成的全球秩序。

从方法论角度看，全球主义与世界主义是一致的，是与民族主义相对的一种方法论。全球主义与世界主义都强调人类生活的整体性或共同性，其目标是突破领土和主权限制，关注跨国性、跨区域性、全球性现象与关系。无论是"全球"还是"世界"，虽然对地理空间的表述不同，但都使用整体性的分析工具来看待当下的全球社会。

从内涵角度看，全球主义与世界主义是有区别的。世界主义在思维方式上承认"他者"，它强调平等地对待每一个人，不但对内，而且对外。因此，乌尔里希·贝克指出："真正的世界主义，不应以'排他的'方式看待和处理相关问题；相反，它应当是包容的，无论是普遍主义、语境主义、民族主义还是跨国主义，都应予以充分重视。"[①] 蔡拓认为世界主义的特点在于"坚持个体本位，强调个体是道德、价值、权利与义务的终极单位"；而全球主义则"坚持人类本位，倡导全球主义，主张人类成为独立的主体"。[②] 在全球主义视域下，每一个个体都是主体，这里不分"我"与"他者"。

21 世纪以来，全球化出现了越来越严重的失衡现象：全球产能过剩加剧贫富分化、发达国家与发展中国家的差距拉大、信息鸿沟现象愈演愈烈；跨境人口流动加速造成难民危机和族群冲突；全球气候变化和生态破坏、全球性传染病肆虐等。这些问题和挑战，激发了逆全球化或反全球化运动涌动，造成了全球主义理论的困境。从本质来看，是欧美等国家全球主义实践的困境造成了全球主义理论的困境。

2008 年的国际金融危机加剧了人们对全球风险的认知，顺应全球治理的转型，中国提出了人类命运共同体的中国方案。十年来中国先后提出了卫生健康共同体、安全共同体、发展共同体、人文共同体、人与自然生命共同体，这"五个共同体"为"持久和平、普遍安全、共同繁荣、开放包容和清洁美丽"的人类命运共同体理念提供了系统化的理论阐释，完成了从整体到局部的理论架构，实现了"社会理想—治理理念—科学理论"的三段式发展。从"五个共同体"来看，它符合科学理论抽象性、系统性的基本特征，既是对具体实践活动的抽象化，又建立在明确的判断、正确的推理和实践证明基础之上，体现为系统化的逻辑体系。"一带一路"、亚投行、中国与世界各国携手抗疫等对人类命运共同体的实践，验证了这一理论的真理性和科学性，为站在世界历史十字路口的各国人民提供了一种新的选择。

◀ **拓展阅读** ▶

蔡拓 . 全球学与全球治理［M］. 北京：北京大学出版社，2018.

休梅克，科恩 . 全球新闻传播：理论架构、从业者及公众传播［M］. 刘根勤，周一凝，李紫鹏，译 . 杭州：浙江大学出版社，2016.

张开 . 全球传播学［M］. 北京：中国广播影视出版社，2013.

屠苏 . 国际传播：延续与变革［M］. 董关鹏，等译 . 北京：新华出版社，2004.

---

① BECK U，SZNAIDE N. Unpacking cosmopolitanism for the social sciences：a research agenda［J］. The British Journal of Sociology，2006，57（1）：1-23.

② 蔡拓 . 世界主义的新视角：从个体主义走向全球主义［J］. 世界经济与政治，2017（9）：15-36.

伽摩利珀. 全球传播 [M]. 尹宏毅，译. 北京：清华大学出版社，2003.

STEGER M B. Globalisms：facing the populist challenge [M]. Lanham：Rowman & Littlefield，2020.

◀ 思 考 题 ▶

第一节

1. 全球传播的现实表征是什么？

2. 中外学者关于全球传播的概念侧重点是什么？

第二节

1. 全球传播的多元主体有哪些？

2. 全球传播的渠道具有什么特点？

3. 全球传播与国际传播的内容侧重点有何差异？

4. 全球传播的基本要素有哪些？

5. 全球传播反馈的特点是什么？

第三节

1. 全球传播的主要理论来源有哪些？

2. 电子殖民主义在今天具有什么价值？

第四节

1. 全球主义理论主要涉及哪几个领域？

2. 全球主义的理论经历了哪几个阶段？

3. 全球主义的核心是什么？

4. 全球主义与世界主义有什么关系？

第二章
全球传播的源流

众多传播史研究者认为，传播系统与人类的思维模式密切相关。[①] 全球传播的出现是人类思维模式变化的结果。根据辩证唯物主义原理，外在的社会环境和传播生态影响并决定着传播者的思维方式，思维方式决定着传播者的话语生产和传播行为。以国际传播为先导、由全球化引领的全球传播，实质上是人类思维方式从着眼自我（本国、本民族），进而关照全体（全球、全人类）的发展过程。而这种思维方式的变化，缘于外在的社会环境与传播生态的变迁。

第一节　全球传播实践的兴起与发展

自民族国家诞生以来，就出现了跨越国家疆界的传播活动，可以说"国际传播是一种古已有之的传播活动"[②]，具有鲜明的政治色彩。20 世纪 90 年代以来，全球化驱动国际传播向全球传播转变，人们开始以全球视野和全球

---

① 克劳利，海尔. 传播的历史：技术、文化和社会（第五版）[M]. 董璐，等译. 北京：北京大学出版社，2011：序言 2.

② 郭庆光. 传播学教程 [M]. 北京：中国人民大学出版社，1999：237.

情怀开展传播实践，在交流互动中寻找人类社会发展的普遍规律。

一、全球传播的前身

（一）人类社会诞生以来的国际传播

1922 年国际联盟①成立后不久，美国学者沃尔特·罗杰斯（Walter S. Rogers）提出了"国际传播"这一概念，他关注的是跨国界信息交流活动。② 20 世纪 40—50 年代，国际传播研究在美国逐渐被认可。麻省理工学院国际研究中心（CIS）由政府出资建立，专门开展国际传播研究。第二次世界大战后在冷战背景下，由美国政府资助和支持的国际传播研究，本质上是美国对抗国际共产主义全球扩张的产物。③ 从实践的角度来说，一般认为国际传播经历了三个发展阶段：

古代帝国时期，指从人类社会早期的奴隶社会至 19 世纪工业革命前。传播活动是帝国在地理空间上建立和保持权力的重要方式，跨国界传播活动弥散于商贸活动、私人旅行、官方交流以及战争冲突中的信息交流中。16 世纪末随着活字印刷术的推广，人类进入大规模传播或社会化传播阶段，书籍、定期报刊成为国家之间文化交流和国家维护统治的主要载体，同时，也成为殖民扩张和国际贸易的工具，有意识、有目的地针对殖民对象和贸易对象进行信息传播。

电报通讯时期，指工业革命后至第二次世界大战时期。19 世纪 40 年代后，欧洲各国和北美纷纷建立国内电报通讯系统；60 年代联结世界的电报通讯网络逐渐形成。电报通讯网络的建立，促进了国际传播的快速发展。通过电报技术，新闻媒体能够及时报道重大突发国际新闻，通讯社也逐渐迈向国际化。电报通讯技术对国际传播的影响体现在两个方面：一是电报打破了时空限制，报纸借电报通讯技术发展成为真正意义上的现代大众媒介；二是电报影响了新闻的内容和结构，倒金字塔结构、电报体、事实性的国际新闻都缘于电报的应用。

----

① 国际联盟是（League of Nations），简称国联，是《凡尔赛和约》签订后组成的国际组织。1920 年 1 月成立，1946 年 4 月联合国取而代之。成立国联的思想源头是 1795 年德国哲学家康德在《永久和平论》一文中提出代议制政府与世界联邦的理想。英国外交大臣爱德华·格雷最早提出建立国联。美国总统威尔逊在"十四点和平原则"中正式提出，国联成立后主要受英法操纵。国联的高峰时期是 1934 年 9 月 28 日至 1935 年 2 月 23 日，曾拥有 58 个成员国。

② ROGERS W S. International electrical communication（1922—1923）[J]. Foreign Affairs，1992，1 (2)：144 - 158.

③ 李金铨. 传播纵横：历史脉络与全球视野 [M]. 北京：社会科学文献出版社，2019：131.

电子传播时期，指第二次世界大战后的历史阶段。两次世界大战后，人类进入电子传播时代，国际传播迎来了革命，远距离信息传播和直而不隔的电视直播极大地拓宽了国际传播的覆盖范围。1962年，美国发射了世界上第一颗人造通信卫星"电星1号"，实现了跨越大洲的电视实况传播，受众感受到环球同此凉热，国际传播的时空出现了革命性变革。

（二）"地球村/全球村"概念的萌生

在20世纪60年代初，加拿大传播学者马歇尔·麦克卢汉（Marshall McLuhan）最早提出，随着电子媒介的发展地球会变成一个村落，人类终将重归部落化的"地球村（global village）"。[①] 他认为"新型电子条件下的相互依存性，把世界重新塑造成一个地球村的形象"[②]。事实上，电子技术未能整合分散的全球社会。同时，全球市场还处于发展阶段，国家之间的传播还未实现广泛覆盖。

伴随着互联网时代的来临，经济全球化和全球生产链彻底改变了人们的交往方式，全球性媒体深刻影响人们的生活世界和社会文化。新的信息传播方式改变了人们对社会的感知；地域、空间界限的消融促进构建一个人人参与的新型"地球村/全球村"。麦克卢汉的预言在20世纪90年代实现了。

二、全球传播的早期实践

最早开始研制互联网的美国学者和一些电信公司发现互联网具有商业价值，由此改变了互联网的历史走向。20世纪90年代以来，互联网实现了从军用到民用的完全转变，互联网超越了以往人类历史上所有的媒介技术，它便利、廉价、覆盖广泛的特征，使之迅速应用于人类交往的各个领域，成为人们日常生活和工作不可缺少的一部分。互联网的社会化应用为全球信息传播提供了技术保障，推动人类从国际传播形态迈入全球传播形态。

从本质来看，国际传播的主体是国家政府，以国际性报刊、国际广播和国际电视、国际性通讯社为主渠道，是国家间政治博弈的场域；全球传播的主体是国家政府、非政府组织、国际组织、跨国公司、个体，以全球性平台媒体和社交媒体为主渠道，是国家间和民族间文化竞争的场域（见表2-1）。全球传播淡化了国际传播的政治性，更具多元性、复杂性、包容性和互动性。

---

① 莱文森. 数字麦克卢汉 [M]. 何道宽，译. 北京：社会科学文献出版社，2001：95.
② 麦克卢汉. 古登堡星汉璀璨：印刷文明的诞生 [M]. 杨晨光，译. 北京：北京理工大学出版社，2014：43.

一方面它继承了国际传播中国家间的软权力博弈，文化软实力竞争的背后是政治经济硬实力的较量；另一方面它包容了多元观点和多种声音，构建了一个新的平台，政府、企业（包括各类组织）和公众三股力量在这个平台上竞争、互动，形成新的"观点的公开市场"。

表 2-1 国际传播与全球传播比较

	国际传播	全球传播
传播主体	国家政府	国家政府、非政府组织、国际组织、跨国公司、个体
传播渠道	国际性报刊、国际广播、国际电视、国际性通讯社	全球性媒体和社交媒体
传播范围	一国对某国公众；一国对多国公众	面向全球公众
传播特点	政治性	多元性、复杂性、包容性、互动性

最早开展全球传播研究的是欧洲。1982 年瑞士苏黎世大学人文、政治和社会科学系成立全球传播研究所，主要开展跨学科合作研究和委托项目研究等，涉及全球民主政治等主题。[①] 1987 年，洛克菲勒兄弟基金会资助的美国旧金山慈善机构"浪潮中心"（Tides Center）设立了"全球传播研究中心"（Institute of Global Communication），该研究中心是为环保、和平和社会公益组织提供网络托管服务的机构。1990 年该研究中心更名为"全球传播与外交认证研究中心"（Chartered Institute of Global Communication and Diplomacy），为全球商业机构提供传播咨询和网络服务，并开展经过认证的专业培训，致力于推动全球传播和外交实践和研究。[②] 由于处于转型时期，这些早期的全球传播研究机构往往既从事全球传播实践活动，如开展面向全球的公益组织服务等，又着手研究崭新的、带着全球化烙印的人类传播新形态。

三、21 世纪以来的全球传播实践

冷战结束后，经济全球化和媒介技术前所未有地快速发展。一方面，在所谓新自由主义推动下西方传媒资本不断集中，并且在全球市场整合资源，形成跨国传媒巨头，它们在全球范围内对信息的生产和传播进行了整合和重组；另一方面，数字化技术和移动互联网的发展深刻影响国际新闻的生产和传播，让面向全球公众、全民参与、直面全球关切的全球传播具有了现实可

---

① 瑞士苏黎世大学人文、政治和社会科学系成立全球传播研究所 [N/OL]. (2003-12-05)[2020-02-28]. http://css.ethz.ch/en/services/css-partners/partner.html/49650.

② 美国全球传播与外交认证研究中心 [N/OL]. (1995-02-14)[2020-02-28]. https://communicationanddi-plomacy.com.

能性。

（一）以国家政府为主体的全球传播

21世纪以来，仅靠一个国家无法得到解决的跨国界问题越来越多。这些跨国界的全球性问题与挑战不仅包括传统的和平与安全、性别平等、消除贫困，而且包括气候变化、恐怖主义、难民问题、老龄化和全球性流行病等。应对这些问题与挑战，需要各国政府更多地参与全球性协作。同时，这些全球性问题与挑战也成为国家政府主办的媒体传播的重要内容，迫使这些媒体跳出本土视界、尝试用全球视角观察全球问题，并参与全球各国互动，其传播活动也成为全球协作的一个重要部分。

在涉及政治和国际关系问题时，国家政府主办的媒体往往基于本国本民族利益，固守国际传播领域；在涉及文化和社会问题时，一些国家政府主办的媒体更容易跳出国家民族框范，从全球主义出发选择报道角度，探索人类共同价值和未来发展。

（二）以非政府组织、国际组织为主体的全球传播

非政府组织和国际组织广泛介入全球传播，在全球事务中积极争取表达权、提升影响力。联合国新闻部的更名也显示出全球传播实践的深入。1946年经联合国大会第13号决议批准，成立联合国新闻部。新闻部是联合国面向全球公众的发声机构，它通过广播、电视、出版物、网络等信息渠道培养公众的全球意识，增进人们对联合国工作的理解。2019年10月17日经联合国第74届大会第9次会议核准，新闻部正式更名为"全球传播部"（The Department of Global Communication，DGC）。① 这次更名实质上显示了联合国传播方式和传播重点的转变。联合国主管全球传播事务的副秘书长梅丽莎·弗莱明（Melissa Fleming）称，全球传播部的宗旨是"通过讲故事和使其工作人性化，使公众关心多边主义……推动人们使用自己的语言在他们可以访问的平台上，接触他们，让全球传播部成为言语与行动之间的桥梁"。此前，联合国新闻部以100多种语言向受众传播，用事实打破散布偏见、歧视、仇恨的错误信息和话语，倡导各种语言平等。

（三）以跨国公司等为主体的全球传播

跨国公司和超级互联网公司是21世纪以来全球传播的主要推动者。美国

---

① 联合国全球传播部［EB/OL］.（2019-10-21）［2022-03-01］. https://press. un. org/en/2019/gaspd698. doc. htm.

1996 年《联邦通信法》为传媒集团并购提供了合法化依据，2001 年时代华纳与美国在线并购案，拉开了 21 世纪传媒集团全球扩张的序幕，对全球经济格局、政治传播格局和传媒产业格局等产生了巨大而深刻的影响。全球性传媒集团通过整合资源，发挥规模效应；通过优势互补，拓展市场空间。虽然这次并购仅仅持续了十年，二者就分道扬镳，然而在这十年里，众多互联网公司已经悄然崛起，足以与传统媒体公司分庭抗礼。21 世纪第一个十年，诞生于 20 世纪末的老牌互联网公司雅虎、谷歌、阿里巴巴等跑马圈地，积极拓展全球影响；新兴的百度、脸书、推特等迅速抢占互联网市场，强势吸纳青年网民。2010 年全球网民接近 20 亿，2021 年全球网民已超过 51 亿。这些互联网公司为全球传播培养了受众，平台媒体和社交媒体用户数量与互联网用户数量同步快速上升。图 2 - 1 显示了世界银行统计的 2009—2021 年全球互联网普及率。

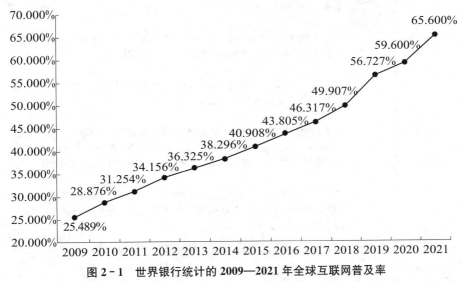

图 2 - 1　世界银行统计的 2009—2021 年全球互联网普及率

资料来源：前瞻经济学人 . 2022 年全球互联网行业发展现状及市场规模分析 行业步入智能物联阶段「组图」. (2021 - 12 - 01)［2022 - 09 - 20］. https：//baijiahao. baidu. com/s? id=1717929656623254303&wfr=spider&for=pc.

（四）个体开展的全球传播

平台媒体与社交媒体为每个网民提供了自我呈现的平台，个体拥有了前所未有的发声权力和发声空间。全球最大的视频搜索和分享平台优兔（YouTube，又译"油管"）创建于 2005 年，是美国字母表（Alphabet）旗下的影片分享网站，主要功能是支持用户上传、观看、分享及评论影片。YouTube 被称为"网红诞生地"，一些个体的声音在这里被放大，互联网的人格化呈现为这些个体聚集了粉丝，粉丝的围观和追随使之成为偶像或网红。偶像或网红具有强大的影响力，不仅吸引粉丝效仿其行为，而且影响粉丝的政治和文化立场。

个体参与全球传播，往往不具有可持续性；往往需要通过 MCN（multi-channel network）机构的包装，他们才能成为网红。YouTube 将内容发布者组成内容联盟，相互引流，从而扩大粉丝量，提升关注度，实现商业价值的稳定变现，这被称为 MCN 模式，是网红经济模式之一。2018 年，中国美食短视频创作者李子柒获得 YouTube 网银牌奖，粉丝数破千万，被国外网友称为"来自东方的神秘力量"，她的作品在脸书也获得了数百万的浏览量。2020 年 7 月，李子柒在 YouTube 的订阅量超过 1 140 万，成为订阅量最多的 YouTube 中文频道（见图 2-2）。每一种文化现象的背后，都隐藏着经济、政治的作用，这些网红博主表面上是由 MCN 机构推动的产物，实质上是互联网经济发展的结果。

> **吉尼斯世界纪录** V ⬛
> 2月2日 10:00 来自 微博 weibo.com
>
> 2021年1月25日，短视频博主@李子柒 以1410万的YouTube订阅量刷新了由她创下的"最多订阅量的YouTube中文频道"的吉尼斯世界纪录。
>
> 2017年，李子柒在YouTube发布第一支视频"用葡萄皮做裙子"。此前，李子柒已在国内发布多个由自己创作的短视频作品。
>
> 李子柒视频中充满诗意的田园生活和博大精深的中国传统文化吸引了来自世界各地的粉丝，不少YouTube粉丝在她的视频下留言赞叹，李子柒也因此在2020年7月16日获得1140万的YouTube订阅，并被列入《吉尼斯世界纪录大全2021》。
>
> 如今，李子柒在YouTube上的订阅量已达到1410万，刷新了她在去年7月创下的吉尼斯世界纪录，而她的视频所传递的中华文化也正在走向更远的地方。@她 助理 @李子柒品牌 收起全文 ∧

图 2-2 吉尼斯世界纪录新浪微博截图

第二节 21 世纪以来的全球传播研究

21 世纪以来，全球化进入 4.0 时代，越来越多的国内外高校设立全球传播教育项目或研究机构，深入研究传播如何影响现代社会的发展，映射并参与跨地域和跨国界的权力互动。

一、全球传播研究现状

（一）国外的全球传播研究

继 20 世纪 90 年代欧美国家零星出现研究全球传播的机构之后，21 世纪初期，全球传播研究开始被多国学者关注，成为一个重要的学术领域。

目前跨国的全球传播研究机构主要有三个：成立于澳大利亚的全球传播研究协会（Global Communication Research Association，GCRA）、成立于美国的全球传播协会（Global Communication Association，GCA）、成立于德国的全球传播监测组织（Global Communication Monitor，GCM）。

全球传播研究协会（GCRA）成立于 2001 年 9 月，在澳大利亚悉尼举办的一个国际学术论坛上由多个国家的全球传播研究者和实践者联合宣布成立。GCRA 基于公平性、包容性、善治原则，旨在为全球不同国家的传播学者和从业者提供超越国家、种族、经济和语言等限制开展研究的学术论坛及合作平台。GCRA 创办了期刊 *Journal of Global Communication*（JGC），每年出版 2 期。GCRA 已召开了 9 次全球性论坛，2022 年召开的第十次全球论坛的主题是"大流行时期的传播研究趋势：理论建设和政策研究"。[①] 图 2-3 展示了 GCRA 网站的页面。

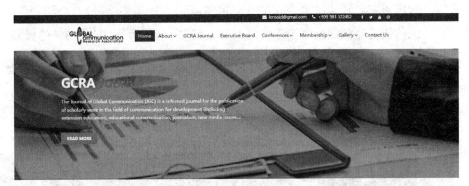

图 2-3　全球传播研究协会网站（https：//gcra.info/index.php）页面

全球传播协会（GCA）2007 年在美国北卡罗来纳州 A&T 州立大学成立，旨在促进大众传媒、公共关系、广告、社交媒体、广播、新媒体技术、文化研究和跨文化传播等研究领域的研究合作。作为一个非营利性机构，GCA 为新闻传播专业人士提供了一个国际平台。GCA 已在全球多个国家召开学术论坛，2007 年全球传播论坛由上海交通大学媒体与设计学院承办。图 2-4 展示了 GCA 网站的页面。

全球传播监测组织（GCM）于 2007 年由欧洲公共关系教育与研究协会和欧洲传播事务总监协会主办，对战略传播、公共关系、企业传播和传播管理展开全球性研究。当前，GCM 与大学研究人员、传播专业协会合作开展的四项区域性传播监测研究是：欧洲传播监测、拉丁美洲传播监测、北美传

---

① Global Communication Research Association［EB/OL］.（2001-10-31）［2022-08-12］. https://gcra.info/upcoming-conference.php.

图 2-4　全球传播协会网站（https：//www.globalcomassociation.com）页面

播监测、亚太传播监测。其监测和调查对象包括 80 个国家的 8 000 多名传播
领域研究者和实践者，除了欧洲传播监测为每年实施一次以外，其他三个地
区的传播监测都是每半年实施一次。图 2-5 展示了 GCM 网站的页面。

图 2-5　全球传播监测组织网站（https：//www.communicationmonitor.eu/globalnetwork/）页面

　　全球传播研究机构也辐射公关、广告等相关领域。2005 年美国乔治华盛
顿大学艾略特国际事务学院在沃尔特·R. 罗伯茨基金会①的支持下，设立公
共外交和全球传播研究所（Institute for Public Diplomacy and Global Com-
munication，IPDGC），旨在推动公共外交研究活动，并向公共外交方向的国
际学生提供奖学金。② 此外，宾夕法尼亚大学、南伊利诺伊大学等多所美国

---

① 沃尔特·R. 罗伯茨基金会（Walter R. Roberts Found），由美国新闻署（USIA）前副主任、美国公共
外交咨询委员会委员沃尔特·R. 罗伯茨博士创立。
② 利兹大学媒介与传播学院全球传播博士生项目［EB/OL］.（2019-03-26）［2020-02-28］. https：//
ahc. leeds. ac. uk/media-research-innovation/doc/global-communication-1.

高校均建立了全球传播研究中心，积极探索全球化时代人类传播的新发展。南加利福尼亚大学安纳伯格传播与新闻学院公共关系研究中心自 2017 年起每年发布《全球传播报告》，探讨全球传播对公共关系的影响和作用。①

（二）国内的全球传播研究

与西方国家相比，中国对全球传播理念的接受相对较晚，这与中国参与全球化与全球治理的进程有关。进入 21 世纪，国内政治学、历史学和社会学等学科高度关注全球化，全球学、全球史与全球治理等研究领域引人关注。2010 年前后，在新闻传播学界也陆续出现了一些从全球传播视角出发的专著和论文，如《全球新闻传播史》（李彬著，清华大学出版社 2005 年版），《全球传播学引论》（李智著，新华出版社 2010 年版），《全球传播学》（张开著，中国广播影视出版社 2013 年版）等。同时，也译介了一些全球传播经典之作，如《全球传播的起源》（阿芒·马特拉著，朱振明译，清华大学出版社 2015 年版），《全球新闻事业：重大议题与传媒体制》（阿诺德·戴比尔、约翰·梅里尔著，郭之恩译，华夏出版社 2010 年版）等。

2018 年以来，一些新闻传播学者积极拓展全球传播研究理论与实践，出现了沈国麟的《互联网与全球传播：理论与案例》（复旦大学出版社 2018 年版）、周庆安的《超越有形疆界：全球传播中的公共外交》（中国传媒大学出版社 2018 年版）、邵鹏和邵培仁的《全球传播愿景：新世界主义媒介理论研究》（浙江大学出版社 2022 年版）等研究成果。

当前，在中国高校专业设置方面，高校主要在研究生阶段自主设置了全球传播方向；教育部在 2019 年新版本科专业目录中增设国际新闻传播方向，尚未设置全球传播方向。上海外国语大学、香港中文大学已设立全球传播硕士招生方向，清华大学、北京外国语大学已设立全球传播博士招生方向。在研究机构方面，一些高校成立了全球传播研究机构，关注全球传播与全球治理的关系，研究国内外涉华舆情、全球传播秩序构建。2013 年中国传媒大学成立媒介与公共事务研究院，下设"全球传播治理研究中心"，时任中央外宣办、国新办副主任王国庆同志出任研究院首任理事长兼名誉院长；上海交通大学媒体与传播学院也设立了全球传播研究院。全球传播教育与研究的发展，反映了中国参与全球传播、引领全球传播的渴望。

此外，香港中文大学新闻与传播学院在本科专业中开设全球传播课程，该课程理论与实践并重。理论部分探讨全球化的复杂本质、发展过程及对媒

---

① 南加利福尼亚大学安纳伯格学院公共关系研究中心发布《全球传播报告》［EB/OL］.（2020-02-28）［2021-01-02］. https://annenberg. usc. edu/research/center-public-relations.

体的影响，以及在跨文化环境中沟通的挑战；实践部分，学生可以参加校内英文新闻杂志采编，或者选修整合营销传播和创意媒体相关课程。该课程是香港首个新闻传播教育与海外学术交流结合的课程，与亚洲、欧洲和北美高校合作，学生参加海外交流，养成全球思维。

国内全国性的全球传播学术组织是中国新闻史学会下设的二级分会全球传播与公共外交研究委员会。中国新闻史学会是国内新闻传播学领域唯一的全国一级学术团体，下设的全球传播与公共外交研究委员会成立于2017年，目前有110名个人会员和22家团体会员，常务理事26名。该研究委员会汇聚了国内全球传播的主要研究者，成立以来已举办4届中国全球传播与公共外交学术年会，召集举办3次中国新闻史学会学术年会全球传播与公共外交委员会分论坛，并开设了全球传播与公共外交微信公众号（见图2-6）。

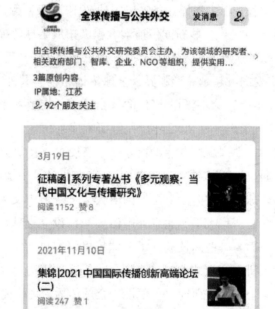

图2-6 全球传播与公共外交微信公众号

国内外的全球传播研究都体现着鲜明的跨学科、跨领域色彩，关照人类传播活动中全球性问题与领域，如国际交流、社交媒体、视觉传播、国际新闻、健康传播、环境传播、信息传播技术、农业推广等。

二、全球传播研究的内涵

张开等学者认为，全球传播研究是针对个人、群体、组织、民众、政府以及信息技术机构跨越国家传递的价值观、态度、意见、信息和数据的各种学问的交叉点。[①] 基于此，全球传播的研究内容既包括跨文化传播、国际传播，也包括国际关系、外交政策、人权与民权、战争与和平、宣传及效应等众多领域。如果从全球信息生产、传播和消费三个环节入手，全球传播研究的内涵应包括六个方面。

（一）全球新闻传播

全球传播的主体多元，机构媒体与平台媒体在全球信息传播中占据主导地位，国际组织、非政府组织也通过全球传播发挥全球治理作用，由互联网赋能赋权的个体，也积极参与新闻生产，创造了用户生产模式。全球新闻传播是多元社会主体通过话语互动推进和建构文化和社会共同体的最主要方式。

（二）全球传播中的国家形象

在全球传播时代，多元主体参与国家形象信息的传播与互动；与此同时，全球治理也迫切需要国家政府在国际舆论中建构良好的国家形象。全球传播为民族国家建构本国形象提供了更为广阔、复杂多元的空间，这一空间也是民族国家话语权力博弈的空间。随着国家形象建构的实践与发展，推动国家形象成为全球传播中的一个重要研究命题。

（三）全球传播中的公共外交

外交机构、民间组织或个体面向对象国公众，以对话、参与和关系建构为目标的对外传播活动，已成为全球传播的重要部分。公共外交突破了传统政府外交辞令的限制，以开放、真实和易触达等特征深刻影响全球公众的认知，体现着互联网时代人类传播新的价值理念，在某种层面上也体现着跨文化传播对全球传播的影响。

---

① 张开 . 全球传播学［M］. 北京：中国广播电视出版社，2013：37.

（四）全球健康传播

健康传播是指为维护和促进健康，运用传播媒介制作、传递、分享健康信息的过程。健康传播是一般传播行为在医学领域的具体和深化。全球化时代的来临使传播范围和受众范围扩大到全球，健康传播涉及医学、传播学甚至市场营销学等多个学科领域。2003 年的"非典"疫情凸显了健康传播的信息公开要求和危机公关功能。

（五）全球环境传播

随着全球环境危机频繁出现，环境问题日益凸显，提高人们的环保意识并促进人们行动成为全球事务中最重要的议题之一。环境传播议题涉及多个领域，既包括环境保护的全球行动，也包括围绕环境风险出现的社会治理、全球舆情等。

（六）全球体育传播

体育运动作为人类重要的社会文化现象，为全球公众提供了共享信息与文化的场域。奥林匹克运动会是全球体育传播的重要事件，与其他国际赛事一道构成全球性的传播景观，为全球公众的信息交往提供了舞台。

全球旨在维护和传播和平、发展、公平、正义、民主、自由的全人类共同价值，以多元主体共同参与的传播活动推动全球发展。未来全球传播研究将呈现更加广泛的跨国、跨地域合作，更加多元的学科领域渗透，更加重视个体在全球传播中的作用与影响，更加重视全球共同价值的实现方式与路径。

———————— ◀ 拓展阅读 ▶ ————————

滕尼斯 . 共同体与社会 [M]. 张巍卓，译 . 北京：商务印书馆，2019.

李金铨 . 传播纵横：历史脉络与全球视野 [M]. 北京：社会科学文献出版社，2019.

康拉德 . 全球史是什么 [M]. 杜宪兵，译 . 北京：中信出版集团，2018.

马特拉 . 全球传播的起源 [M]. 朱振明，译 . 北京：清华大学出版社，2015.

李智 . 全球传播学引论 [M]. 北京：新华出版社，2010.

李彬 . 全球新闻传播史 [M]. 北京：清华大学出版社，2005.

KAMALIPOUR Y R. Global communication：a multicultural perspective [M]. 3rd ed. Lanham：Rowman & Littlefield，2019.

MCPHAIL T L，PHIPPS S. Electronic colonialism：theories，stakeholders， and trends［M］．Hoboken：Wiley-Blackwell，2019．

◀ 思 考 题 ▶

第一节

1. 国际传播与全球传播诞生的历史背景与社会环境有何差异？

2. 全球传播实践的特征是什么？

3. "地球村/全球村"昭示了怎样的全球传播前景？

第二节

1. 跨国的全球传播研究机构和组织主要关注的是什么？

2. 近二十年来全球传播研究主要涉及哪些领域？

3. 全球传播研究的未来趋势是什么？

第三章

全球传播生态

从微观来看，全球传播的动态环境是由媒介、传播者和受众共同构成的；从宏观来看，全球传播生态还包括全球社会与全球传播的政治经济互动。全球传播是在全球化背景下出现的，全球化趋势的逐步深入和全球风险的缓缓浮现，推动人类传播不再局限于国家之间的信息流动，而是转向全球共享传播。互联网无远弗届的特性使之从诞生起就拥有全球化的特征，它的本质是联结，将个人、信息、地区与全球系统联结起来，并促进相互之间的交流。

全球化与互联网构建了全球传播的演变基础。基于此，全球传播是全球范围内多种主体参与的信息传播行为和过程，包括政府、媒体、企业、社会组织和个人等。这个"你中有我、我中有你"全球传播生态，体现着传播主体全民化、传播内容无界化、信息传播"后真相"的特征。作为一种复杂的网络系统，全球传播生态受到众多因素的影响与制约，除了新信息技术，板块化的地缘政治、冲突，深层链接交织的多元文化，迅速变化的全球分工与流程再造的全球经济等都在深刻地塑造着全球传播生态。①

第一节　全球传播的演变基础

全球化是伴随着人类社会发展出现的社会现象和过程，具体体现为人类的全球联系不断增强、相互依存度不断提升并形成了全球市场。全球化具有多种维度和多种动因，是一个既同一又混杂的社会过程。从 15 世纪末西欧航海家发现新大陆，人类就开启了全球化探索的历程。迄今全球化已历经 5 个多世纪的演进，但是只有到了 20 世纪末，全球化才真正成为时代主题，深刻影响人们的日常生活，成为推动人类社会发展变革的中心力量。

一、全球化的开端

20 世纪以前的全球化进程几乎是一张资本主义全球扩张的动态图，生动地记录了资本的全球扩张历程。意大利航海家克里斯托弗·哥伦布（Cristoforo Colombo）率领的船队首次到达美洲大陆，将人类交往的范围拓展到全球，1648 年欧洲各国达成《威斯特伐利亚和约》，民族国家体系逐渐形成。资本主义为了进一步扩大市场，极力推进殖民扩张的步伐。这一时期，欧洲各国陆续出现印刷的图书和小册子，其传播内容主要为宗教信息、文学故事等。随着新航路的开辟和交通、通信的发展，16 世纪末 17 世纪初，德意志、英国、法国等国出现了定期的印刷报刊，西方近代新闻传播业生动地记录了资本主义从欧洲向美洲、亚洲、非洲的殖民扩张，记录了西方文化对东方的渗透与影响。

1827 年 1 月，德国诗人约翰·沃尔夫冈·冯·歌德（Johann Wolfgang von Goethe）在阅读了一本中国小说后，对他的助手艾克曼（J. P. Eckermann）说：

---

① 胡正荣. 构建基于全球传播生态的中国国际传播体系［EB/OL］.（2022 - 08 - 30）［2022 - 09 - 02］. news. cssn. cn/zx/bwyc/202208/t20220829 _ 5482124. shtml.

"文学是全人类共有的……世界文学的时代就在眼前,我们每个人都应该促成其早日到来。"[①]歌德所指的世界文学,折射着德意志知识分子的世界主义理想,也预示着世界主义与民族主义的融合。1846 年,马克思、恩格斯在《德意志意识形态》中预言:"各民族的原始封闭状态由于日益完善的生产方式、交往以及因交往而自然形成的不同民族之间的分工消灭得越是彻底,历史也就越是成为世界历史。"[②] 在此,马克思、恩格斯根据对世界历史的观察,准确地预言了未来的全球化趋势,客观分析了人与自然、人与社会的关系,揭示了历史的本质及发展规律。

两次世界大战的结束,标志着欧洲政治、军事全球扩张到达顶峰,西方世俗话语和意识形态的全球传播却未终止其前进的步伐。20 世纪 90 年代,现代全球化的发展充分印证了马克思、恩格斯的预言,全球经济交流与合作迅猛发展,国家间的资本、技术、商品、人员以空前的速度增长;世界各国的相互依存前所未有地增强;跨国公司在世界经济中的影响力越来越大。1992 年,联合国秘书长布特罗斯·布特罗斯-加利(Boutros Boutros-Ghali)在联合国日致辞中说:"第一个真正的全球化时代已经到来。"在 1995 年纪念《联合国宪章》生效 50 周年大会上,150 多个国家的元首和政府首脑共同探讨如何解决人口、环境、毒品等一系列紧迫的全球性问题和危机。此后近 30 年来,环境污染、流行病、气候变暖、恐怖主义等全球性问题和危机此起彼伏,昭示着现代全球化的困境,呼唤着新的全球治理方案,也推动着全球传播的发展。

二、全球化的发展

(一)四次工业革命推动全球化的发展

工业革命的进程与全球化息息相关。近代以来的四次工业革命为全球化提供了坚实的物质技术基础,成为推动全球化的重要力量。

第一次工业革命,指 18 世纪 60 年代至 19 世纪中期的机械化时代。蒸汽机的广泛应用标志着人类进入机械化时代,开创了以机器代替手工劳动的时代。这不仅是一次技术改革,更是一场深刻的社会变革。第一次工业革命不仅推动了欧洲发达资本主义国家的物质生产和交换,而且推动了经济领域、政治领域、思想领域和世界市场等诸多方面的变革。

---

① VON GOETH J W. Conversation with Eckermann(1823—1832)[M]. San Francisco:North Point Press,1984:132.

② 马克思恩格斯文集:第 1 卷 [M]. 北京:人民出版社,2009:104.

　　第二次工业革命，指 19 世纪下半叶到 20 世纪初的电气化时代。电力的广泛应用标志着人类进入电气化时代，资本主义生产的社会化大大加强，垄断组织应运而生。第二次工业革命促进了世界殖民体系的形成，使得资本主义世界体系最终确立，世界逐渐成为一个整体。同时，资本主义各国在经济、文化、政治、军事等各个方面发展不平衡，致使帝国主义争夺市场经济和争夺世界霸权的斗争更加激烈。

　　第三次工业革命，指第二次世界大战后至 20 世纪后半叶的信息化时代。基于可编程逻辑控制器的生产工艺自动化，引领人类进入信息化时代。第三次工业革命加剧了资本主义各国发展的不平衡，使资本主义各国的国际地位发生了新变化；在社会主义国家与西方资本主义国家的竞争中，贫富差距逐渐拉大，带来了世界范围内社会生产关系的变化。第三次工业革命不仅极大地推动了人类社会经济、政治、文化领域的变革，而且影响了人类生活方式和思维方式。

　　第四次工业革命，指 21 世纪以来的智能化时代。克隆技术、人工智能、大数据等技术的出现，推动人类进入智能化时代，智能技术渗透到人类生活的各个方面。以智能制造为主导的第四次工业革命，驱动了更广泛的互联，通过革命性的生产方法实现了"互联网＋制造业"的智能生产，创造了更多智能化的产品，同时孕育了新型商业模式。

　　图 3-1 展示了工业革命与全球化发展进程的对应关系。

工业革命	全球化
第一次工业革命（人类进入机械化时代） 18世纪60年代到19世纪中期，蒸汽机的应用引领机械化时代来临。	**全球化1.0:** 19世纪初期
第二次工业革命（人类进入电气化时代） 19世纪下半叶至20世纪初，电力的应用引领电气化时代来临。	**全球化2.0:** 19世纪中期至20世纪80年代
第三次工业革命（人类进入信息化时代） 20世纪后半期，克隆技术、航天科技等引发生物科技与产业革命。	**全球化3.0:** 20世纪90年代至20世纪末
第四次工业革命（人类进入智能化时代） 21世纪以来，智能技术、通讯技术的发展带来又一次科技革命。	**全球化4.0:** 21世纪以来

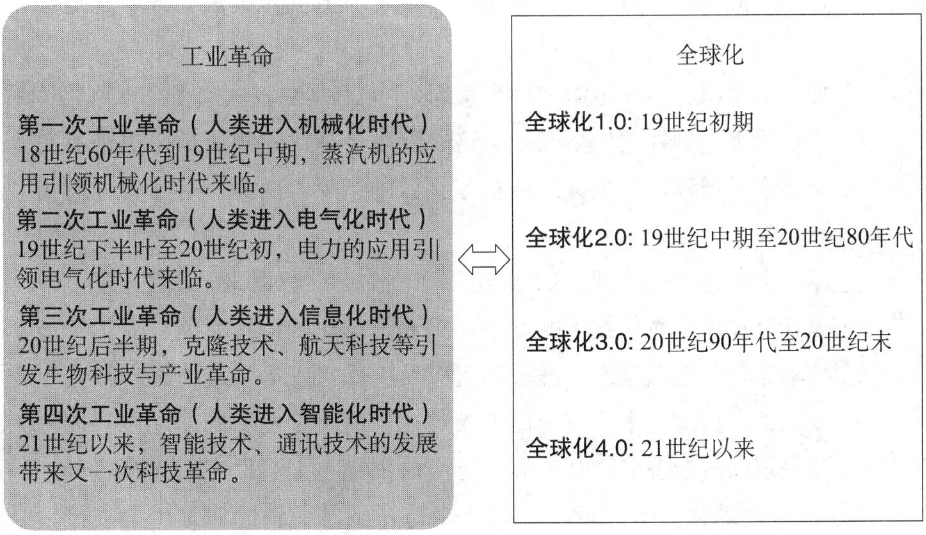

图 3-1　工业革命与全球化发展进程的对应关系

（二）全球化的四个阶段

　　如果将人类打破地域限制实现社会生产与消费的互联互通算作全球化的

起点，那么迄今为止全球化已历经四个发展阶段。其中，自 20 世纪 90 年代以来，全球化进入快速发展期，全球化趋势以前所未有的速度和规模深刻地影响人类社会各个领域、各个层面。

全球化 1.0 时代（19 世纪初期至 19 世纪中期）：19 世纪初期，伴随着第一次工业革命的完成，人类社会进入全球化 1.0 时代。正如马克思、恩格斯所言，"资产阶级社会的真实任务是建立世界市场（至少是一个轮廓）和以这种市场为基础的生产"[①]。马克思、恩格斯科学地阐释资本主义全球化的本质及内在逻辑，资本的全球扩张成为全球化的动力。

全球化 2.0 时代（19 世纪中期至 20 世纪 80 年代）：19 世纪中期，人类社会进入全球化 2.0 时代。第二次工业革命推动交通和通信技术的迅速发展，世界各国之间的交流更为频繁，并逐渐形成了一个全球化的国际政治、经济体系，大多数国家和地区都被卷入全球化进程之中，世界政治经济格局进一步确立。在这个时代以规则为基础的全球治理体系逐渐形成，产生了联合国、国际货币基金组织、世界银行、世界贸易组织等。

全球化 3.0 时代（20 世纪 90 年代至 20 世纪末）：20 世纪 90 年代全球化逐步深入，人类社会进入全球化 3.0 时代。以信息通信技术（Information and Communication Technologies，ICT）为强大驱动力，以资本（经济）全球化为显著特征，全球化扩展到政治、文化、社会等诸多领域。人员和资本在全球流动，产业链在全球布局，互联网把世界真正变成了"地球村"——基于时空的压缩，使世界化约为"全球村"，每个行为体（包括个人和组织，如政治组织、企业组织和社会组织），尤其是主权国家在全球网络体系中的节点位置无一例外地发生改变。这一阶段全球化的快速扩张也是英美等资本主义国家所谓新自由主义经济全球扩张的结果，因此，有学者称之为"美式全球化"。

全球化 4.0 时代（21 世纪以来）：21 世纪以来，人工智能以及大数据、云计算技术及通信技术的发展，推动全球化的持续发展。人工智能、机器人技术、量子信息技术、虚拟现实以及生物工程等，成为提高社会生产力的重要因素，智能技术已成为促进人类社会高质量发展的新动能。这一阶段全球化呈现出复杂态势，英美等国泛滥的民粹主义、保守主义等思潮鼓噪逆全球化/反全球化浪潮。2020 年以来全球范围暴发新冠病毒感染疫情，全球人员流动受限，但是疫情的暴发反而推动了人类快速向数字化、虚拟化生活迁移，元宇宙等新应用极大地拓展了人类的生存和交往空间，改变着人类的传播形态。

---

① 马克思恩格斯全集：第 29 卷［M］．北京：人民出版社，1972：348．

2019 年 1 月 22 日至 25 日在瑞士达沃斯举行的世界经济论坛年会，以"全球化 4.0：打造第四次工业革命时代的全球架构"为主题，世界经济论坛主席克劳斯·施瓦布（Klaus Schwab）指出，第四次工业革命已经促成一种新经济和新型全球化。[①] 这种新经济即新型的创新驱动型经济，它破坏并重组了无数行业，通过增加价值创造中的知识密度，实现非物质化生产，进而增强国内产品、资本、劳动力市场之间的竞争，同时也加剧了国家之间的竞争。

三、全球化相关概念

（一）逆全球化/反全球化

逆全球化/反全球化（reverse globalization/anti-globalization），即与全球化进程背道而驰，重新赋权于地方和国家层面的社会思潮或社会发展态势。逆全球化出现的根本原因在于全球化推动了全球资源和资本的低障碍流动，但劳动力的流动没法合拍，导致全球的财富分配越来越不均衡。全球贸易层面顺差和逆差导致各国受益不均衡、资源分配不均衡，致使全球各地"民愤"不断，进而带来政治格局动荡，甚至可能使人类社会陷入"修昔底德陷阱"[②]。

20 世纪 90 年代跨国贸易迅速发展，跨国贸易的剧增反而使各国的国力差异愈发明显。跨国贸易促进了全球产业链的形成，国家之间的社会分工更加明晰。按照经济学理论，社会分工的基本前提是资本追逐更高的利润，资本的本性就是向成本更低、利润更高的方向流动。在近 30 年来的全球化浪潮中，资本和资源前所未有地自由流动，全球劳动力薪资水平差距缩小，与此同时，低科技含量的制造业向发展中国家转移，部分发达经济国家出现了制造业空心化，进而导致相关工作机会和税收的减少。这导致在部分发达国家出现了逆全球化浪潮，"地球村/全球村"观念受到严重挑战。

逆全球化浪潮体现在多个层面，如贸易保护、边境筑墙、控制移民等政策。在经济层面，多个国家出台了贸易保护政策，2019 年中美两国的贸易摩擦与美国的贸易保护相关。在政治层面，欧盟等区域性共同体面临严重挑战，2016 年英国启动脱欧公投，2020 年 1 月 30 日欧盟正式批准英国脱欧。在外

---

① 2019 年冬季达沃斯论坛今日开幕 聚焦全球化［N/OL］.（2019-01-22）［2022-08-15］. http://tv.cctv.com/2019/01/22/VIDESWZPMc07VZT8JCcaav60190122.shtml.

② "修昔底德陷阱"由古希腊著名历史学家修昔底德提出，他认为当一个崛起的大国与既有的统治霸主竞争时，双方面临的危险多数以战争告终。

交层面，2016年大选后美国开始在边境筑墙、控制移民。在社会思潮层面，2016年以来所谓民粹主义在全球高涨，民粹主义是一种不宽容、反自由、相当狭隘的思想，它往往是情绪宣泄的产物，无论极左还是极右两大民粹主义分支都反对精英政治，主张直接诉诸"人民大众"。民粹民义狭隘地强调本国利益优先，在发达国家中的影响力甚至超越了所谓新自由主义。

（二）全球化与本土化

全球化不仅是经济领域和技术领域中的客观现象，而且正成为划分当代政治的一种意识形态。全球化已成为一些全球公民身份认同的重要来源，成为他们向政府间国际组织及主权国家政府提出政治诉求的合法依据。牛津大学教授亚历山大·拜茨（Alexander Betts）提出："当代政治将不再是关于左或右的讨论，也不仅关乎税收与财政支出，而是关于全球化，分界线将在全球化的支持者和反对者之间产生。"[①]

全球化与本土化（localization，又译"在地化"）具有一体两面的特征。德国社会学家乌尔里希·贝克认为全球化是社会各个领域的"去疆界化"，然而在地域限制被打破后，随之而来的是同一个民族国家和地区内部不同价值观念和生活方式的交织和共生，反而激发了个体对自身族群价值观念和惯习的认同。本土化实质上缘于全球化趋势深化后，很多族群出现的文化身份危机，由此萌发了强烈的寻根意识和族群特性意识。本土化与全球化是紧密相关的，犹如一枚硬币的两面，既相互依存又相互促进。全球化是本土化的共性，本土化是全球化的个性，正如德国诗人歌德所说的，"越是民族的，越是世界的"。

（三）风险社会

1. 风险社会理论的背景

第二次世界大战中核武器的应用迫使人们开始关注全球性风险给人类社会带来的毁灭性后果。自20世纪50年代迄今，人们对风险的认知和研究大致经历了以下几个阶段。

20世纪50年代，社会管理者和研究者开始关注如何规避和控制核能使用过程中的风险问题，这一阶段公众对全球性风险的认知还处于萌芽状态。

20世纪60年代，核风险讨论进入公众视野，大众传媒中出现了对全球环境问题以及社会承受能力的探讨。1962年美国科普作家蕾切尔·卡逊

① BETTS A. "Ted video" [N/OL]. (2016-07-30)[2022-08-15]. http://www.ted.com/talks/alexander_betts_why_brexit_happend_and_what_to_do_next.

（Rachel Carson）的《寂静的春天》（*Silent Spring*）一书出版，对无限制地追求商业利益而损害环境进行了讨伐，呼吁人们改变对自然世界的看法和观点，认真思考人类社会的发展问题。

20世纪70年代，研究者从关注传统风险（核能风险、环境污染等），拓展到对新技术的反思，一系列影响范围广泛的环境问题也激发了公众对全球环境的焦虑，如意大利爆发的二噁英化学制剂污染、法国的油轮漏油事件、美国的核电站泄漏、墨西哥的天然气爆炸等重大风险事件。

20世纪80年代至今，人们对社会风险展开全方位的探讨，讨论主题涉及各个领域，包括森林火灾、化学污染、核泄漏、流行病等。1986年德国社会学家乌尔里希·贝克的《风险社会：新的现代性之路》一书出版，标志着风险社会理论的成熟。21世纪初至今，风险社会理论覆盖了所有学科领域。恐怖主义、环境污染、气候变暖、大流行病等全球性风险促使国际组织及几乎所有国家主体参与到全球风险防控中来。

风险社会理论主要有三大学派：一是以乌尔里希·贝克和安东尼·吉登斯（Anthony Giddens）为代表的风险社会理论，贝克和吉登斯站在客观主义立场上对工业革命以来的西方现代化历程进行了现代性的反思。[①] 二是以玛丽·道格拉斯（Dame Mary Douglas）、斯科特·拉什（Scott Lash）为代表的风险文化理论，这一理论从主观主义角度出发，认为风险在当代社会并没有增加，只是人们对风险的认知程度提高了，被察觉和意识到的风险增多了。三是以德国社会学家尼古拉斯·卢曼（Niklas Luhmann）为代表的复杂自系统理论，他站在社会不可知论的立场上反对贝克和吉登斯对风险社会的客观性批判。[②]

2. 贝克的风险社会理论

德国社会学家乌尔里希·贝克在其《风险社会：新的现代性之路》一书中提出了"风险社会"概念，开启了社会学界对风险社会的研究。他对这一概念的阐释还见于《世界风险社会》及《自反性现代化》。贝克认为，风险是人类社会活动和社会的一种反映，人为因素日益渗透到风险之中，成为风险形成的重要因素。"现代化进程正变得具有'自反性'，日益成为其自身的主题和问题。"[③] "正如19世纪的现代化消解了等级僵化的农业社会，开创了工

---

① 西方社会学者认为，全球社会和政治图景发生了根本改变。第一现代性（现代性）已抵达其发展的极限，正在迈向第二现代性（后现代性）。第二现代性并不承认现代增长的基础，即科技推动人的发展，而是挑战了这一观点，认为现代增长的基础正在被模糊的、流动的和不确定的事件所破坏，主要是全球性风险。第二现代性的来源是第一现代性导致的危机。因此，第二现代性又被称为"自反性现代性"。

② 李翠. 近年来国内外风险社会研究综述［J］. 黑河学刊，2014（2）：184-186.

③ 贝克. 风险社会：新的现代性之路［M］. 张文杰，何博闻，译. 南京：译林出版社，2018：4.

业社会的结构图景，今天的现代化同样消解了工业社会的轮廓，而在现代性的连续性之中，另一种社会形态正在形成。"现代性的发展开启了风险社会。基于这一基本判断，贝克将现代社会的发展分为两个阶段，即以"第一现代性"为支配的经典工业社会和以"第二现代性"为支配的风险社会，二者之间存在着一个"断裂"，即现代性内部的断裂。今天的现代化消解了工业社会的轮廓，以一种自反性颠覆了工业社会的特征——财富生产的"逻辑"支配风险生产的"逻辑"，工业社会下人类自己一手造就的风险犹如"回旋镖"，导致了今天风险生产的"逻辑"反过来支配着财富生产的"逻辑"。这里的风险不是指自然灾害等超验性的自然力量，而是科学、技术、政策等社会衍生物的副作用；风险是工业化的产物、是人为的，是人类自己一手造就的怪物。

全球化的加深引发了全球性危害（如生态危机、核污染），它跨越了国界和阶级界限，并且带来政治和文明风险。作为全球性风险的新冠病毒，跨越了民族国家的边界，呈现出全球化传播趋势，它不再局限于特定的地域或团体，也模糊了生产与分配的界限。2003年"非典"之后，国内学界开始关注风险社会研究。近几年国内翻译和出版了一系列西方风险社会理论著作，为风险社会理论研究与应用奠定了基础。

（四）全球社会/全球公民社会

全球社会指在全球范围内由众多主权国家、政府间国际组织（超国家机构）、非政府组织、跨国公司和个人等组成的人类共同体。全球社会是与国际社会（由主权国家组成）和民族国家社会相对的概念。全球社会的特征表现在三个层面：一是随着全球人员流动的加剧，民族之间的融合和民族内部的分裂、分化加快。二是随着全球商品流动和文化交流的加强，价值观念和生活方式的变革加快，各个民族或者融入国际社会，或者被国际社会所抛弃，走向极端。三是国内的民主与法治已经成为大势，国际政治多极化。

全球公民社会指公民在国家和市场之外的全球公共领域进行跨国结社或活动的领域，包括全球非政府组织、非政府组织联盟、全球公民网络以及跨国社会运动等。随着全球性问题的凸显和公民意识的增强，国际社会日益认识到，在许多国际事务和全球性问题面前，政府和跨国公司也许无能为力，而借助互联网等媒介形成的全球公民社会可能积聚全球公民的力量，推动全球性问题的治理。

（五）全球治理

1. 全球治理概念

第二次世界大战后，全球确立了以联合国为基础的国际秩序，联合国在守护国际和平与稳定、发起和组织各项治理机制方面发挥了重大作用。冷战结束后，国际秩序的主导型机制面临调整。在这一背景下，1992 年国际发展问题独立委员会（CDI）[①] 主席、德国总理勃兰特与多位国际知名人士发起成立全球治理委员会，正式提出了全球治理（global governance）概念。

随着全球化的不断深化，全球性问题和全球性威胁纷至沓来，影响着人类的生存、国家的安全；这些问题和威胁不局限于某个单一领域，而是渗透到多个领域，严重影响着人类的可持续发展。

全球治理是指为了应对全球性问题，治理主体按照一定的治理规范，依托特定的治理机制，形成某种国际政治经济秩序的过程。全球治理的基本要素包括：治理主体、治理问题、治理机制、治理规范与秩序类型。从治理主体来说，包括国家、政府间组织、非政府组织、跨国公司等国际社会多元行为体；从治理问题来说，旨在解决关涉人类共同福祉的民族冲突、生态危机、全球移民、大流行病等全球性问题；治理机制是能否有效贯彻全球治理规范、形成全球秩序的关键，是全球治理的有效保障。全球治理的目标在于最大限度地增进人类共同利益。

2. 全球治理体系的深刻变革

两次世界大战后，美国取代英国成为全球治理的"魁首"，利用其科技、军事和文化优势，建立了美式全球化体系。从 2001 年"9·11"事件、2008 年金融危机，到 2020 年全球病新冠病毒感染疫情大流行，美式全球化已全面溃退，美国国力持续衰退，中国国力平稳上升，美国的西方盟友动荡不安。以美国为核心的霸权统治集团为了维持霸权，在全球各地制造冲突，破坏世界和平，煽动各国内部动乱，继续控制世界各国。中国倡导以人类命运共同体为核心的新型全球化，联合上海合作组织成员国以及其他一些友好国家，通过"一带一路"倡议争取国际市场和发展空间。全球格局正在逐步调整。

21 世纪以来，伴随着全球性问题的频繁出现，气候变化、物种灭绝、金融动荡、难民危机、跨国犯罪、地区安全威胁、恐怖主义猖獗、贸易保护主义等危机此起彼伏，引发诸多混乱，冲击着国际秩序。全球治理困境、全球治理失灵、全球治理危机倒逼全球治理体系做出深刻变革。新冠病毒感染疫情暴发凸显国际合作的缺失、全球治理的困境，联合国、世贸组织、国际货

[①] 　国际发展问题独立委员会（CDI），1977 年 12 月在世界银行总裁麦克纳马拉的倡议下，在联邦德国吉姆尼希宫（Gymnich Castle）成立。该委员会是在世界问题成堆、南北关系日趋紧张的时代背景下诞生的。因其主席为联邦德国总理、诺贝尔和平奖获得者勃兰特，也被称为"勃兰特委员会"。该委员会属于非官方的国际性学术机构，关于全球发展战略的建议日益引起世界各阶层人士的关注。

币基金组织、世界银行、G20 等全球合作机构的协调机制发挥作用有限；以世卫组织为中心的全球健康治理框架也乏善可陈；欧盟、东盟、非盟、阿盟等众多地区合作框架甚至无所作为，世界各国重新回到国家主义框架下。[①] 突发事件及全球风险的威胁，迫切要求全球治理合作走向新的历史阶段，传统的全球治理体系面临重大风险。

3. 全球治理体系中的中国

1949 年中华人民共和国成立，从此以国家主体为单位参与全球治理。从全球治理中中国的角色出发可将中国的全球治理划分为三个阶段：

全球治理的"融入者"阶段（1949—1978 年），中国在全球治理中体现为选择性参与，强调灵活性和原则性结合。1954 年周恩来总理代表党和政府提出和平共处"五项基本原则"（互相尊重主权和领土完整、互不侵犯、互不干涉内政、平等互利、和平共处），直到今天，这"五项基本原则"仍然是中国处理国际关系的基本准则。1955 年万隆会议通过的《关于促进世界和平与合作的宣言》处理国际关系十项原则，将"五项基本原则"纳入其中，成为国际公认的处理国家关系的基础。中华人民共和国成立伊始，以美苏为代表的资本主义和社会主义两大阵营正趋形成，中国加入了以苏联为首的社会主义阵营，一度失去了在联合国的合法地位，并遭到以美国为首的资本主义阵营的军事封锁和经济遏制。这一时期中国以"巩固社会主义阵营，对抗西方国家孤立封锁，加强第三世界联系，以维护自身利益，实现自身发展"为全球治理策略。[②] 中国利用美苏博弈，谋求契机参与全球事务，并于 1971 年重返联合国，成为联合国五大常任理事国之一，为改革开放后中国积极参与全球治理提供了契机。1974 年 2 月 22 日，毛泽东在会见赞比亚总统卡翁达时，根据当时世界各种基本矛盾的发展变化提出了"三个世界划分"理论，认为苏联、美国两个超级大国是第一世界，它们具有最强的经济和军事力量；整个亚、非、拉和其他地区的发展中国家属于第三世界，发展中的社会主义中国属于第三世界；处于这两者之间的发达经济体，如日本、欧洲、加拿大属于第二世界。[③] 这一阶段，中国根据国际力量变化顺势调整外交战略，以意识形态斗争为主导调整全球治理的目标和方位。中华人民共和国成立初期利用苏联和社会主义阵营的力量，谨慎参与全球治理；20 世纪 70 年代后与美国建交，谋求对全球事务的参与。

全球治理的"参与者"阶段（1978—2012 年），中国主动融入全球治理，

① 赵可金. 疫情冲击下的全球治理困境及其根源 [J]. 东北亚论坛，2020 (4)：27 - 42.
② 黄少安，郭冉. 新中国参与全球治理的回顾和总结 [J]. 山东社会科学，2020 (6)：116 - 123.
③ 刘建明. 宣传舆论学大辞典 [M]. 北京：经济日报出版社，1993：1301.

不断加快提升参与全球治理的广度和深度。随着改革开放的逐步深化，中国逐步扭转过度意识形态化的取向，从以意识形态斗争为主导的全球治理转向以经济建设为中心的多领域治理；扭转远离西方资本主义国家主导的全球治理组织的取向，更多地参与和维护以联合国为核心的国际制度体系。1980年中国重返国际货币基金组织、世界银行（国际复兴开发银行）；2001年中国正式加入世贸组织。此外，中国还签署加入了涉及经济利益、军事政治、环境治理、跨国犯罪、教科文卫等领域的多个国际多边条约；加入了29个政府间全球性和区域性经济合作国际组织。基于维护联合国决议的宗旨，1988年中国正式加入联合国维持和平行动特别委员会，并参与联合国维和行动；1996年签署《全面禁止核试验条约》等。基于南南合作及周边外交政策，中国积极推动中日韩合作；建立中国-东盟战略伙伴关系；在西北亚联合俄罗斯和中亚4国成立上海合作组织。21世纪初期，中国已经成为世界上120多个国家和地区的第一大贸易伙伴，逐步成为全球经济增长的重要引擎。

全球治理的"贡献者"阶段（2012年至今），中国开始创新性地参与全球治理，坚持国家利益与全球共同利益相结合的原则，提出构建人类命运共同体的全球治理方案，为全球治理提供新的思路。2013年中国提出建设"新丝绸之路经济带"和"21世纪海上丝绸之路"的合作倡议，截至2022年底中国已与150个国家、32个国际组织签署合作文件共建"一带一路"。2014年中国倡导成立亚投行，以促进亚洲区域的建设互联互通化和经济一体化的进程，截至2022年底亚投行已有104个成员。2017年人类命运共同体被载入联合国不同层面多份决议[①]，一定程度上体现为一种全球意识，对推动全球治理体系变革、构建新型国际关系和国际新秩序的共同价值规范发挥了重要作用。与此同时，中国还积极谋求国际话语权和国际影响力的提升，自党的十八大以来，中国通过举办世界性和地区性的大型外交活动积极陈述中国方案、倡导人类命运共同体。中国利用主场外交和提供新的国际合作平台，通过议题设置引导全球治理方向，通过展示中国发展实绩塑造负责任大国形象。

突发事件及全球风险的威胁，迫切要求全球治理合作走向新的历史阶段，人类命运共同体凝聚着全球共同利益和共同价值，在未来的全球治理体系中

① 2017年2月10日，联合国社会发展委员会第55届会议协商一致通过"非洲发展新伙伴关系的社会层面"决议，呼吁国际社会本着合作共赢和构建人类命运共同体的精神，加强对非洲经济社会发展的支持。3月17日，"构建人类命运共同体"重要理念载入联合国安理会关于阿富汗问题的第2344号决议。3月23日，载入联合国人权理事会关于"经济、社会、文化权利"和"粮食权"两个决议。11月1日，第72届联合国大会裁军和国际安全委员会（联大一委）通过了"防止外空军备竞赛进一步切实措施"和"不首先在外空放置武器"两份安全决议，"构建人类命运共同体"理念再次被载入这两份联合国决议，这是这一理念首次被纳入联合国安全决议。

将发挥更大作用。

第二节　全球传播的技术基础

人类先后经历了五次传播技术革命：口语传播、手写传播、印刷传播、电子传播和网络传播。每次传播技术革命都会给社会政治、经济、文化等各个领域带来重大改变。作为一种不同于传统媒介的"高维媒介"，与人类以往的传播技术相比较，互联网与印刷术、无线电等同是一种革命性的技术，互联网彻底改变了单向的传播、由少数人向多数人的传播，容纳了多种多样的传播方式，既有人际传播，也有组织传播、大众传播。互联网让人类生产、传播和接收信息的方式产生了颠覆性的改变，最大的特点是改变了以往以"机构"为基本单位的社会传播格局，取而代之的是以"个人"为基本单位的社会传播格局，由此形成了传播领域的"新常态"，改变了社会组织的方式、社会资本的分配、社会动员能力的赋权，从而重新分配了社会话语权，改造了社会关系和社会结构。

一、互联网的特征

（一）信息生产协同和即时传播

互联网精神促使更广泛地分享。2005年两位美国记者发明了新词"众包"，意为利用互联网将工作打包分配出去。"众包"与"外包"的区别在于，在"众包"模式下，进行分包时并不知道接包人是谁，接包人的目的可能并不在于获得报酬，而在于做公益或个人兴趣，或者寻求帮助他人的满足感。"众包"通过互联网在全球范围内利用或整合分散的、闲置的、廉价的劳动力、技能和兴趣等资源，为社会提供一种新的劳动力组合方式。这也成为互联网时代信息生产和传播的新模式。

互联网能够全面记录信息传播的整个过程，从时间和空间上积累最全面、最充分的信息。2022年，全球性社交平台脸书拥有29.6亿活跃用户。图3-2展示了脸书用户数量增长趋势，这些用户每月总共上传10多亿张照片、1 000万段视频，每周共享10亿条内容，包括日志、链接、新闻和微博，其中约3 000万用户每天至少更新一次自己的状态。据此测算，脸书每天产生的数据量接近200亿个单词，而过去50年《纽约时报》纸质版总共产生了35亿个单词的信息量。这意味着如今脸书一天产生的信息量超过《纽约时报》纸质版创刊以来信息量的总和。

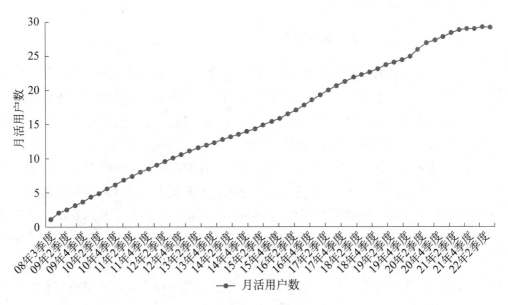

——— 月活用户数

图 3 - 2　脸书用户数量增长趋势

资料来源：Meta 公司第三季度报告（截至 2022 年 9 月 30 日）。

（二）信息传播渠道和终端再造

互联网与传统媒体的区别在于，其多媒体融合的方式实现了人际传播与大众传播的融合。互联网聚合了传统媒体的各种文本——报纸的文字和图像、广播的音频、电视的影像，创造了多媒体文本传播。这种多媒体文本可以用多种方式组合、排列。这种传播模式的变革改变了传统的传播方式和活动，深刻影响人们的信息传播和接受行为。移动互联网催生了社交媒体，极大地拓展了媒体功能，信息共享与虚拟社交功能强化了个体与他人、个体与世界的连接。

（三）信息传播的交互性改变人们的交往方式

在意义生产和意识形态层面，交互性是互联网的一个关键"附加值"。传统媒体提供被动消费者，而互联网传播提供交互性，个体化的媒介使用带来的是个性化的传播，媒体用户的信息消费情况（经验）被转化为商业或市场目标，目的就是将各种消费经验商品化。

互联网诞生之前，人们通过熟人介绍或者传统媒体的传播认识新朋友；通过电话、传真和写信沟通信息。互联网时代，人们可以通过社交媒体结交新朋友；通过电子邮件、网络聊天、社交媒体等与他人联络。互联网重塑了朋友圈，改变了交流方式。在人们应用互联网连接世界时，互联网也重塑了人们与世界接触的方式。

（四）为个体赋能赋权

互联网为个体赋能，人人皆为记者、人人都有麦克风。人人都能够成为传播者，实现了对平民阶层的话语赋权。互联网消解了传统媒体采写新闻的专业性，传播用户生成内容（UGC），这代表着信息传播中"根本性权力转移"。[1]过去由传统新闻媒体和政府组织包揽的信息传播权力转向了网民，创造者经济日益繁盛，网红经济激发了个体参与互联网传播的动力和积极性。

通过互联网，人们拥有了找到对方、聚集起来并相互合作的能力。用户在互联网上利用社交媒体自我组织——共享、合作乃至集体行动。互联网技术消除了信息的地方局限和集体性反应的壁垒，极大地改变了公众反应的范围、力度，尤其是持续时间，为形成跨国的网络社区提供了现实可能性。这种非机构性群体对传统组织形成了重大挑战。用户是互联网信息生产链条中的新力量，用户不再是纯粹的受众，他们强大而难以控制，他们从全球各个角落出发，形成了巨大的流量、制造了品牌。

二、互联网信息安全与治理

（一）互联网信息安全的范畴

随着互联网应用成为人们日常生活中须臾不可分离的一部分，互联网信息安全的重要性越来越受到关注。每一组代码、每一个链接、每一条信息都关乎人们的财产安全或生命安全，网络安全威胁不限于数据的丢失，往往涉及基础设施破坏、公共危机爆发乃至国家安全受到威胁。互联网已经成为继陆地、海洋、天空、外空之外的第五空间，没有网络安全就没有国家安全、个人安全。因此，互联网信息安全包括国家信息安全和个人信息安全。

国家信息安全指国家范围内的信息空间、信息载体和信息资源不受来自国内外各种形式的危险、威胁、侵害和误导的外在状态和方式及内在主体感受。国家信息安全是国家安全的重要组成部分，在信息安全体系中居于核心位置。国家信息安全具体包括国家层面的网络主权、互联网领域的国际合作与交流、打击网络犯罪和网络恐怖主义以及保护数据主权等。

个人信息安全指公民身份、财产等个人信息的安全状况。根据《中华人

[1] 洪浚浩. 传播学新趋势［M］. 北京：清华大学出版社，2014：712.

民共和国网络安全法》，个人信息是指以电子或者其他方式记录的能够单独或者与其他信息结合识别自然人个人身份的各种信息，包括但不限于自然人的姓名、出生日期、身份证件号码、个人生物识别信息、住址、电话号码等。个人信息具体包括六类：基本信息、设备信息、账户信息、隐私信息、社会关系信息、网络行为信息。随着互联网应用的普及和人们对互联网的依赖，个人信息安全越来越受到诸多挑战和威胁。这表现为恶意程序、钓鱼软件和网络欺诈高速增长，黑客攻击和大规模的个人信息泄露事件频发，网民个人信息泄露与财产损失事件不断增加。

（二）互联网信息安全的新特征

当前网络信息安全显示出攻击和防范存在"完全不对称性"的新特征。互联网的高智能性使得信息安全的高科技化特点突出。互联网的开放性使整个信息网络更加脆弱，很难实施有效措施防范信息安全风险，防范对象显示出多元化和广谱化的特点。互联网的虚拟性使得攻击对象的身份很难识别、确认和追查。防范对象的不确定性使之不易发现。互联网的广泛渗透性使得进行互联网攻击的成本更低、门槛更低，与此同时，保障信息安全的成本更高。

互联网的高度互联性使得全球信息安全体系成为一个史无前例的、实时联通的系统，信息安全出现"即时效应"和"连锁反应"。公用网络与私人网络、民用网络与军用网络、各个国家之间的网络联成一体。这导致互联网信息安全灾难的影响范围更广，信息安全问题的解决也需要国家间的相互配合和共同努力。

全球传播时代，平台媒体和社交媒体对政治和安全产生重大影响，因此也被多个国家视为信息安全和国家安全的一部分。2010 年中国国务院新闻办公室发布《中国互联网状况》白皮书，指出互联网是国家重要基础设施，中华人民共和国境内的互联网属于中国主权管辖范围，中国的互联网主权应受到尊重和维护。俄罗斯政府也重视对互联网的行政监管，并制订了互联网防御计划。

（三）全球网络治理

全球网络治理的理想图景是安全、共享和平等。2015 年，在第二届世界互联网大会开幕式上，习近平发表主旨演讲，就共同构建网络空间命运共同体提出了"中国方案"："各国应该加强沟通交流，完善网络空间对话协商机制，研究制定全球互联网治理规则，使全球互联网治理体系更加公正合理，更加平衡地反映大多数国家意愿和利益。""世界范围内侵害个人隐私、侵犯知识产权、网络犯罪等时有发生，网络监听、网络攻击、网络恐怖主义活动等成为全球公害。面对这些问题和挑战，国际社会应该在相互尊重、相互信任的基础上，加强对话合作，推动互联网全球治理体系变革，共同构建和平、安全、开放、合作的网络空间，建立多边、民主、透明的全球互联网治理体系。""网络空间同现实社会一样，既要提倡自由，也要保持秩序。自由是秩序的目的，秩序是自由的保障。我们既要尊重网民交流思想、表达意愿的权利，也要依法构建良好网络秩序，这有利于保障广大网民合法权益。""网络空间不是'法外之地'"。① 党的二十大报告明确提出"健全网络综合治理体系，推动形成良好网络生态。"2020 年 3 月 1 日，《网络信息内容生态治理规定》② 正式实施，这是中国政府以法治化手段开展网络空间治理的重要举措，旨在营造良好网络生态，保障公民、法人和其他组织的合法权益，维护国家安全和公共利益，构建天朗气清的网络空间。

随着互联网对人类生产生活的全面渗透，其应用过程中涌现出诸多问题，包括隐私保护与数据安全问题，平台经济下的垄断竞争问题，工作性质变革及数字劳工问题，不同区域之间、不同群体之间的数字平权问题，互联网平台企业社会责任问题等。这些问题，有的需要伴随着互联网技术本身的发展逐步解决；有的将随着人类社会治理的调整、人类认识的深化而获得改变。

三、互联网为全球传播提供助力

（一）互联网再造全球时间和空间

空间消亡而时间成为关注的焦点，这不仅是电子时代信息传播的决定性结果，在互联网时代亦然。互联网创造的网络空间能够让全球网民在同一时间对同一事件进行交流与分享，这为塑造全球性公共空间提供了可能性。国际传播时代，传媒集团控制和垄断了信息的生产、交换和分配，世界上大部分人都处于传媒集团传播的信息包围之中；而互联网赋予每个人参与全球传播的能力。

（二）互联网让大众更加平等地参与政治生活

网民可以将自己的亲身经历上传与他人分享，如将传统媒体忽略或排斥的"占领华尔街"运动的视频上传到网上，将恐怖主义袭击的场面实时发布到网上。互联网容纳普通公民参与，其潜在逻辑是为公民赋权。互联网让每

---

① 习近平为共同构建网络空间命运共同体提出"中国方案"［N/OL］.（2015-12-16）［2021-06-04］. http://topics. gmw. cn/2015-12/16/content_18124325. htm.

② 网络信息内容生态治理规定［EB/OL］.（2019-12-23）［2020-03-20］. http://www.npc.gov.cn/npc/c30834/201912/87862f2c4d6048eb982061e1d0607eae.shtml.

个网民都可以在网上进行自由选择，为自己的观点找到平台和受众，同时也对自己感兴趣的观点和信息发表意见、表明态度。

（三）互联网时代竞争的核心是平台的竞争

国际传播时代，跨国传媒公司向全球传播新闻和娱乐节目，主要是产品的竞争；全球传播时代，国际互联网巨头提供了一个又一个交流平台，以此吸引全球网民登录并参与信息的传播和观点的分享。平台媒体降低了市场化、专业化媒体参与国际传播的门槛。中国新近出现的多家市场化、专业化媒体已入驻平台媒体，如科技媒体钛媒体、36氪，财经媒体财新网等都在脸书上开设账户，发布英文内容，向国际受众报道中国在财经、科技等领域的事件。2017年3月29日，哥伦比亚大学新闻学院Tow数字新闻中心发布《平台新闻：硅谷如何重塑新闻业》研究报告，报告发现：拥有流量优势的脸书、推特、谷歌等社交媒体和科技公司在加速取代传统发行者的角色，新闻机构持续地将内容推送到这些第三方平台，平台公司决定哪些内容、哪些形式和类型的新闻能够流行，分发已经不再是某些新闻机构的核心活动。①

（四）数据成为国际互联网公司竞合的重要资源

收集、开发数据成为国际互联网公司的重要能力，也是其核心竞争力所在，得数据者得天下。着眼于整体和宏观，对未来事态发展做出预测，是数据新闻的一大优势。"数据新闻正好弥补了传统新闻中观、宏观叙述的不足，驱动数据新闻的大数据优势正在于它的宏观解释力。"② 当然，从海量数据中发掘具有新闻价值的数据相关性，也非易事。要让"数据驱动"和"叙述驱动"合力推进数据新闻的生产，必须处理好"总体样本"与"个体故事"之间的关系。以下三种方式可以有效弥合二者之间的裂隙：一是以人性化视角进行数据挖掘；二是对数据进行"语境化"处理；三是数据新闻的"众包式"生产和个性化定制。这些构成了数据新闻叙述策略的关键要素。

四、互联网与全球网络社会

（一）网络社会理论

21世纪初，美国南加利福尼亚大学传播学院教授曼纽尔·卡斯特

---

① BELL E, OWEN T. The platform press: how Silicon Valley reengineered journalism ［EB/OL］. (2017-03-29)［2020-05-11］. https://www.cjr.org/tow _ center _ reports/platform-press-how-silicon-valley-reengineered-journalism.php/.

② 郎劲松，杨海. 数据新闻：大数据时代新闻可视化传播的创新路径 ［J］. 现代传播，2014 (3)：32-36.

（Manuel Castells）的"信息时代三部曲：经济、社会与文化"出版，其中包括：《网络社会的崛起》《认同的力量》《千年终结》。三部曲详细梳理了全球多种社会变迁，是相互联系的变迁创造了信息时代。卡斯特把常常看似矛盾的趋势整合进包容的分析框架，他在《网络社会的崛起》一书中提出："信息时代的特征正在于网络社会，它以全球经济为力量，彻底动摇了以固定空间领域为基础的民族国家或所有组织的既有形式。"① 三部曲对网络社会的论述，突破了民族国家的框架。②

卡斯特认为，传统社会是层层叠加的，技术和经济是基础，上层是权力，最上层是文化和意识形态。网络社会打破了这种垂直化的等级结构，由互联网技术支撑的网络化社会是扁平和开放的，这种变化引起的竞争不再是国家之间的问题，而是企业之间、社会组织之间、个体之间的问题。而这些恰恰是全球传播的主体。网络社会具有四个特征：其一，全球网络社会是去中心化的网络空间，有一个个的节点，节点之间的联系和互动构成了这种全球网络。其二，节点之间的联系和互动具有内在逻辑，这种逻辑和现实的政治经济文化逻辑有联系但并不完全相同，且具有不确定性。其三，节点之间依然有权力关系，这种权力是随着时间和空间的变换而流动的。其四，全球网络社会并不包含所有的个人、群体和地区。互联网与全球化相互依存、共同发展。游离于全球网络社会之外的个人、群体和地区，会更加孤独和边缘化。

卡斯特发现，由资本和信息技术推动的"网络社会"，蕴含着各民族和各国家之间不平等的新秩序。金融全球化作为全球化的基础，在很大程度上决定了资本输出国对资本输入国的优势地位，并影响贸易全球化以及产业的全球布局。事实上，"网络社会"将世界上大多数地区及民众排斥在外。那些对信息化生产没有价值的地区首先被排斥在外，这些地方由于未能进入全球性网络，不仅未在全球化过程中受益，反而日益失去生存资源，撒哈拉以南的非洲国家、发展中国家凋敝的乡村便是如此。正是基于"网络社会"内部的不平等以及其排斥性，从现代全球化进程开始之时，世界范围内的民众就通过各种形式对资本逻辑引发的流动性展开抵制，并围绕各种文化原则形成基于特定认同原则的社会运动，建立跨国关联。

卡斯特在《认同的力量》中将认同的社会运动划分为三种类型：合法性认同、抵制性认同和计划性认同。合法性认同"由社会的支配性制度所引介，

① 卡斯特. 网络社会的崛起 [M]. 夏铸九，等译. 北京：社会科学文献出版社，2003：24.
② 闫婧. 网络社会与国家：曼纽尔·卡斯特"网络社会"理论探究 [J]. 国外社会科学前沿，2019 (11)：15-21.

以拓展及合理化它们对社会行动者的支配"①，依然被设定为一种"理性"的认同模式，它基于葛兰西（Antonio Gramsci）意义上的"市民社会"与"政治社会"的统一，一国通过国家机构的建构，凝聚和组织着社会，社会通过公共空间形成诉求、表达自身。

因此，尽管以暴力为基础，合法性认同依然是一种"认同"模式，而不是福柯（Michel Foucault）以及法兰克福学派意义上的国家对社会的强制与规训。但是，卡斯特认为对合法性认同的分析是非常缺乏的，在他看来，经济全球化加剧了各种要素在全球的流动，使人类社会的地理边界变得模糊，地理边界的弱化对民族国家的主权及现代政治都形成了挑战，使得原有的认同形式趋于瓦解，并促进了合法性认同向抵制性认同的转化。

抵制性认同与计划性认同都属于社会认同。抵制性认同是"被排斥者建立抵制性的战壕"②，看似反对资本主义的全球化及其带来的普遍性压迫，实质上由于该认同模式仅模仿合法性认同的暴力与权威逻辑，并在特定权威的引导下致力于形成封闭的社区，其根本上是反社会的。宗教激进主义就是这种认同的典型。卡斯特阐释的重点在于从抵制性认同中区分出计划性认同，从而对具有建构性的新社会运动进行结构分析。与抵制性认同单纯的抵制性特征不同，在计划性认同中，被边缘化的民众凭借所有可及的文化资源，"建立一个新的认同以重新界定他们的社会位置，并借此寻求社会结构的全面改造"③。计划性认同的运动往往围绕同一个文化原则不断发展出差异性的主题，并围绕这些主题发展出多样性的认同形式，这些认同形式一起又形成了松散但坚韧的网络结构，使得该运动能够潜入全球资本主义的每一个环节，并与之对抗。在卡斯特看来，女性主义运动便是计划性认同的典型。自 20世纪 70 年代以来，女性主义运动以"性别"为原则，形成了基于女权、女性意识、女同性恋等不同主题的认同形式，这些认同运动彼此关联并形成女性运动的网络。

现代全球化进程导致各种生产要素在大城市过度聚集，这种聚集引发了普遍的城市冲突，例如民众就城市环境、住宅、教育以及医疗等问题形成的抵制活动。而诸如环境主义这样的社会运动对世界范围内环境意识的提升，以及对相关法制和技术改进的要求，在很大程度上制约着全球化进程的展开。卡斯特关于计划性运动的理论与尤尔根·哈贝马斯（Jürgen Habermas）有关全球化的观点具有显著的相似性。在哈贝马斯看来，伴随着经济全球化正在

① 卡斯特. 认同的力量［M］. 夏铸九，王志弘，等译. 北京：社会科学文献出版社，2003：4.
② 同①.
③ 同①.

形成一种全球政治和民主形式，其推动者不是政府，"而是社会运动和非政府组织，即超越国界的市民社会的积极成员"[①]。卡斯特对全球性公共空间及"市民社会"的论述，正是对哈贝马斯公共空间理论的拓展。[②]

（二）网络社会中的权力关系

卡斯特关注政治、经济、文化领域的权力关系如何通过传播（交流）来维系以及建构，指出互联网使得这些领域发生巨大改变。在《传播力》（*Communication Power*）一书中，卡斯特围绕"权力关系很大程度上通过传播过程在人们心灵中得以建构"[③] 展开，"恐吓或暴力可以造成肉体屈服，而精神的塑造是一个更具决定性和持续性的统治形式"。任何新技术都会挑战原有秩序的权威，一如印刷技术的革命引发社会的剧烈动荡。

卡斯特认为互联网的本质"自由基因"会挑战社会组织结构的权力关系，而传播是促使这一权力关系实现的赋权者。互联网引发人类传播转型，从大众传播转向大众自传播。新的复合式传播网络瓦解了传统的、固化的、垂直的传播模式，互联网空间信息传播既可引发分歧，又可达成融合。基于互联网，实现了权力与反权力的互动，其中权力可能来源于机构，反权力可能来源于公民社会。

卡斯特的网络社会理论融合了政治经济学和社会学视角，他把全球视为一个由传播（信息网络）编织起来的社会，"人们并不是生存在一个虚拟现实中"，而是在"一个真实的虚拟世界"中，这个由传播建构的社会空间中，各方围绕价值与利益展开斗争与辩论，而社会秩序也正是在这样的环境中不断"重熔再生"。卡斯特的网络社会理论夸大了互联网的赋权，实际上互联网技术的所有者仍然具有强大的影响力和控制力，在相当大程度上网络技术主宰者仍然是全球传播的掌权者。只有实现了物质技术的相对平等，遵从全球公众的共同价值和利益，世界各国才能获得平等的传播权。

第三节 全球传播的多元治理

全球传播主体的多元化与平台化，改变了国际传播中强国控制传播流向的历史。国际传播突显威权，是一种从上至下、由核心向周边的信息发散行

---

① 贝克，哈贝马斯. 全球化与政治［M］. 王学东，译. 北京：中央文献出版社，2000：84.

② 闫婧. 开放的地方性何以可能：曼纽尔·卡斯特论"全球性城市"［J］. 马克思主义与现实，2018（4）：116-121.

③ 卡斯特. 传播力［M］. 汤景泰，星辰，译. 北京：社会科学文献出版社，2018：2013版序言1.

为；而全球传播强调国际规则和共同价值，以共同遵守的协定或契约为主，侧重于各种机制相互作用，是一种多维度、多角度的融合行为。平台媒体和社交媒体传播往往引发全球联动效应，在全球范围内造成广泛影响。这种强大的力量，可能推动社会发展、解决社会分歧；也可能威胁人类的安全与发展，撕裂社会、加剧分歧。因此，全球传播的治理备受关注。治理指的是一种由共同的目标支持的活动，这些活动的行为主体不一定是国家政府，也不一定依靠国家的强制力量来实现。全球传播中的多元治理是国家与全球公民社会的合作、政府与非政府组织的合作、公共机构与跨国公司的合作、强制与自愿的合作过程。

一、全球传播面临的突出问题

（一）传播内容层面的问题

全球传播时代，信息的生产、传播和消费方式发生了巨大改变，平台媒体和社交媒体的信息主题生成机制和内容传播机制，能够将一个小话题迅速转变成一个全球性话题。能否经由平台媒体和社交媒体放大为全球性话题，这主要取决于传播的内容。当前，全球传播内容层面存在的主要问题包括两类：其一是虚假新闻和虚假信息。自社交媒体诞生以来，虚假新闻和谣言出现暴增态势。这一方面是因为业余传播者缺乏媒介素养，无法甄别或展示新闻信息的全貌；另一方面源于利益相关者操纵社交媒体散发虚假信息，以谋取政治或经济利益。如美国 2016 年大选时，频繁爆出虚假新闻；2020 年初新冠病毒感染疫情暴发后，社交媒体上出现新冠病毒阴谋论等。

其二是恐怖主义和仇恨言论。自 2001 年 "9·11" 事件以来，防范和打击恐怖主义分子利用平台媒体和社交媒体传播恐怖和暴力信息就逐渐成为全球内容治理的重点之一。极端组织通过社交媒体在全球传递极端思想，引发世界多国的恐怖袭击事件。与此同时，种族歧视和种族仇恨导致的枪击事件频频发生，一些平台媒体和社交媒体传播的信息激发了极端分子的炫耀心理，他们直接在社交媒体分享屠杀和暴力行为，给受众蒙上心理阴影。

（二）平台监管层面的问题

全球传播的主渠道被英美等发达国家垄断是当前平台监管与全球传播治理中的最大难题。综合意大利媒体观察家文森佐·科森扎（Vincenzo Cosenza）创立的"全球社交网络地图"（World Map of Social Network）（见图 3 - 3），以及 Hootsuite 与 We Are Social 合作发布的《全球数字概览报告》（Global

Overview Report)（见图 3-4），当前被西方国家控制的社交媒体平台大约占全球社交媒体平台的 78%。

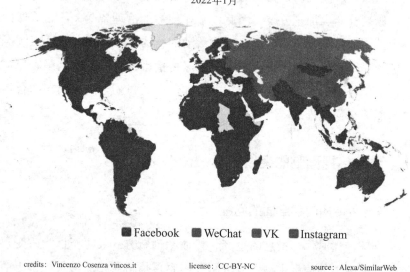

图 3-3　全球最受欢迎的社交媒体

资料来源：全球社交网络地图 2022 年 . https：//vincos. it/world-map-of-social-networks/.

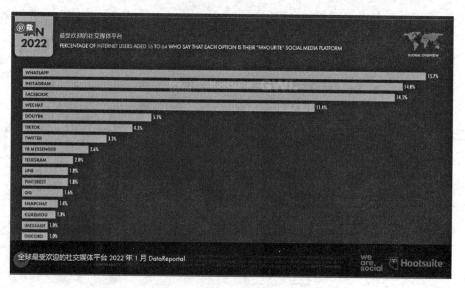

图 3-4　全球最受欢迎的社交媒体平台

资料来源：全球数字概览报告 2022 年 . https：//datareportal. com/reports/digital-2022-global-overview-report.

　　就平台本身而言，由于平台媒体和社交媒体信息发布机制的特点以及相关监管的滞后，平台媒体和社交媒体可以轻松通过算法推荐操纵和干预舆论。

平台通过其垄断的技术让某些议题"噤声"，通过使用删帖、屏蔽和封号等手段让某些议题无法在全平台范围内进行讨论。而平台使用这些手段并没有任何有效机制加以监督，全凭平台自主定夺。同时，平台相应监管部门号召参与内容治理与确保用户言论自由之间容易发生冲突和争议，其介入程度和惩罚力度缺乏标准，边界难以划定，也缺少第三方机构或机制解决平台处理相关问题时存在的争议。就平台监管而言，世界各国政府对平台的治理、平台的自由等问题存在着分歧，加之全球传播的跨地域性和跨语言性，监管无法跨越国界，这些都为监管增加了难度。

二、国家政府作为治理主体

（一）国家政府在全球化和全球传播中的双重作用

20 世纪 90 年代初期，美国国际政治学者詹姆斯·R. 罗西瑙（James N. Rosenau）提出全球治理的概念，并将治理定义为一系列活动领域的管理机制、一种共同目标支持的活动、一系列活动领域里的或隐或显的规则，它们更依赖于主体的重要性程度。

国家政府是推进全球化的主体，客观上也是全球传播多元治理至关重要的行为主体。一方面，国家政府的开放政策和开放行为能够保障人员、商品、资本和信息的流动，推动全球传播的发展。同时，全球化与全球传播也要求国家政府采取积极有效的措施确保本国安全和信息安全，维护国家的根本利益。为此，国家政府要制定完善的国际竞争战略、争取有利于自己的全球秩序、探索信息传播的新模式等。另一方面，完全的全球化势必削弱国家政府的作用，尤其是弱小国家和发展中国家的作用，大国的话语权将会无限放大，弱小国家和发展中国家的政治经济制度将不得不受到大国影响。长此以往，受益于全球化的国家与未受益国的分歧将难以弥合，未受益国可能出现反全球化浪潮，进而对全球化和全球传播产生阻碍作用。在全球传播中，国家政府应转换角色，从管理者转向服务者和引导者，面对全球性问题，不仅要通过立法等手段明确各国的治理责任与底线，维护国家利益和国家安全，塑造国家形象，捍卫意识形态或核心价值观，而且要针对全球性危机与矛盾，拿出切实可行的行动方案，积极维护人类共同价值，促进人类命运共同体的构建。

（二）国家政府对全球传播的治理途径

虽然互联网在一定程度上冲击了政府、新闻机构和研究机构对知识的审查和垄断，但是国家依然可以在信息跨国流动方面施加影响力。国家可以关闭互联网接口，管控互联网上特定内容的流动，可以审查互联网跨国公司的资质，允许或拒绝某些互联网公司在国内落户和传播。

1. 运用法律手段治理

全球化时代，国家政府仍然是全球信息传播中最有影响力的控制者。国家政府通过控制信息传播渠道、制定法律法规等对跨国信息传播内容和传播行为进行强制性管理和约束。国家制定的信息传播法律法规大体上分为两类：一类是以立法形式颁布的新闻法、信息传播法等；另一类是已有法律或某单项法规构成的相关法律体系。国家制定的有关信息传播的法律、法规、条例、规则等法律文件，是信息传播活动必须遵守的刚性行为准则，一方面在确保国家利益和公众利益不受侵害的前提下保护传播自由，鼓励互联网公司和机构媒体满足公众的知情权，促进社会进步和发展，另一方面防止滥用传播自由，严格控制出境信息和入境信息，确保本国正面信息向国际公众和全球社会传播，消除或遏制外来有害信息或信息扩张。

中国先后在《网络安全法》《数据安全法》《个人信息保护法》中确立了重要数据和个人信息出境的安全评估制度，2022 年《数据出境安全评估办法》正式实施，对重要数据出境的安全评估流程、评估具体要求进行规范，旨在"规范数据出境活动，保护个人信息权益，维护国家安全和社会公共利益，促进数据跨国安全、自由流动"。

隐私权不仅是国内信息传播管理的重点，也是跨国信息管理的要点。2000 年英国颁布《信息自由法》，明确规定保护王室及其成员的信息隐私。该法规定 25 种不予公开的信息，其中涉及的过程性信息包括：损害大不列颠联合王国内部关系的信息，与政府政策制定有关的信息，与国王、王室成员及其家族通信有关的信息等。

2. 运用经济手段治理

国家政府通过制定政策、投资媒体、控制广告流向等方式对全球传播施加影响，具体表现为：一是政府通过制定产业政策扶持互联网公司和机构媒体，如提供信贷、减免税收、减少费用、财政拨款等；二是政府直接投资媒体，如创办或购买媒体，以控制媒体内容、媒体工作人员；三是政府控制媒体生产，如媒体的盈利来源、国际广播电视的播出频率、频道及播出设备等；四是政府、政党和社会组织控制广告的流向和投入等。

美国广播电视业虽然实行私营制，但是国际广播美国之音（Voice of America，VOA）是由政府出资主办的，它始终以阐明美国政府立场、为美国政府的内外政策服务为传播目标。2001 年"9·11"事件后，美国之音因为违反美国政府立场播放塔利班组织和本·拉登的录像，遭到台长被撤职、经费被裁减的惩罚。

3. 运用行政手段治理

国家政府通过行政机构以强制性命令、政策规定等控制信息传播，以掌控信息发布权和广告经营权，对全球信息流动施加影响。国家政府的行政手段包括多种，如通过制定信息传播和管理政策或设立信息管理机构以制定和发布各类行政管理条例等，涉及对涉外媒体的管理、审批、登记；对进入本国的外国媒体加以审查、监控；给予对本国政府友好的外国媒体特权或优惠；限制对本国政府不友好的外国媒体甚至查封；直接或变相地资助对本国友好的传播机构。①

行政手段也包括政府利用其掌握的权威信息源，管理新闻发布、控制信息来源。如美国白宫、五角大楼和国务院每天都有例行新闻发布会，美联社会及时公布这些新闻发布会议程。如果有重大突发事件发生，白宫新闻发言人还可以召开临时新闻发布会，邀请总统参加。新闻发言人通过邀请参加发布会的媒体名单及记者名单，有效管理信息传播。特朗普2017年就任美国总统后，频频与美国传统主流媒体"互怼"，2018年1月特朗普在他的推特账号上公布自己评选的"假新闻"奖，美国有线电视新闻网（CNN）"获奖"次数最多。2018年7月，白宫禁止CNN的一名女记者参加特朗普和欧盟委员会主席容克的新闻发布会，理由是她在当天早些时候另一场新闻发布会上提出了"不恰当的"问题（图3-5是《美国新闻与世界报道》周刊网站就此现象刊载的漫画）。美国报人理查·霍奇勒在《操控新闻》一文中说："美国报纸的许多读者并不知道，他们所阅读的'新闻'，很多其实并非出自新闻工作人员本身的勤奋发掘或谨慎思考，而是来自某份由政府机构所发布、上面印有'请勿引述来源'的新闻资料。"

行政手段能够有效弥补信息传播法律法规的缺位或不足，具有较强的灵活性和便利性，在短期内能够填补信息传播法律法规的治理真空。在战争或紧急状态下，国家政府往往运用行政手段来维护社会秩序。例如"9·11"事件后，美国政府将反恐作为国家防卫的重要任务，2003年初时任总统小布什颁布行政令建立"全球传播办公室"（Office of Global Communication），该办公室的目的是"更有效地在海外宣传美国的政策"，具体做法为"建议总统以及总统行政办公室和行政部门负责人使用最有效的方式，持续一致地传播有利于维护美国海外利益的信息，为美国盟友赢取支持，并为国际受众提供信息"。

---

① 张开，等. 全球传播学［M］. 北京：中国广播电视出版社，2013：65.

图 3-5　《美国新闻与世界报道》周刊网站刊载的漫画

资料来源：特朗普与美国媒体互怼已成日常节目. (2018-08-01) [2022-09-20]. http://news. sina. com. cn/o/2018-08-01/doc-ihhacrce9348677. shtml.

三、国际组织作为治理主体

（一）国际组织治理的目标

国际组织是依据其缔结的条约或其他正式法律文件建立的有一定规章制度的常设性机构。国际组织是全球治理的重要主体，是国际交往的高级形式。随着全球化的深化，经济增长失衡、恐怖主义蔓延、气候变化加剧、跨国移民问题和跨国犯罪问题频仍、流行病暴发等全球性挑战日渐凸显，没有哪个国家能够独立解决这些问题。国际组织作为全球治理和多边合作的主要平台，对于全球性问题的解决至关重要。从经济贸易、军备控制到公共卫生、环境保护、气候变化等，在这些专业性、技术性领域，国际组织发挥着管理者和协调者的作用。大大小小的国际组织彼此协调、分工合作、相互策应，推动从"西方治理"向"全球治理"的变革。到 2020 年，全球各种类型的国际组织已超过 73 000 个，遍布世界 200 多个国家和地区，且每年还在以 1 200 个以上的速度迅猛增加。①

---

① Yearbook of International Organizations 2020—2021 [EB/OL]. (2022-03-14) [2022-10-21]. https://uia. org/yearbool.

国际组织不仅在调整国际关系、促进世界和平与发展方面发挥着不可或缺的作用，而且是实现成员共同利益的工具。各成员可以发出自己的声音，阐述自己的观点，推动国际社会在全球性问题和一些热点问题上交换意见进而塑造共识。联合国前秘书长布特罗斯-加利（Boutros Boutros-Ghali）曾指出："联合国是提出新办法和促成共识的重要源泉。"国际组织通过进行世界范围的信息收集和交流活动，协调成员的行动，动员有关成员采取目标一致的行动，从而推动全球治理进程，维护国际社会的共同利益。

在全球传播中，国际组织通常通过对国际法规范的执行，协调各方关系、平衡多方利益、制定统一的规范与标准、约束全球传播者行为、维护全球传播秩序和谐稳定。国际组织制定的传播规范与标准是全球传播交流互动的前提，需要各个传播主体国共同遵行。

面对全球传播中存在的各种问题，未来国际组织可发挥更大作用，协调各国凝聚共识，建立平台媒体和社交媒体治理的国际合作与协调机制，通过达成原则性、阶段性和针对性的共识和规范，逐渐形成真正的全球治理机制。在涉及各国安全的危机事件中，国际组织可作为第三方介入对虚假信息和仇恨言论的调查，促进人类社会的安全与发展。

（二）国际组织治理的途径

1. 制定规则

全球传播是在遵守全球传播秩序的前提下进行的。正常有序的全球传播秩序，建基于可互通的全球传播渠道。如果两个国家之间的通信系统不相容，或者出现技术干扰、信号溢波等问题，不但难以实现有效的信息传播，还可能引起国际纠纷。因此，国际组织通过制定统一规则的形式，对参与全球传播的主权国家的行为进行约束和控制。对于跨国信息传播方式，无论是有线的还是无线的，国际组织都制定了统一的标准，从而使得电报出现后的100多年来国际传播活动能够持续有效地进行。成立于1865年的国际电信联盟（International Telecommunication Union，ITU），是联合国负责信息通信技术事务的专门机构，也是联合国机构中历史最悠久的国际组织。国际电信联盟划分全球无线电频谱和卫星轨道，制定技术标准确保网络和技术无缝互联，并努力增加全球服务欠缺社区的ICT获取。它为全球信息传播创造了诸多重要的"第一"，如制定了摩尔斯电码的标准，划定了世界上首个无线电通信和固定电信网络，规定了全球电信服务的标准等。

2. 分配资源

国际组织在无线电频谱、电磁波频谱以及卫星轨道等方面，发挥着协调国家之间的协议、协调其合理分配与利用的作用。全球传播频率的分配正是国际组织的一项职责。成立于1964年的国际通信卫星组织（International Telecommunications Satellite Organization，ITSO）是政府间组织，也是目前全球最大的卫星通信组织，它致力于通过全球商业通信卫星系统的空间段维护和营运全球卫星系统来为国际公共电信业务服务。国际通信卫星组织依据联合国大会第1721（XVI）号决议所规定的卫星通信应按实际可能尽快在全球范围内一视同仁地供世界各国使用的原则，考虑到《关于各国探索和利用包括月球和其他天体在内的外层空间活动的原则条约》的有关规定，特别是其中第一条所阐述的外层空间应为所有国家的利益而被利用的规定，建立全球性的商业卫星通信系统，并将其作为经过改进的全球通信网的一部分，这一通信网将把通信业务扩大到世界各地区，通过可用的最先进技术，促进最好地、最公平地使用无线电频谱和空间轨道。2011年，国际通信卫星组织与国际电信联盟和全球卫星通信业务的主要提供商Intelsat签署协议，增强应急通信资源，在自然灾害发生之后，加速关键通信基础设施的恢复，包括捐赠卫星资源。由于经济实力和基础设施相对薄弱，发展中国家特别是贫困国家，对诸如卫星资源的利用等仍十分有限。2020年以来，卫星通信需求快速增长，全球大型通信卫星公司并购的意向明显。国际通信卫星组织对卫星市场的调控也面临挑战。

3. 调解或解决各类争端

全球传播活动往往以主权国家签署协议为基础展开。在签署协议的过程中，不仅在围绕频道分配、频谱使用、费用收缴以及技术标准制定等方面出现矛盾与纷争不可避免，而且在互联网信息安全领域的合作也可能出现各种斗争。为了调解或解决各类争端，国际组织大都设置了相关程序。国际通信卫星组织、国际电信联盟等也都规定了相关的协调职责，或设置了解决争端的专门机构。国际组织的调解或协调有时能使问题快速得到解决，有时却效果不佳，在一些议题上也会因持续争端而陷入僵局。例如，面对跨国网络攻击如何进行有效规控和制裁，目前还没有公认的办法。此外，尽管国际组织也试图在发展中国家和发达国家之间建立某种平衡，但这不能从根本上解决二者之间的数字鸿沟和信息共享等问题。

四、跨国公司作为治理主体

（一）跨国公司的治理方式

跨国公司（multinational corporation，multinational enterprise）是指在

两个或两个以上国家运营，从事生产、销售和其他经营活动的国际性大型企业。跨国公司以本国为基地，通过在世界各地设立分支机构或子公司从事国际化生产和经营活动，在一定程度上形成对某个行业或产业领域的垄断。跨国公司嵌入全球价值链与全球供应链系统，深刻影响全球产业链上的其他上下游企业以及覆盖人群。

互联网时代，跨国媒体公司不仅在全球市场中赢取利润，而且在全球知识和信息传播中发挥重要作用。一方面，跨国媒体公司提供了信息生产与传播平台，创造了新的传播渠道。脸书、推特、优兔等全球性平台媒体成为 UGC（用户生产内容）和 PGC（专业生产内容）的主要展示平台，跨国媒体公司通过算法将这些内容推送给网民。算法实质上发挥着受众议程设置的功能，而算法是设计者决定的，设计者通过算法决定网民能够通过平台看到什么。另一方面，跨国媒体公司也将本国的文化价值和政治制度向全球传播，推动全球文化的互动、碰撞与融合。根据世界媒体公司的统计，全球十大跨国媒体公司中有八个为美国公司[①]，这些跨国媒体公司的偏见也深刻影响着全球公众的认知。

（二）脸书"偏见门"事件

脸书被认为是全球最大的新闻内容分发者，被称为"社交媒体之王"。截至 2021 年 9 月，脸书月活跃用户数达到 29.1 亿。有统计称，60.6％的互联网用户使用脸书，这几乎占互联网使用者的三分之二。脸书始终向用户表示，它向用户呈现的新闻是根据算法排序，不带任何人为偏见的。[②]然而，2016 年 5 月 9 日，脸书的一位前员工向科技博客网站 Gizmodo（Gawker 旗下网站）爆料，并用大量的事例说明脸书的新闻选择权在编辑人员手中而不是由算法决定，编辑人员对脸书的新闻趋势榜具有相当的自由裁量权，编辑团队有意"压制"全网范围内的新闻话题，使其趋向保守。编辑人员可以让重要的新闻变得不那么重要，也可以让不重要的新闻变得重要，甚至有意识地根据明示、暗示，把一些具有保守倾向的媒体及其报道打入冷宫。这一事件引起媒体哗然，被称为脸书"偏见门"。

5 月 12 日，脸书被迫回应，公布了内部的编辑工作指南，这份长达 28 页的内部工作指南详细说明脸书页面上"热门话题"栏目里的内容是如何被挑选出来的。在新闻选择过程中，编辑人员和计算机算法都扮演着各自的角色：计算机算法监测即将发生或正在发生的新闻趋势；编辑团队决定这些话题如何投

① 2022 十大行业品牌排行榜［EB/OL］.（2022-04-06）［2022-08-02］. https://www.maigoo.com/best/23397.html.

② 谁是世界上最好的个性化报纸？扎克伯格：Facebook！［N/OL］.（2016-12-06）［2022-05-02］. http://www.dzshbw.com/news/2016/guandian _ 0608/17075.html.

放，以及为经常使用脸书的用户呈现哪些信息。负责脸书全球业务的副总裁贾斯汀·奥索夫斯基（Justin Osofsky）在博客中说，"这份工作指南说明，不论它们最终落在何种意识形态之中，我们在将最重要、最流行的新闻呈现给用户之前，都会经历一系列的检查和平衡……脸书不会允许、更不会鼓励我们的审稿人对任何政治倾向或政治时代抱有偏见"。

脸书在算法和信息公正方面受人诟病并未到此结束，2018 年 4 月，因为脸书"隐私门"事件①，扎克伯格在国会接受近百名美国议员长达 10 小时的拷问，回答关于数据隐私、虚假信息、监管等 600 多个问题。

民众获取公共事务相关信息的传统渠道是政府发布的文件、新闻媒体的报道、专业领域的专家或研究机构发布的研究报告。与切身利益密切相关但需要专业知识才能理解的公共政策议题往往需要经过两层验证机制：第一层是具有诠释能力和意愿的社会机构；第二层是传统的大众媒体。一般来说，两层验证机构相互独立并相互监督。但事实上，囿于新闻规范对观点的平衡性和信源的专业性要求，加之资本运作的原因，新闻媒体容易成为政府、机构组织或社会精英有选择地制造"真理"的平台，使之按照有利于政权或阶层利益的方式呈现信息和制造舆论。

---

① "隐私门"事件：《纽约时报》的调查报道称，剑桥分析（Cambridge Analytica）公司利用脸书的开放平台政策获得 8 700 万用户的数据。虽然脸书获知此事后要求其删除，但剑桥分析公司依然通过对社交网络上的用户进行"画像"，并向其精准投放政治广告，最终达到影响其投票的目的。在这一过程中，脸书由于涉嫌没能保护用户数据隐私而饱受批评，但在应对外界批评和质疑时，脸书却选择去争辩这到底是脸书自身的失误还是剑桥分析公司居心叵测，而回避了自身用户数据保护漏洞等问题。为此，扎克伯格首次在国会上接受 44 位参议员"轮番拷问"。

2020 年 5 月 28 日，特朗普签署了一项行政令，指示政府官员重新审查 1996 年的一项法律条文［美国《通信规范法》（Communications Decency Act）第 230 条］——该条文赋予社交媒体企业豁免权，使它们不会因其平台上的内容或因删除了部分内容而遭到起诉。此举可能会破坏互联网企业已经享受了数十年的法律保护。特朗普下令进行的此次审查是旨在抵制社交媒体企业显示出的、被特朗普支持者称为反保守派偏见的几项举措之一。

特朗普在签署这项行政令之前曾与推特发生激烈争执，推特于此前给他的两条帖子贴上了事实核查标签，这两条帖子的内容称邮寄选票具有"欺诈性"，使用这些选票将导致"选举被操纵"。对于这两条帖子，社交媒体的反应并不一致，脸书拒绝删除特朗普在脸书平台上发布的、与其在推特上被贴上事实核查标签的帖子完全一致的帖子。扎克伯格在接受福克斯新闻频道采访时表示，私人科技企业"不应该成为裁决人们在网上所说的一切是否真实的仲裁者"。

特朗普表示："目前，像推特这样的社交媒体巨头得到了前所未有的免责保护，理由是它们是一个中立的平台，但实际上它们不是。"他称推特是一个"有观点的编辑者"。"我的行政令要求根据美国《通信规范法》第 230 条制定新的法规，使从事审查或任何政治行为的社交媒体无法继续获得免责保护。这是一件大事。"在特朗普签署这项行政令之前，就有科技企业指责他越权，并表示它们正在考虑将特朗普政府告上法庭，而活动人士则指责他限制言论自由。根据特朗普的行政令，美国国家电信与信息管理局（NTIA）将要求独立政府机构联邦通信委员会（FCC）"澄清"《通信规范法》第 230 条中的部分内容，这会令推特和其他社交媒体企业更难在没有给予用户"合理解释"、充分通知或回应机会的情况下删除平台上的内容。特朗普表示："我们今天在这里是为了捍卫言论自由，使其免遭最严重的危险之一。"他认为，大型社交媒体企业在审查和限制人际交流方面拥有"不受限制的权力"。脸书表示，这可能会迫使平台对用户发布的内容施加更多限制，而不是更少，"此举通过让企业为全球数十亿人所说的一切承担潜在责任，将惩罚那些允许存在争议言论的企业，并鼓励平台审查任何可能冒犯任何人的内容"。

全球传播治理的基本理念是维护全人类共同价值——和平、发展、公平、正义、民主、自由。全球传播中的多元治理，实质上是多元主体在传播领域中的相互制约和作用机制。它们也许未得到正式的授权，却能有效发挥作用；它们也许并不是正式颁布的国际法或国家宪法宪章，但确实是全球传播活动中或隐或显的规则。更依赖于主体的重要性程度发挥治理效能，确保全球传播有序开展。

第四节　全球传播生态的特点

全球传播生态是指全球传播时代媒体与人类社会之间的互动共生环境。它具体反映着媒体之间的相互关系、媒体形态与社会力量的关系，以及这些关系在政治、经济、社会方面的表现。简言之，传播生态真实地展现着人与媒体的关系，这种关系既是文化层面的，也是社会层面的。当前，全球传播生态已出现"人机共生"（Man-Computer Symbiosis）态势。

一、传播技术智能化

随着数字技术和人工智能技术在全球传播中的广泛应用，全球传播智能化特征凸显。在信息采集方面，传感器、物联网极大地延伸了人类的信息收集和整理能力，人们实现了对客观世界的全面感知，可以利用二维码、GPS、摄像头、传感器等感知、捕获、测量技术手段，随时随地地对感知对象进行信息采集和获取。这些智能化的信息采集技术，让人类前所未有地精准了解外部世界的变迁以及人类社会的变动。社交媒体机器人（social media bot）集信息采集、处理、写作、分发于一体，推动了"人机共生"的媒体生态形成。社交媒体机器人是基于人工智能、深度学习、机器学习、算法推荐等技术，在社交媒体平台上应用的人工智能产品，它具有部分或者完全自主的行为，以人的身份形成自动化账号、自动发送信息。社交媒体机器人可以自动生成推文、实施批量传送，而且能根据用户关联度构建特定的社交网络，并通过传播特定内容强化群体认知。由此看来，社交媒体机器人不是一种单纯的工具，而应当被视为一种具有参与性的拟传播主体，全球传播生态已经由之前完全由人主导转变为"人机共生"。

一些社交媒体机器人能够提供天气服务、体育竞赛比分、股票数据更新等。美联社使用 Automated Insights 提供的机器人撰写股票公司盈利的文章；《华盛顿邮报》使用新闻机器人 Heliograf 报道当地高中的橄榄球比赛。但是，当前大量社交媒体机器人伪装成人类用户，发布虚假信息，严重影响全球舆论环境。有学者认为，在新冠病毒感染疫情和 2020 年美国大选报道中，社交媒体机器人成为利益集团操纵社交媒体的工具，影响和干扰着受众的选择，这给公共卫生健康和民主话语带来问题，扭曲公共领域的多元化。① 根据公开报道，阿根廷、伊朗、墨西哥、菲律宾、沙特阿拉伯等国家，都在政府行动中部署过社交媒体机器人。这些机器人通常使用虚假消息冲刷社交媒体，通过增加网络中点赞、分享和转发的数量来放大非主流的声音和想法，从而形成一种人造的流行感或舆论势头。

一方面，2020 年新冠病毒感染疫情给信息传播领域带来历史性挑战，客观上加速了国内外媒体的智能化实践，人工智能技术更广泛地应用于新闻采集和分发环节；另一方面，随着元宇宙理论的兴起，智能媒体（intelligent media）研究越来越深入，2021 年以来，中国传媒大学媒体融合与传播国家重点实验室新媒体研究院和新浪 AI 媒体研究院每年联合发布《中国智能媒体发展报告》。智能媒体被认为是用人工智能技术重构新闻信息生产与传播全流程的媒体，它基于人工智能、移动互联网、大数据、虚拟现实等新技术生成一种新的传播生态系统。当前，国外智能媒体主要应用于娱乐业和商业广告等领域，最多见的是对智能技术管理的研究，如算法应用等，国外学者往往把人工智能技术视为社交媒体发展成熟的一个支撑性因素。国内一些学者乐观地认为智能媒体将重塑全球传播格局，人工智能已嵌入新闻业的全过程。②

二、传播主体全民化

无时不在、无处不在的互联网让全球传播出现泛众传播的特征，传播者与接受者覆盖全体公众，人人都有麦克风，人人都是记者。国际传播时代，传播主体单一，仅包括主流媒体和政府，传播效率低、传播效果弱、内容重点不突出；全球传播时代，传播主体多元，各主体差异突出、分工协作、互为补充，极大地提升了传播效率和传播效果。然而，传播主体的多元性和复杂性也势必带来全球传播生态的复杂多元。

（一）信息泛滥

新传播技术的运用与社交媒体的普及，极大地降低了信息发布门槛，对

---

① CHANG H-C H，CHEN E，ZHANG M Q，et al. Social bots and social media manipulation in 2020: the year in review [EB/OL]. (2021-02-16) [2022-04-13]. https://doi.org/10.48550/arXiv.2102.08436.

② 张梦，陈昌凤. 智媒研究综述：人工智能在新闻业中的应用及其伦理反思 [J]. 全球传媒学科，2021 (3)：63 - 92.

传播主体综合实力和专业资质的要求已经成为明日黄花。技术上的便利性使所有机构和个人可以随时随地发布信息，成为信息传播主体。传播主体泛化与互联网海量信息的特点极为契合，全球传播主体远远超越了政府设立的机构和媒体，越来越多的跨国公司、非政府组织、文化团体、学校等机构乃至个人活跃在社交媒体和平台媒体上，不断生产信息，积极参与公共舆论。过去有媒体与受众之分，而今所有的网民都可以成为媒体，成为传播主体——每个人都可以通过社交媒体向全球网民发布自己的所见、所闻、所思、所为，很多个人自媒体的粉丝量和阅读量甚至超过了传统的机构媒体，产生了全球的吸引力和影响力。借助大数据、人工智能和算法等技术，信息传播还可以精准地抵达世界上任何一个区域或群体，乃至个人。

（二）人格化传播

全球传播时代，人格化传播再度兴起，这与人们希望借助传播满足"情感性需求"直接相关。以 Vlog、MG 动画、新闻脱口秀、视频 H5 等形式呈现的视频，往往运用人格化传播策略吸引受众、吸引流量。个体人格在传播中的映射，即为人格化传播。换言之，人格化传播是指在传播中凸显"人"的因素，凸显传播主体、传播内容和传播符号的人格化特质。广播电视时代，主持人的人格化就是吸引广大受众的不二法门。平台媒体和社交媒体崛起后，在信息的海洋中受众更需要通过体现个性色彩的人格化传播，便捷地获取感兴趣的信息，与世界保持联系。对传播者来说，要想提高传播价值，不仅需要内容精良、立场独特，而且需要获得受众在情感和价值上的认可，得到受众的赞美和分享。在人格化传播与互动中，媒体与用户之间由传统的"传-受"（传播）关系转向"朋友"（人际）关系，关系的转变意味着媒体收获了一批高黏性、高参与度的忠实用户。

三、传播内容无界化

互联网无远弗届的传播特征，创造了"地球村/全球村"，"这个世界，各国相互联系、相互依存的程度空前加深，人类生活在同一个地球村里，生活在历史和现实交汇的同一个时空里，越来越成为你中有我、我中有你的命运共同体"。任何一个国家的议题和信息已经不可能局限于一国之内，互联网将各国、各民族以不同形式和不同程度联系起来。这种国与国之间程度空前的"相互联系、相互依存"，打破了信息内容的地域局限性。[①] 人们在社交媒体

---

① 唐润华，刘昌华. 大变局背景下国际传播的整体性与差异化 [J]. 现代传播，2021 (6)：75-79.

分享经验、提出问题、评价结果，形成了包容性的、不确定性的综合，促进了不同民族、国家人与人之间的交流，也促进了人们不断地探讨问题和解决问题。与此同时，人们对他国社会发展的关注越来越密切，对异域文化的兴趣也越来越浓厚。无论是信息本身的意义拓展，还是受众关注范围的拓宽，都在传播技术的助力下成为现实。美国学者尼古拉斯·J. 卡尔（Nicholas J. Cull）指出："这些新技术模糊了国内新闻领域与国际新闻领域原本严格的界限。"①全球传播跨越国界，"你中有我、我中有你"的特征日益显现。全球传播也跨越了科学世界与生活世界的界限，逼近生活世界的本质，个体参与全球传播为媒体带来了鲜活生动、个性凸显的日常生活感知，极大地拓展了全球传播内容。

四、信息传播"后真相"

全球传播既带来了海量信息，也出现了各类虚假新闻和谣言。2016 年《牛津词典》的年度词汇为"后真相"（post-truth），"后真相"指"诉诸情感及个人信念，较客观事实更能影响民意"，"后真相"意味着在塑造公众舆论方面，客观事实已不如个人情绪和信仰重要。"后真相时代"，即在这个时代真相没有被篡改，也没有被质疑，只是变得很次要了。人们不再相信真相，只相信感觉，只愿意去听、去看想听和想看的东西。

与"后真相"相关联的，是美国兰德公司研究员詹妮弗·卡瓦纳（Jennifer Kavanagh）提出的"真相坍塌"（truth decay），她认为"真相坍塌"已经给基于事实的公共决策、公共话语和民主生活带来严峻挑战。"不接受已知的事实，不听从专家的分析，这在当今世界对美国的威胁不亚于敌人和恐怖组织。""很可能'真相坍塌'是社会不安与动荡的副产品。"一些学者认为，"真相坍塌"持续了 20 多年，现在已达到空前的程度。这是社会治理中亟须高度警惕的现象。

"真相坍塌"是全球传播时代信息内容的一个新特点，具体表现在四个方面：其一，媒体对事实和数据的解读呈现多种观点和态度，如基因改造食品的安全性、疫苗对健康的作用等。其二，意见、虚构和事实的界限模糊了，如新闻节目依赖新闻评论而非事实性报道，却没有强调二者的不同。其三，个体观点和经验性信息的数量及影响越来越大，远远超过事实性信息，公众前所未有地面对更多的个体推断和虚假信息。其四，公众对传统的权威信源的信任度大大降低，这些传统的权威信源包括政府和新闻媒体，其结果是人

---

① CULL N J. Public diplomacy：lessons from the past. Los Angeles：Figueroa Press，2009：13.

们不清楚应该从哪里寻求客观的事实性信息。

兰德公司的报告指出，"真相坍塌"给美国的民间机构与政治机构都带来严重危害，极大地损害了社会民主基础，最严重的四大危害是：腐蚀民间话语，在联邦和州层面上导致政治机制瘫痪，拉大个人与政治机构和民间机构的距离，导致民众对国家政策产生不确定感。这在决策者与民众之间、民众内部造成恶性循环：彼此不再信任，就好比在他们之间打进了楔子。如此，人们的信源变窄，只愿意接触观点相同的人，拒绝就核心议题展开有意义的讨论，远离地方和国家政策辩论。"当辩论失去了共同的事实基础，政治功能就会失调。"卡瓦纳指出，在政府事务中，"真相坍塌"使决策迟滞，延缓经济投资，损害外交信誉。

"反转新闻"也是全球传播时代出现的一种新现象，它有别于一般的虚假新闻，是对同一事件的报道出现一次或多次显著变化甚至出现反向变化的现象。"反转新闻"吸引公众关注的并非事件本身，而是让人瞠目结舌的戏剧性反转以及公众态度的反转。"反转新闻"是碎片化信息与刻板成见的结合。"反转新闻"中有的是传播者有意造假，后来真相被不断揭露，出现了事件的反转进而令公众态度反转；有的是事件本身在外界舆论与社会治理者的干预下不断变化，最终出现了与事件爆发时截然不同的结局。"反转新闻"的出现，要求公众具备更高的媒介素养，也体现着全球传播生态的恶化。

全球传播效应是全球传播生态系统的写照，无论是注重情绪传播的"后真相"，还是重视意见传播的"真相坍塌"，抑或是"反转新闻"，都体现着全球传播生态急剧变动期的复杂性。一是信息环境发生了重大变化，社交媒体的问世、全天候新闻报道的兴起等，深刻影响信息传播流程。二是人类在处理信息时带有认知成见，比如人们更容易相信能证实既有信仰和观念的信息，而无视那些可能挑战既有信仰和观念的信息。三是蓄意造假或充满偏见的信息泛滥、搜索算法对特定信息的自我强化，这些导致信息茧房或回音室效应。四是政治、社会、经济方面的分化造就了彼此隔离的群体，各个群体或组织拥有自己的世界观、叙事和话语，甚至"事实"。

◀ **拓展阅读** ▶

鲁传颖. 全球网络空间稳定：权力演变、安全困境与治理体系构建 [M]. 上海：上海人民出版社，2022.

蔡拓. 全球学与全球治理 [M]. 北京：北京大学出版社，2018.

奈. 论权力 [M]. 王吉美，译. 北京：中信出版社，2015.

邵培仁. 媒介生态学 [M]. 北京：北京科文图书业信息技术有限公司，2008.

ROBERTS A，LAMP N. Six faces of globalization：who wins，who loses，and why it matters [M]. Boston：Harvard University Press，2021.

SACHS J D. The ages of globalization：geography，technology，and institutions [M]. New York：Columbia University Press，2020.

◀ 思 考 题 ▶

第一节

1. 20 世纪末开启的全球化具有什么特点？

2. 全球化给全球传播带来什么影响？

3. 全球化理论面临哪些挑战？

4. 风险社会理论如何解释当前全球性问题频仍？

第二节

1. 全球传播的物质技术保障是什么？

2. 互联网具有哪些方面的技术特征与传播特征？

3. 当前互联网治理面临哪些挑战？

第三节

1. 全球传播的治理体系由哪些主体构成？

2. 国家政府在全球传播的治理体系中如何发挥作用？

3. 国际组织/非政府组织在全球传播的治理体系中如何发挥作用？

4. 跨国公司在全球传播的治理体系中如何发挥作用？

第四节

1. 当前全球传播生态中技术占据什么地位？

2. 当前全球传播生态中信息传播具有哪些特点？

3. 当前全球传播的内容呈现哪些特征？

新闻传播主体的多元化和传播渠道的社交化，引领人类传播从大众传播转向人际传播与大众传播的融合，这意味着新闻传播进入了一个全新的时空领域，体现着无时不在、无所不在的特征，全球新闻传播刷新了人们对空间的体验，也带给人们崭新的媒介体验，真相与"后真相"并陈，情感与事实交织，职业记者与智能机器人混杂，传播生态蜕变和技术迭代以前所未有的速度向前迈进。

第一节　全球新闻传播的媒体形态

互联网时代，全球新闻传播主体出现多元化趋势，新闻传播不再由国际传媒机构垄断，个体也广泛参与新闻生产和传播过程，其参与方式亦多元多途，包括独立发布数据和信息、提供原始新闻素材、协助媒体记者工作等。此外，各种国际组织、互联网企业等非媒体组织也参与其中，共同成为与媒体机构同等重要的全球传播主体。图 4-1 展示了目前全球新闻传播的媒体形态。

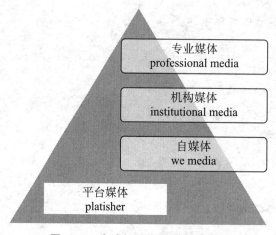

图 4-1　全球新闻传播的媒体形态

一、自媒体

互联网给予每个个体参与新闻传播的机会，网民/用户成为互联网内容的生产者和提供者，有人称之为"自媒体"。自媒体的新闻生产模式被称为用户生产内容（user generated content，UGC），即用户原创内容。它伴随着以提倡个性化为主要特点的 Web 2.0 概念而兴起，可穿戴设备带动用户即拍即享，推动 UGC 模式迅速普及，每个用户都可以生成自己的内容并通过信息发布平台与其他网民分享，因此互联网上的内容飞速增长，形成一个多、广、专的传播格局，对人类知识的积累和传播发挥了巨大的倍增作用。网民/用户生产模式主要应用于社区网络、视频分享、博客和播客等，优兔、维基、豆瓣、简书等都是主要的信息发布平台。

用户生产内容带来了新闻信息的海量增殖，但其不足也是显而易见的。其一，用户生产内容很难保证新闻真实性，存在大量虚假、片面的信息。一般情况下，个体很难独立完成一个新闻事件特别是重大新闻事件的报道，个体通常提供观点和评论，这也是用户生产内容在社交媒体上繁荣的原因之一。其二，用户生产内容给新闻客观性带来挑战。传统新闻报道追求的是记者客观记录事实，坚持平衡报道，信守"用事实说话"，即使记者要表达观点，也往往借专家、官员等权威人士之口表达。在用户生产内容模式下，夹叙夹议的新闻报道越来越多，观点表达和情绪宣泄与新闻事实融为一体，文采借助主观化表述和极化情绪呈现，这在很大程度上增加了新闻信息的趣味性，但是与传统新闻传播的客观性渐行渐远。

众包（crowdsourcing）是近年来出现的一种新的新闻实践，其最直接的影响是促使"公民新闻"向"专业余新闻"（professional-amateur journalism）转变，即转向由专业人士和业余爱好者组成的"专业的业余人士"新闻。维基百科实际上就是网络众包新闻。维基百科是由来自世界各地的网民使用不同的语言共同创建的百科全书，因此被称为"人民的百科全书"。它基于维基技术，强调自由、免费、内容开放，任何人都可以编辑百科全书中的任何条目，为全球公众提供了一个动态的、可自由访问和编辑的全球知识体。自 2001 年出现截至 2023 年初，维基百科的英文条目数达到 654 万，而全球 329 种语言的条目总数超过了 6 030 万[①]，许多重大新闻事件都可以在这里找到解释。

二、机构媒体

（一）机构媒体的生产模式

机构媒体指正规的专业媒体机构，包括报纸、杂志、广播、电视、大型门户网站等，是相对自媒体而言的。机构媒体的生产模式分为专业生产内容和职业生产内容以及正在兴起的机器生产内容和多频道网络。

专业生产内容（professionally-generated content，PGC），是相对 UGC 而言的，指的是专家生产内容。职业生产内容（occupationally-generated content，OGC），即以内容提供为职业的人所生产的内容。PGC 与 OGC 模式下的内容生产者都是具有专业知识、资质以及在信息生产领域有相应的知识背景或

---

① 维基百科列表［EB/OL］.（2003 - 03 - 11）［2023 - 01 - 10］. http://zh. m. wikipedia. org/zh - hans/维基百科列表.

工作资历的人。二者的主要区别在于是否追求经济效益或报酬。前者出于爱好，经济效益或报酬并不是其追求的首要目标；后者是职业或工作，创作内容属于职务行为，经济效益或报酬是其生产和传播信息的前提。

机器生产内容（machine-generated content，MGC），是基于摄像头、传感器、无人机、行车记录仪等智能采集设备，结合新闻发生的多维数据，自动检测新闻事件、自动生成数据的新闻生产方式。机器生产内容与"云计算＋人工智能"技术对内容创作的赋能相关，可穿戴设备带动用户即拍即享也推动了 UGC 升级，"万物互联"让传感器成为新的、海量的信息来源，进而引发新闻生产逻辑的巨大改变。

多频道网络（multi-channel network，MCN），来源于国外互联网视频领域，由优兔开发。MCN 广义上是指有能力服务和管理一定规模账号的内容创作机构，内容形式不仅包括视频，也包括直播、图文等。不言而喻，MCN 是具有跨平台性质的数字媒体公司。内容创作机构成为 MCN 后，可获得平台的专属资源和政策倾斜，并通过持续运营不断提升旗下账号的矩阵规模和活跃度，扩大自有品牌影响力，提升其商业价值。MCN 一旦出现营利端倪或形成传播效应，往往会被大型机构媒体收购，一方面机构媒体能帮助 MCN 面向更广大的受众，另一方面 MCN 也免去了资金和人员匮乏的后顾之忧。例如，AwesomenessTV 被梦工厂（Dreamworks Animation）以 1 500 万美元收购；Maker Studios 被迪士尼（The Walt Disney Company）以 5 亿美元收购。

（二）机构媒体的优势与劣势

全球传播时代，在国家形象建构或国际话语权竞争方面，机构媒体与自媒体的优势与劣势是鲜明的：机构媒体拥有强大的新闻生产制播能力，只有大型机构媒体才有实力开展数字融合报道，如无人机航拍、机器人写作和 VR 新闻等；在重大突发性事件报道、系列报道等新闻传播中，机构媒体拥有人员、财力等多方面的优势。然而，随着社交媒体的普及，个体的灵活机动、多平台迁移能力也显示出独特优势，在机构媒体受到国家、政府限制的情况下，个体在全球传播中的优势逐渐上升。

新冠病毒感染疫情暴发之前，国际舆论交锋往往以机构媒体为主体；新冠病毒感染疫情暴发后，机构媒体受国家政府限制更为凸显，在 2020 年以来的中西舆论交锋中，美国及其盟友对中国的机构媒体强力打压，污名化、妖魔化中国的国家形象。从某种角度来说，中西舆论战的本质是外交战。[1]

---

[1] "美国正把香港变成中美博弈的战场"：专访全国港澳研究会理事陈少波［N/OL］.（2019－11－30）［2021－06－05］. http://www.xinhuanet.com/gangao/2019－11/30/c_1125291416.htm.

2020 年 2 月 3 日《华尔街日报》发布题为《中国是真正的亚洲病夫》的文章，这篇文章诋毁中国为抗击疫情做出的努力。中国外交部发言人华春莹和耿爽多次对此表示不满，要求《华尔街日报》做出回应。2 月 6 日华春莹在记者招待会上称："这位叫作沃尔特·罗素·米德（Walter Russell Mead）的作者，应该为自己的言论、傲慢、偏见和无知感到羞愧。"《华尔街日报》对此没有表示道歉。

2 月 18 日美国国务院宣布将 5 家中国主流媒体在美分支机构作为外交使团列管①，"不是独立的新闻机构"。中国外交部发言人就对美方的错误做法表示强烈不满和坚决反对，敦促美方停止采取损害中美互信与合作的错误举措，表示"我们的目标是对等"。这 5 家媒体是新华社、中国国际电视台（CGTN）、中国国际广播电台、《中国日报》以及《人民日报》在美总代理美国海天发展公司。2 月 19 日中国外交部依法吊销《华尔街日报》3 名驻京记者的记者证，并要求他们限期离境，宣布自即日起：第一，针对美方将 5 家中国媒体驻美机构列为外交使团，中方对等要求"美国之音"、《纽约时报》《华尔街日报》《华盛顿邮报》和《时代周刊》这 5 家美国媒体的驻华分社向中方申报在中国境内所有工作人员、财务、经营、所拥有不动产信息等书面材料。第二，针对美方大幅削减、实际驱逐中国媒体驻美机构员工，中方要求《纽约时报》《华尔街日报》和《华盛顿邮报》年底前记者证到期的美籍记者自即日起 4 天内向外交部新闻司申报名单，并于 10 天内交还记者证，今后不得在中华人民共和国，包括香港、澳门特别行政区继续从事记者工作。第三，针对美方对中国记者在签证、行政审查、采访等方面采取歧视性限制措施，中方将对美国记者采取对等措施。②

3 月 2 日美国国务院宣布，要求中国 5 家媒体大幅削减在美国的员工数量。3 月 3 日华春莹回应称，美国国务院限期要求中国驻美媒体大幅削减记者人数，是对中国媒体记者实行"实际上的驱逐"，毫无依据和道理，是美方基于冷战思维和意识形态偏见，暴露出美方所谓"新闻自由"的虚伪性以及赤裸裸的"双重标准"和霸权欺凌。

10 月，又有 6 家机构媒体（《一财全球》《解放日报》《新民晚报》《中国社会科学报》《北京周报》和《经济日报》）被美国定为外交使团。至此，中国共有 15 家在美机构被作为外交使团列管。

2021 年 2 月 4 日，英国通信管理局宣布，吊销中国国际电视台（CGTN）

---

① 早在 2018 年 12 月，美方就曾要求有关中国媒体驻美机构注册为"外国代理人"。今日俄罗斯（RT）2017 年底就迫于美国司法部的压力，将 RT America 注册为"外国代理人"。

② 中方对美方打压中国媒体驻美机构行为采取反制措施［EB/OL］.（2020-03-18）［2021-06-05］. http://world. people. com.cn/n1/2020/0318/c1002－31636603. html.

在英国的播出许可证，CGTN在英国被迫停播。根据欧洲多国间多年来的一项共享牌照协议，CGTN因为在英国获得播出许可，因此便自动获准在德国播出；反之，CGTN在英国的落地许可证被吊销后，其在德国的播出许可证也同时失效。报道同时提到，只要CGTN在签署这项协议的一个国家重新申请牌照，便可以恢复在欧洲的播出。3月初，英国通信管理局以违反公平、隐私和公正性规定为由，对CGTN处以22.5万英镑的罚款。同时，CGTN恢复在英、法、德等国的节目播出。

美、英等国对中国机构媒体的连环打压是全球传播时代传播领域逆全球化的显现，霸权国家以网络安全或其他理由为口实，以维护本国企业利益和政治利益为根本目的，限制他国媒体或互联网公司本土落地，阻挠信息的自由流动。

三、非媒体机构

非媒体机构是全球传播时代一个重要的信息传播主体，与其深度参与全球治理直接相关。非媒体机构包括国际组织、非政府组织、互联网公司以及其他非营利性组织等。

普利策危机报道中心（Pulitzer Center on Crisis Reporting），成立于2006年，位于华盛顿特区、是一家非营利机构。它赞助其他媒体机构不愿或无法自行承担的全球性问题的独立报道，促进国际事务的深度报道。通过资金赞助和提供教育培训项目等方式，让"人人都是国际新闻记者"。该中心的目标是提高对国际系统性危机的报道标准，并推动广大公众和政府决策者参与其中。

第一眼媒体（First Look Media，FLM），是一家非营利机构，2013年由eBay创始人皮埃尔·奥米迪亚（Pierre Omidyar）和《卫报》记者格伦·格林沃德（Glenn Greenwald）共同创办，宗旨是追求"原创、独立新闻"。该组织最初支持独立媒体，2014年开始推出自己的项目，首个项目是由安迪·卡文（Andy Carvin）领衔的社交媒体项目Reportedly，该项目运用数据分析技术，综合推特上关于巴黎《查理周刊》枪击事件的报道信息，聚合成独家新闻。Reportedly的六人报道团队先后追踪并聚合了目击者、政府等方面的信息，利用推特提供的地理信息确认事件发生的具体地点，并在推特上进行持续跟进报道。这次报道让Reportedly成为国际新闻大战中的一匹"黑马"。第一眼媒体最有影响力的作品是记录美国新闻业重大事件的影片《聚焦》（*Spotlight*），2016年该作品获得第88届奥斯卡最佳原创剧本和最佳影片两大奖项。① 该组织目前

---

① "Our nation is stronger when we protect the rights of individuals to speak their minds，associate with whomever they please and criticize their government and others in power." （2014 - 01 - 13）［2022 - 08 - 30］. https://firstlook. media/about.

拥有多家新闻媒体，包括 Intercept，Topic，Topic Studios，Field of Vision 等。

　　RUC 新闻坊微信公众号 2015 年 6 月 21 日开通，创始人和指导教师是中国人民大学方洁副教授。RUC 新闻坊是中国人民大学新闻学院新闻系运营的新闻采写编评及摄影业务教学与实践平台，迄今已发布 689 篇原创文章。RUC 新闻坊侧重于数据新闻报道及案例分享，新冠病毒感染疫情暴发后，它推送了多篇关于疫情报道的研究成果，如 2020 年 2 月 11 日推送的《2 286 篇肺炎报道观察：谁在新闻里发声？》（见图 4－2），以对 2019 年 12 月 31 日至 2020 年 1 月 31 日国内 19 家媒体刊载的 2 286 篇原创报道的观察为基础，对国内媒体关于疫情的新闻选择、情感倾向、舆论导向与传播效应进行了分析。这篇文章的阅读量超过 10 万＋，并且被多个微信公众号和多家主流媒体转发。RUC 新闻坊不断借助数据可视化的力量拆解热点话题，引导读者发掘事件、现象或问题背后的信息细节和公共价值，实质上已经超越了校园媒体的阈限，被国际社会关注，成为了解中国社会的一个窗口。

2286篇肺炎报道观察：谁在新闻里发声？

来源：人大新闻系　RUC新闻坊　2020-02-11 10:35　发表于北京

微信扫一扫
关注该公众号

> N95、封城、气溶胶、ECOM、双盲测试、方舱医院……一场肆虐的病毒，让许多普通人在这些天努力咀嚼着大量新词。甚至有人生平第一次，点开了一篇医学或生物学论文，只为「图个明白」。
>
> 最深的恐惧是对未知的恐惧，面对新型冠状病毒这一全然陌生的敌人，阅读新闻，成为一个公民在如此灾难面前，保持知情、消解恐慌、积极防护最简单高效的办法。为了这份知情权，我国的媒体从业者们撰写了大量肺炎相关的新闻报道，让足不出户的人们能与灾情同频共振。
>
> 这场灾难影响多维复杂，涉及多个专业领域，在撬动事实时，媒体选择让谁发声，成为了一个值得研究的问题。
>
> 消息来源往往是媒体对某一特定话题报道框架研究中的分析维度之一，媒体对消息来源的选择确立了某些人和群体话语权的合法性。通过观察媒体对同一话题消息来源的选择偏好，可以讨论其传播立

图 4－2　RUC 新闻坊的作品《2 286 篇肺炎报道观察：谁在新闻里发声？》截图

资料来源：2 286 篇肺炎报道观察：谁在新闻里发声？（2020－02－11）［2022－09－20］. https：//mp. weixin. qq. com/s/xOUYUAZ1On3pvX7iCn1cPA.

　　非媒体机构在新闻采制方面上，更加灵活、机动、及时和快捷，有时一个"背包记者"就可以完成机构媒体需要一个驻外团队才能完成的任务，有时运用数据技术或模型分析，就能从海量信息中找到具有独特价值的信息或

线索。全球传播时代，机构媒体海外站点及其工作人员不断减少，非媒体机构进入国际新闻领域，给全球性新闻生产与传播带来了新鲜血液。

第二节 全球新闻传播的主渠道

所有现代媒介及传播技术都是人类基本的、与生俱来的传播能力的延伸。① 平台媒体、社交媒体等互动性媒体形态的出现，与人的思维模式的变化息息相关。全球传播时代，人类的思维方式更强调统合性、交互性，全球新闻传播渠道也转向由移动互联网和智能技术、算法技术支持的平台媒体和社交媒体。

一、平台媒体的崛起

（一）平台媒体概念

"平台媒体"（platisher）即"平台"（platform）② 和"出版商"（publisher）两个词的结合。2014 年 2 月，《纽约时报》负责技术与产品开发的员工乔纳森·格里克（Jonathan Glick）在《平台媒体的崛起》一文中提出了"平台媒体"这个新词。2014 年 8 月，数字时代（Digiday）的一位撰稿者提出平台媒体的概念，指既拥有媒体的专业编辑权威性，又拥有面向用户平台所特有的开放性的数字内容实体。简言之，平台媒体是开放平台与专业媒体的结合：既是一个向内容和服务提供者开放的平台，又是一个具有"把关人"属性的媒体。③

不同平台与媒体结合，会产生不同的形式。如谷歌新闻是搜索引擎平台

---

① 克劳利，海尔 . 传播的历史：技术、文化和社会（第五版）[M]. 董璐，等译 . 北京：北京大学出版社，2011：序言 2.

② 《牛津词典》对"平台"的释义是"公开表达某些观点或意见的阵地"，这表明平台本身具有开放的特性。中国古代认为，平台包括集市、媒人中介等，平台的特征包含多方参与的群体、互动环境、完善的交易规则等。随着互联网的发展，平台又被赋予了连接两个或多个群体的特征。加拿大政治经济学研究者尼克·斯尔尼塞克（Nick Srnicek）在《平台资本主义》（Platform Capitalism）一书中指出，平台是"联系两个及以上群体并帮助他们进行互动的基础设施"。换言之，平台就是人们平常使用的各个界面、App 和应用，包括微信、百度、淘宝、京东、大众点评、携程、蚂蚁短租、当当等。平台具有三大特征：强大的技术、庞大的用户以及将不同群体连接起来的能力。2021 年 10 月 29 日国家市场监督管理总局发布《互联网平台分类分级指南（征求意见稿）》指出："互联网平台，是指通过网络信息技术，使相互依赖的双边或者多边主体在特定载体提供的规则下交互，以此共同创造价值的商业组织形态。"

③ 喻国明，焦建，张鑫 . "平台型媒体"的缘起、理论与操作关键 [J]. 中国人民大学学报，2015（6）：120-127.

和媒体内容的结合，决定搜索结果排序的是算法；脸书的动态消息栏目是社交平台和媒体内容的结合，硅谷人称之为"新媒体与新媒体的融合"①。

社交平台和科技公司巨头竞相介入媒体领域，这成为平台媒体崛起的重要驱动力。以脸书为例，2006 年发布动态消息栏目，此后多次修改推荐算法；2014 年 1 月发布个性化新闻推荐平台 Paper；2015 年 5 月发布内容平台 Instant Articles，内容提供者可以直接通过该平台快速编辑和发布内容，并且与脸书分享广告收益；2016 年 1 月向内容提供者开放受众优化和受众网络平台，帮助内容提供者实现定向传播和广告投放。2021 年 10 月，脸书公司正式更名为 Meta 公司，将业务聚焦于发展元宇宙，积极推广虚拟社交平台 Horizon。

《纽约时报》《时代周刊》《赫芬顿邮报》等均在 10 余家平台发布内容，《赫芬顿邮报》通过平台媒体发布的内容有 66％为"原生内容"，这些内容直接发布在第三方平台上，网民无须登录媒体网站即可观看。

国外的社交媒体脸书、推特、谷歌（谷歌以及谷歌地图）、Medium 等都具有平台性质，可以称为平台媒体。国内的平台媒体有今日头条、一点资讯、微博、微信、百度、快手、抖音等，还有人民网的人民号、腾讯的企鹅号等，涉及资讯、社交、搜索、短视频等多种类型平台。

哥伦比亚大学新闻学院 Tow 数字新闻中心在 2017 年发布的研究报告《平台新闻：硅谷如何重塑新闻业》中指出，拥有流量优势的脸书、推特、谷歌等社交媒体和科技公司在加速取代传统发行者的角色，新闻机构持续地将内容推送到这些第三方平台，平台决定什么内容、什么形式和类型的新闻能够流行，分发已经不再是某些新闻机构的核心活动。②

平台媒体基于互联网生产逻辑的信息聚合已使新闻业态产生了革命性变革。平台媒体抓取互联网上各种渠道的信息，整合到其网站和客户端，聚合了海量内容的生产方与提供方，构成了由用户、专业内容生产者、广告方与投资者组成的多元主体共存的媒体生态结构。

根据社交媒体调查平台 Hootsuit 与 We Are Social 合作发布的《全球网络概览报告》（Global Overview Report），当前全球覆盖范围广泛、拥有绝对领先优势的 4 家平台媒体是 WhatsApp（15.7％）、Instagram（14.8％）、脸书（14.5％）、微信（11.4％）。③

---

① 杰罗姆. 平台媒体，科技与媒体缠斗百年再平衡［EB/OL］.（2014-12-16）［2020-04-02］. https://www.tmtpost.com/177842.html.

② BEll E，OWEN T. The platform press：how Silicon Valley reengineered journalism［EB/OL］.（2017-03-29）［2020-05-11］. https://www.cjr.org/tow_center_reports/platform-press-how-silicon-valley-reengineered-journalism.php/.

③ Digital 2022：Global Overview Report［EB/OL］.（2022-01-22）［2023-01-10］. https://datareportal.com/reports/digital-2022-global-overview-report.

（二）平台媒体与社交媒体的区别

社交媒体的传播者主要以网民为主；平台媒体的传播者更加多元和专业，平台力图通过各种规则、算法和服务，向所有的内容提供者和服务提供者开放。

2018年9月10日美国皮尤研究中心发布的报告显示：68%的美国人通过平台媒体获取新闻，其中，43%的美国人使用脸书获取新闻，之后依次是优兔（21%）和推特（12%）。尽管其中57%的人认为平台媒体上的新闻大部分可能是不准确的，但与内容相比，使用的便捷性是他们选择继续使用平台媒体获取新闻的首要原因（21%）。① 2019年10月2日皮尤研究中心发布的调查显示：62%的美国人对平台媒体在发布新闻中的作用感到担忧，他们认为平台媒体对新闻发布的控制过多，其发布的新闻令用户对新闻进行综合变得更加困难。② 由此可见，网民对平台媒体的专业性诉求是高于社交媒体的。

二、平台媒体的价值

（一）扭转渠道劣势

平台媒体重组了新闻分发系统，打破了西方国家媒体的渠道封锁。一方面，受众从传统媒体转移至平台媒体，削弱西方国家媒体在渠道方面传统优势的同时，为非西方国家媒体补齐渠道短板，提供了弯道超车的新战场；另一方面，平台媒体改变了传统媒体时代由点到面的"大众门户"传播模式，实现了以社交为基础的、基于关系的传播，同时以算法为基础的推荐模式淡化了传播过程中编辑对信息的控制，传播效果直接取决于国际受众，为后发媒体提供了赶超机会。

（二）丰富传播主体

平台媒体降低了市场化、专业化媒体参与全球传播的门槛，为市场化媒体参与全球传播创造了条件。官方媒体是当前中国主要的国际传播主体，市场化、专业化媒体处于缺位状态。中国科技媒体钛媒体创始人赵何娟认为，

① MATSA KE，SHEARER E. News use across social media platforms 2018 ［EB/OL］. (2018-09-10) ［2022-01-05］. https://www. journalism. org/2018/09/10/news-use-across-social-media-platforms – 2018.

② Americans are wary of the role social media sites play in delivering the news ［EB/OL］. (2019-10-02) ［2022-01-05］. https://www. journalism. org/2019/10/02/americans-are-wary-of-the-role-social-media-sites-play-in-delivering-the-news.

很多西方人有意愿了解中国商业、科技的发展，但中国有影响力的市场化媒体在国际舆论场的缺席导致了信息沟壑与偏见，"这些信息沟壑不打平的话，中国会一直落后"。中国新近出现的多家市场化、专业化媒体已入驻平台媒体，如科技媒体钛媒体、36 氪，财经媒体财新网等都在脸书上开设账号，发布英文内容，向国际受众报道中国在财经、科技等领域的事件。市场化、专业化媒体参与国际传播意愿和能力的提升，有利于中国构建全方位的国际传播格局，提高国际受众对中国媒体报道的接受度，减少中国与国际受众在互动过程中的信息不对称。

（三）直接触达受众

传统媒体时代，由于传播渠道薄弱，占据主导地位的西方国家媒体在中国媒体与国际受众之间扮演着"二传手"角色，往往将中国媒体的报道内容裁剪、重组之后传播给国际受众，进而实现意义重构。平台媒体为中国媒体直接触达国际受众、接收受众反馈、实现良性互动创造了条件。

（四）重构权力格局

平台媒体彻底改变了过去媒体机构与用户、市场的关系。从生产链条来看，媒体机构变成了单纯的信息生产者，丧失了信息传播权力。从运作模式来看，媒体编辑无法选择用户可以看到什么信息，算法成为新的"把关人"。从市场占有来看，传统新闻业的生存空间愈加萎缩，平台媒体拥有垄断优势。平台媒体凭借算法拥有的强大议程设置能力又赋予其舆论操控力，这往往让用户基于被操控的认知做出非理性的判断。

三、平台媒体崛起对全球传播的挑战

（一）平台所有权分布形成传播权力的再集中

平台媒体的崛起影响了全球几十亿人的阅读习惯，塑造了一套新的信息生产和传播机制。北美洲和欧洲拥有的平台媒体占全球平台媒体的 78% 左右，这些平台媒体受其所有者影响，在信息传播流向和关注对象等方面表现出特定的倾向性。这些互联网超级平台通过提供基础能力，设计发布规则，联结媒体机构（信息生产者）、网民（信息消费者）形成了信息流通市场；平台媒体与平台参与方和利益相关者（企业、政府、公众），共同构成全新的传播生态，实现了传播权力的再集中。正如美国网络理论研究者艾伯特-拉斯洛·巴拉巴西（Albert-László Barabási）在《链接：商业、科学与生活的新思维》（*Linked：How Everything Is Connected to Everything Else and What It Means for Business，Science，and Everyday Life*）一书中指出的："如果把网络空间比喻成一个生态系统的话，谁掌握了平台，谁就是开放、共享幕后的'老大哥'，谁就是这个生态系统的支配者。"[①]

互联网平台本身属于市场主体，其商业属性决定了它追逐利润的本质，必然要通过不断扩大用户规模来变现流量获取利润。而作为一个信息传播新的表达空间，它又背负着公共领域的社会责任，正如平台媒体脸书自我宣称的，脸书是每个人都可以拥有的"我的日报"（The Daily Me）。显然，平台媒体很难兼顾商业性与公共性，其通过算法推荐进而导致"信息茧房"，难以促成真正的公共对话，丧失了传统媒体"看门狗"的公共效应。

（二）平台推送倾向影响传播效果

互联网超级平台从技术、市场、政治和文化多个层面，重构着全球传播的信息流动新格局和文化交往新形态。随着互联网超级平台逐渐成为人类社会的物质基础，平台嵌入人们生产生活的方方面面，平台也给社会公共价值带来挑战，政府、企业、公众等各类社会主体的价值体系在平台上博弈、对抗、竞合。与此同时，平台也是互联网社会中一个全新的表达空间，它凭借着"优先、分类、联想、过滤"等算法机制，筛选网民看到的信息，进而塑造了网民对现实的感知，平台的倾向极大地影响着网民的认知；平台为了迎合网民只推送网民感兴趣的信息，网民只能收到平台按照其喜好推送的新闻，形成"我的日报"。美国学者凯斯·R.桑斯坦（Cass R. Sunstein）在《网络共和国：网络社会中的民主问题》一书中指出："我的日报"让每个人都能获得自己所喜欢的信息；假如一个社会也是如此的话，信息获得的窄化将使各个社会群体分裂。这样的思想偏狭将会带来社会群体之间的误会和偏见。平台信息推送导致人们信息接收的定式化和程序化，实质上可能影响了多元的、自由化的信息环境，换言之，平台的倾向实质上影响着受众的信息获取和倾向。

（三）西方媒体内容优势借助平台放大

把持着平台所有权的西方互联网巨头，利用其平台优势传播符合本国价值体系的信息，极大地扩张了西方价值观念的影响力。当前欧美国家的平台媒体占全球平台媒体的78%，大多数使用英语进行传播，借助通用语言英

---

① 巴拉巴西. 链接：商业、科学与生活的新思维［M］. 沈华伟，译. 杭州：浙江人民出版社，2013：288.

语，欧美国家的信息也覆盖全球各地。

随着全球平台媒体趋于饱和，增量用户减少，用户流失率增高，平台媒体的细分趋势已成定局。例如，WhatsApp 用户广泛覆盖印度及欧洲、非洲、美洲的国家，运用标准移动网络电话号码发送信息，是"真正全球化的媒体"；脸书总能看到许多成年人晒娃照，是"世界上最个性化的报纸"；推特充满了两党政治互喷，是"政治新闻集萃地"；照片墙（Instagram）有各种白领的"生活方式炫耀"照片；优兔是成年人的怀旧处，属于"网红的起源地"。为了保持本国平台媒体的优势，继续垄断全球话语权，欧美国家不惜运用非市场手段打压中国的平台媒体，2020 年爆发的 TikTok 事件，显示了大国博弈中西方在国际舆论和国际市场上的强权。

TikTok 是中国互联网企业字节跳动的一款海外应用，以偏于简单、轻松和搞笑的风格，俘获了美国那些被互联网边缘化、不具备付费能力的青少年群体，深受 Z 世代喜爱。2017 年 8 月，字节跳动收购了美国本土短视频分享网站 Musical.ly，2018 年联合 Musical.ly 推出了新版本，即 TikTok。2018 年 9 月，字节跳动取代优步，成为全球最有价值的初创企业之一。近年来 TikTok 爆发式增长，仅用了三年时间其全球月活跃用户数就突破 10 亿（2021 年），与优兔、照片墙、脸书等并驾齐驱，跻身最受年轻人欢迎的应用软件序列。它支持 150 多个国家和地区使用，广告使用超过 75 种语言。

2020 年 7 月，美国参议院国土安全和政府事务委员会一致投票通过了"禁止在联邦政府设备上使用中国社交软件 TikTok"的法案。8 月美国总统特朗普以"威胁美国国家安全"为由，提出封禁 TikTok。而后又提出 TikTok 可以通过被美企收购的方式继续在美国经营。这就是美国封禁 TikTok 事件。

TikTok 事件发生时，恰逢新冠病毒感染疫情暴发期，多国都出现了贸易保护行为。很多舆论都将 TikTok 事件与 20 世纪 80 年代日本企业的遭遇进行比较。彼时，以东芝、三菱、松下为代表的日本制造强势崛起，大有赶超美国企业之势，最后遭到美国"贸易大棒""安全大棒"轮番攻击，发展势头受阻，大伤元气。时隔近 40 年，中日企业的遭遇有着高度的相似性，一则美国采取的方式、手段相同，二则事件的发生都高度契合世界经济迭代周期。同时，TikTok 事件不仅是美国保护本国企业的经济利益的体现，更重要的是它是美国维护本国的话语权和影响力的体现，实质上违背了西方标榜的新闻自由和言论自由。

第三节　全球新闻传播的新形态

　　视频是电视时代的主流传播形态，随着互联网技术的普及，特别是移动互联技术成熟后，视频又以新的形态吸引人类的目光。图像比文字更易使人产生记忆、更易吸引关注。但是视频业务成本大、效果微、盈利周期长，在电视时代，视频是机构媒体的专属产品。4G、5G技术的成熟陡然降低了视频的生产和消费门槛，受众不需要专业技术或专业设备，使用智能手机等设备就可以轻松录制和发布视频，看视频、拍视频成为受众借助平台媒体和社交媒体参与全球传播的乐趣来源。短视频传播倡导受众参与，以此驱动平台的运作，建构参与文化，短视频传播对受众的强大吸引力造就了全球新闻传播的新形态。美国嗡嗡喂（BuzzFeed）网站首席执行官约那·佩莱蒂（Jonah Peretti）认为："发展视频业务是大势所趋。它在移动设备上被播放和分享的频率很高，因此它将数码、视频、移动和社交融合在一起。"①

一、视频的蓬勃兴起

（一）视频分类

　　短视频可以分为两类：一类是基于传统互联网的短视频，无非是剪短的视频，传播特性变化不大，目前传统媒体制作的短视频大多是这类，大众传播属性突出；另一类是基于移动互联网的短视频，是移动社交的产物，如抖音和快手上的短视频，用户生产和内容分享是其两大特征，从大众传播进入了社会化传播、人际传播范畴。② 与此同时，算法推荐的推波助澜，助力优兔、Houseparty、抖音、快手等短视频平台迅速崛起，由此改变了传媒业态，甚至影响整个生态系统。以人民视频为例，2019年人民视频进一步推动以构建人民拍客平台为核心的能力建设，秉持"智能化、移动化、平台化"的方针，高效管理拍客团队，打造集内容制作、素材存储、智能分发、人员精细化管理于一体的全生态系统。这类短视频应用入局传播系统，不仅迎合了受众对短视频观看的需求，也成为塑造新传播生态的生力军。

---

① 刘亚澜. 三大新闻通讯社这样开展视频业务［EB/OL］.（2015-03-01）［2022-01-05］. https://tech. qq. com/a/20150301/005145. htm.
② 谭天.5G时代：短视频是一种结构性力量［J］. 新闻论坛，2020（1）：7-10.

（二）国外视频的发展

欧美等新闻传播业发达国家的机构媒体率先试水数字视频生产，其产品专业性强、内容丰富，为培养受众的阅听习惯提供了先导。国际通讯社在开展视频新闻服务上具有内容优势，积极探索多元化的新闻信息供给。

2010 年 9 月法新社推出了全球首个高清视频新闻服务，致力于打造高清视频。2012 年美联社推出了数字视频平台，深耕直播技术。2013 年以来美联社实时直播的新闻总数是过去的三倍多。美联社全球视频总监桑迪·麦金太尔（Sandy MacIntyre）说："每一分钟发生的新闻故事都将实现现场直播。"美联社的 Live U 技术，以及与 Bambuser 公司的合作都增强了美联社的视频直播功能。2014 年 10 月，今日俄罗斯（RT）媒体集团开通俄罗斯卫星通讯社与广播电台，提供高清视频新闻。目前它在 20 多个国家设有多媒体信息中心，拥有新闻网站、模拟和数字广播、移动 App 和社交网络页面。它的新闻专线 24 小时用英语、阿拉伯语、西班牙语和汉语发布新闻。2015 年初路透社推出视频移动客户端 Reuters TV。2017 年 5 月启用新闻影音内容平台 Reuters Connect，该平台提供的内容包括重大突发事件中的原始照片，以及大量 UGC 模式的信息。

当前国外最受欢迎的视频网站均有大量 UGC 模式的新闻信息发布，它们也为全球网络用户提供了新闻信息的蓝海，丰富了全球新闻传播的视频来源。

优兔是世界上最大的视频共享网站。2005 年创办，总部位于加利福尼亚州圣布鲁诺。它使用 Adobe Flash 视频和 HTML5 技术显示用户生成的视频内容，用户可以在优兔上传、浏览和共享视频，包括电影剪辑、电视短片、音乐录影以及视频博客、原创短视频等。

奈飞是美国著名的在线视频服务公司。1997 年成立，总部位于加利福尼亚州洛杉矶。它于 1999 年开始基于订阅的数字分销服务业务和 DVD 租赁业务。按照市值计算，早在 2020 年奈飞就已成为全球最大的媒体娱乐公司。奈飞始终奉行"内容为王"策略，为多国提供网络视频点播服务，2022 年奈飞在全球拥有 2.23 亿订阅用户。

Disney＋是美国迪士尼公司 2019 年推出的在线视频点播平台，面向亚欧等多国提供视频服务。依托迪士尼公司丰富的电影和电视节目资源以及品牌影响力，Disney＋目前已成为奈飞最大的竞争者，2022 年订阅用户达1.64 亿。

雅虎视频（Yahoo! Screen）是美国的视频共享网站，用户可以上传、分享和观看视频。起初它名叫 Yahoo! Video。2006 年 6 月，雅虎视频开通视频搜索引擎，并加入上传和分享视频短片的功能。该网站视频多为搞笑、达人、动画等娱乐视频。

每日动画（DailyMotion）是法国的视频分享网站，支持用户上传、分享和观看视频。其总部位于法国巴黎马勒泽布大道，是世界上第二大视频分享网站，仅次于优兔。

维梅奥（Vimeo）是美国的视频共享网站，支持用户上传、分享和观看视频，该网站专业性强，上传内容均为原创作品，不发布任何商业化视频、游戏视频以及色情内容。维梅奥 2004 年创办，总部在纽约，2006 年被 IAC/InterActiveCorp 公司收购。维梅奥致力于为企业和个人提供高清视频服务，视频节目覆盖 7 种语言。新冠病毒感染疫情后其注册用户数量大涨，2021 年注册用户已超过 2.3 亿。

Hulu 是美国著名的视频网站，2007 年由 NBC 环球公司和默多克新闻集团合资创办，现为迪士尼公司所有。该网站提供在线付费视频及正版影视节目，其高质量的视频、清新的界面和丰富的电视节目足以与全球各大电视台相媲美。2022 年 Hulu 的订阅用户为 4 720 万。

LiveLeak 是英国著名的视频分享网站。2006 年成立，由 Ogrish.com 团队运营。该网站允许用户上传和分享视频，侧重于时政新闻分享，素材以地方时事、政治和现实为基础，如来自世界各地的战争场面。

（三）国内视频的发展

技术变革是媒介变革的先决条件。作为新一代移动通信技术，5G 网络的传输速度是 4G 网络的 100 倍，大幅提升的带宽、网速激发社会表达与信息传播的潜能，也将颠覆现阶段的新闻生产分发方式。2016 年被国人称为短视频元年，但短视频真正崛起是在 2017 年，短视频快速进入中国人的生活，亿级流量可以轻松达到，这就是短视频行业形成的表征。短视频对互联网时代的传播形态、媒介生态和传媒业态发挥着结构性的作用。

2016 年底，在国内获取一、二线城市用户受阻的快手开始尝试国际化，推出了海外版 Kwai。2017 年 5 月抖音国际版 TikTok 正式在 Google Play 上线，积极推进出海。快手的出海模式主要是自建平台，而抖音出海则是依靠今日头条实行自建与投资相结合的模式。2018 年，抖音的母公司——今日头条连续并购短视频领域的三家公司，为其国际化战略铺路。2017 年 2 月收购 Flipagram，2017 年 11 月并购 Musical.ly，2018 年 2 月再掷 3 亿美元收购激萌（FaceU），既提升了产品优势，也扩展了资源分发的入口。当年，TikTok 雄踞东南亚和日本 App 下载排行榜榜首。

2019 年，抖音和快手主宰了国内短视频行业。2020 年初，腾讯公司微信视频号启动，形成国内短视频领域"三足鼎立"之势。微信视频号借用了微信的好友推送机制，内容界面与抖音和快手有显著差异，社交属性鲜明。2022 年 6 月，抖音日活跃用户数突破 6.8 亿，快手日活跃用户数为 3.9 亿，腾讯视频号日活跃用户规模达到 8.13 亿，已然后来居上。①

　　新华社等主流媒体也在积极朝视频化、智能化转向。2016 年新华社推出微电影《红色气质》，依托中国照片档案馆独家影像资源制作的微纪录片《国家相册》让人眼前一亮。在 2021 年建党百年之际，新华社发布微视频《望北斗》，以中华传统文化中的"北斗"为意象，串起中国共产党领导下中国人民的百年奋斗史，巧妙地把政党认同和文化认同有机结合，把视觉冲击和情感传播有机结合，实现了政治传播的"微表达"。《望北斗》上线 2 小时全网传播量迅速破亿，微博话题♯今天的北斗星光来自 100 年前♯（见图 4-3）阅读量超 16 亿。在全球通讯社中，新华社最早推出 AI 合成主播，为视频新闻注入新的活力。2018 年 11 月 7 日在第五届世界互联网大会上，新华社首个 AI 合成主播亮相；2019 年 3 月 4 日，新华社和搜狗公司推出全球首个 AI 合成女主播。

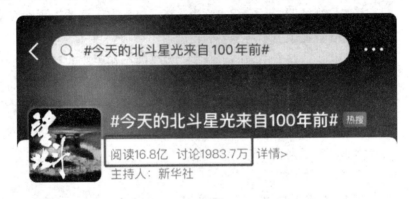

图 4-3　新华社微视频《望北斗》的微博话题♯今天的北斗星光来自 100 年前♯

二、全球新闻传播中视频的独特价值

　　视频直观、生动的特点，能够极大地提升全球新闻传播对受众的贴近性，通过与受众建立情感纽带，提升全球新闻传播的覆盖率。国际新闻对受众的贴近性远远低于国内新闻，受众往往缺乏对与自己相关性较低的新闻信息的观看兴趣和动力。因此，国际新闻更需要通过图像或可视化形式增添画面的丰富度

　　①　8 亿月活赶超抖音，微信视频号也想在买量上掺一脚［EB/OL］．（2022-09-25）［2023-01-10］．https：//36kr.com/p/1932011851844226.

和趣味性，运用情绪传播策略提升吸引力。机构媒体力图通过智能化、场景化、移动化的传播方式提升对国际受众的贴近性，在与受众共情中实现有效传播。一些机构媒体尝试人格化传播，将自身拟人化，以达到与受众亲密互动的效果。5G技术的广泛应用为视频提供了底层技术支持，底层技术改变势必引发商业模式的质变，全方位改变从新闻内容生产、新闻内容传播，到新闻内容消费、新闻内容变现的全流程。视频带来的改变主要表现为以下两个方面。

其一，视频大幅度提升用户的新闻体验。5G技术保障了实时、移动、高清的内容传输，使各类视频和直播业务更加轻便灵活。超高清化是继音视频数字化、高清化之后的新一轮技术革新，将推动视频内容消费全面升级。受众在使用手机、平板电脑等移动终端观看视频、直播以及玩游戏等过程中会极其流畅；基于传输速率的限制被打破，超高清和高帧率的画面将激发受众对移动化、场景化长视频的需求，让视频新闻拥有更广阔的市场前景。

其二，视频催生新的新闻传播业态。视频生产传播流程和受众体验的优化，促进行业提供更丰富多元的内容形态，覆盖更多场景和受众，带来新闻业革命。过去，新闻内容的生产与分发是两个相脱离的行业；进入5G时代，网络直播成为常态，短视频＋直播＋AI＋……新闻内容变现更加便捷，商业模式有更多创新，将不断创造出新的业态。5G技术和6G技术将以更加开放的方式促进视频生产与外部的连接、整合和协同，PGC模式与物联网融合，将为视频新闻带来新一轮发展机遇。

三、新技术推动短视频新闻生产

短视频是移动互联网时代的重要媒介形态，它不仅深刻嵌入人们的日常生活，而且成为权力、资源及资本生产和分配的一种机制，为个体创意、社会互动和文化多样性赋权，支持人们从边缘位置向更具参与性的位置进发。技术为人们，特别是那些被边缘化但自我赋权的人打开了新的大门。

5G技术能够提供更好的连接。当所有物体都可以联网、感知环境甚至可以远程控制时，人类社会可能会进入一个"各取所需"的时代——新闻生产机构为我们提供的不再是产品，而是信息服务；受众无须在网上四处寻找信息，而是由新闻生产机构协助筛选推送所需信息。5G技术将提升新闻信息服务对人类生活的影响力。伴随流量资费的降低和视频创作的进一步智能化，网民的视频创作能力将大大提升，有望进一步激活UGC市场。

短视频平台通过人工智能技术不断为用户提供优质创意模板，如智能变脸、智能场景等服务，对降低视频创作门槛、提升用户创作热情发挥重要作用。未来，视频制作不一定需要强大的终端设备，用户在一般的设备上也能轻松实现视频剪辑与制作。随着 360 度相机、运动相机、无人机等较为专业的拍摄设备进入大众消费市场，网民将能够完成更为复杂的视频拍摄与制作，智能眼镜等可穿戴设备的发展将带动用户在日常生活中即拍即享，人工智能技术也支持用户在简单的设备上进行图像剪辑和后期制作。

技术推动优质创作能力释放，新闻视频行业的 UGC 业务将迎来新的发展机遇。网民自制内容将向更专业、更复杂的方向迈进。除了短视频，普通用户将更有能力创作精美的中长视频，甚至能独立创作新闻节目、影视剧、综艺等内容，从而极大地丰富视频平台的内容生态，也推动长、短视频的融合；同时，5G 网络推动设备直连、即拍即传，结合 UGC 视频质量的提高，为平台发展视频社交提供便利。

短视频传播以算法技术为核心运行机制，基于用户的浏览记录、使用习惯等精准把握用户的兴趣偏好和需求，从而进行内容的智能推送，这种技术中介化的传播无疑极大地扩展了人们丰富多元的互动与参与。

第四节　全球新闻生产的变革

5G 技术和 6G 技术正在或即将深刻地改变新闻生产流程，沉浸新闻与互动新闻将构成未来新闻传播的新生态。互动式和沉浸式的视频内容为受众提供虚实结合的体验，将重构新闻生产者与受众之间的关系。新传播生态首先来自媒体组织的变革，即由当前各新闻生产部门分离的状态走向信息高效共享的精细化组织机构，这一方面节省人力、物力，另一方面提高信息传播效率，真正实现媒体技术和媒体内容的全面融合。

一、新信息技术驱动新闻生产流程变革

进入全球传播时代，大数据、人工智能、5G、元宇宙等新信息技术接踵而至，深刻影响新闻生产流程。新闻内容生产模式从机构垄断转变为社会协同，传感器、大数据等技术应用于信息采集，机器人写作创造新的写作模式，新闻推荐引擎加持信息分发，虚拟现实铸就沉浸式新闻，新信息技术不断重构新闻生产流程。

其一，数据驱动新闻生产。UGC 成为平台媒体和社交媒体上重要的新闻生产资源。在传统的新闻生产流程中，收集利用 UGC 的方式主要是人工的，需要媒体人主动收集、分析和把关，只有很有限的内容用于新闻报道。随着

传感器、大数据等技术的广泛应用，人类行为产生的可存储、可运算的数据量不断增大，算法解决了识别、筛选和分发信息的问题，实现了满足用户个性化信息需求的目标。用户的个性化信息需求由两个要素决定：一个是个体偏好，另一个是空间或情景。① 因此，基于大数据的新闻推荐模式是"硬性的"技术发展与"软性的"社会需求二者共同作用的结果，以关系为纽带的社会网络的挖掘和利用、对社会生活的广泛嵌入以及对信息的规模化处理是向用户推送"符合偏好""符合时宜"的内容的基础。

其二，算法应用使新闻信息采集摆脱时空束缚。一方面智能化提高了信息采集速度，根据算法网络爬虫可以对各大新闻平台包括新闻网站、微博、贴吧以及社交媒体平台的更新及时进行智能采集，并随时调整采集频率，对采集的信息进行分析、整合、再分配。算法帮助记者和编辑快速了解网络上的最新动态、突发事件、舆情状况，并即时反馈用户信息以便记者和编辑"投其所好"，快速形成有深度的报道和专题。另一方面算法拓宽了信息采集范围，延伸了信息的广度和深度，降低了新闻媒体生产成本。运用算法让传感器介入新闻生产延伸了信息采集范围，弥补了人类观察受感官局限的领域。无人机通过传感设备在高空收集视频、影像，延伸信息采集空间维度；情感交互技术应用于时政新闻领域，经过精确分析将捕捉到的受众情感变化转化为更直观的、可计算的数据，再绘制成真实可视的"情感曲线"，将人机交互技术运用到极致。

其三，人工智能助力新闻采写生产方式。由人工智能技术支持的机器人新闻写作，具有全天候、实时、精确的特点。机器人写手全天候不间断地自动抓取、加工处理数据信息，并自动生成完整海量的新闻报道内容；机器人写手也可以从强大的数据库筛选、提取所需信息，分秒之内就可以完成一篇文稿。机器人新闻完全依据数据信息编写新闻，其精确性远远超过人工统计分析，以浅显易懂的数据和信息、清晰流畅的文笔等规避传统记者和编辑的主观性。

其四，虚拟现实创造真实体验。在虚拟现实（VR）、增强现实（AR）、5G等技术加持下，新闻信息传播由"知道"向"感知"转移，沉浸式新闻服务将大量增长，受众也将获得前所未有的互动体验。5G和VR/AR技术让更个性化的新闻体验、更多样化的视频内容呈现成为可能。新闻消费将向更具沉浸感和互动性的方向演进，VR/AR视频内容的开发与完善将逐步培养新的视频新闻消费习惯，互动内容也将成为新闻内容革新的重要方向，创造新

① 刘义昆，赵振宇. 新媒体时代的新闻生产：理念变革、产品创新与流程再造［J］. 南京社会科学，2015（2）：103-110.

的消费兴趣点。沉浸式的音视频内容将为人们提供更加情感化、场景化的新闻报道内容体验，拓展视频新闻的呈现维度。当前，"慢直播""VR 全景直播"等形式已经广泛运用于新闻报道，为公众提供理解事件全貌的丰富视角。随着"VR/AR＋新闻"成为受众获取新闻现场信息的常见手段，新闻传播效果更加立体、全面、生动。

二、新闻受众驱动新闻生产内容变革

在 5G 技术和 6G 技术支持下，新闻受众的信息接收更具及时性、实时性和个性化特点，这驱使新闻产品向形式上多屏跨界、内容上适合多屏场景的方向发展。全球传播时代新闻受众的信息接收特点如图 4－4 所示。

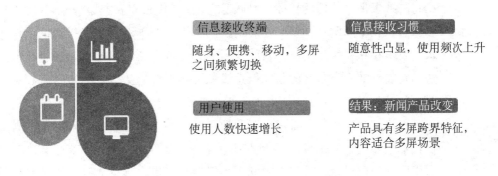

信息接收终端
随身、便携、移动，多屏之间频繁切换

信息接收习惯
随意性凸显，使用频次上升

用户使用
使用人数快速增长

结果：新闻产品改变
产品具有多屏跨界特征，内容适合多屏场景

图 4－4　全球传播时代新闻受众的信息接收特点

受众的信息接收终端具有随身、便携、移动的特点，媒体接触随意性凸显。受众往往在多屏之间频繁切换，同时使用多屏接收信息，从早期的双屏（电视、电脑），到三屏（电视、电脑、平板电脑），进而进入四屏（电视、电脑、平板电脑、手机）以及铺天盖地的户外大屏。

受众的媒介使用突破了时间和地点的限制，新闻信息接收的碎片化特征凸显、使用媒体的频次上升。新闻信息接收随时随地，接收时间不受限制，既可能在工作时间又可能在生活时间；接收空间也由相对稳定的地点扩展至各个角落，无所不在。多屏接收方式也潜移默化地改变着受众的视听习惯与生活方式，随时通过移动终端接收新闻信息并参与互动。

在信息高效共享的媒介环境和受众需求的双重驱动下，精细化新闻传播机构将出现三个特征：其一，在内容生产领域，在 5G 高速率和高容量的支持下，人工智能技术和大数据技术的应用将全面渗透新闻信息的生产、分发、消费各环节，降低内容生产成本，进一步赋能 UGC 和 PGC 的创作，"万物互联"将促进 MGC 和 MCN 成为新闻内容生产的重要方式。

其二，在内容呈现领域，超高清视频直播、影视等将进入 3D 全息影像时代；体育赛事、游戏赛事、综艺节目等内容可采用多样化的直播形式，如4K/8K超高清画质直播、360度沉浸式直播、与VR/AR场景结合的直播等；同时，行业将升级互动内容播映能力、完善互动内容制作工具，进一步打造PUGC（professional user generated content，专业用户生产内容）的互动内容生产模式。

其三，在内容分发领域，新闻媒体及时将内容推送到第三方平台发布。《纽约时报》《时代周刊》《赫芬顿邮报》等均在10余家平台发布内容。中国主流外宣媒体也通过全球社交媒体平台发布信息。全球传播时代，在新传播技术的驱动下，新闻产品将进一步从文字、图片向大容量的短视频、流媒体、直播等产品形态过渡，视频有望进一步成为社会主流的新闻信息产品形态。

基于时间、位置、用户特性等多个维度的转变，全球新闻传播的内容生产将瞄准多平台传播的目标，以此适应5G时代和6G时代用户随时随地在线的状态、在不同网络和终端之间切换的特点。全球新闻传播推送的个性化需求，要求在移动场景下细分新闻信息内容，进而驱动新闻信息场景化应用的快速发展，如面向游客的新闻信息服务应包括周边天气和景点咨询、本地实时新闻等，以满足用户的功能性信息需求。

Z世代正成为个人消费和新闻消费的主力军，平台媒体和社交媒体是Z世代最主要的新闻来源。"Z世代与众不同，他们对新闻的定义也与之前的读者不同。他们对政治等传统主题不太感兴趣，更多地受到社交媒体平台的影响；谁在讲故事，跟故事本身和对话一样重要。"[1]

路透新闻研究所的调查发现，Z世代的新闻消费与主流媒体品牌的联系很弱，他们从社交平台上寻找新闻的可能性是其他成年人的两倍多。同时，优兔最受欢迎的新闻频道不是由大型媒体机构制作的，而是由独立的优兔up主制作的。优兔up主获得成功的关键在于个性化的风格以及与每个粉丝建立联系——获得粉丝的认同，换言之，优兔up主抓住了Z世代渴望个性化内容的需求。美国哥伦比亚大学卡莱尔·马龙教授（Clare Malone）追踪研究了一个优兔up主菲利普·德佛朗哥（Philip DeFranco）的成长史。德佛朗哥自2006年起运用病毒式营销，从个人新闻品牌新手到建立一个持久盈利的品牌，他的成长之路与传统新闻业记者形成了鲜明对比，由个性驱动的风格与传统新闻业的公正模式形成鲜明对比，其评论员模式与传统新闻业的事实播报模式形成鲜明对比。[2] 平台媒体和社交媒体中的新闻内容往往更具个性化

---

①　Reuters Institute Digital News Report 2022［N/OL］.（2022-06-15）［2022-08-04］. https://reutersinstitute. politics. ox. ac. uk/digital-news-report/2022/dnr-executive-summary.

②　MALONE C. Philip DeFranco and the power of news-influencers［N/OL］.（2021-04-11）［2022-08-04］. https：//existential. cjr. org/who/philip-defranco-news-influencers-2/.

特点，事实与观点融为一体。

第五节　全球新闻机构的变革

当代新闻业正在走向大众传播与人际传播的交融，"由大众传播向大众自传播的演进"① 是全球新闻传播机构变革的主要方向。根据路透新闻研究所的调查，未来近三分之二的媒体将全力投入现有新闻产品的改进和迭代。同时，新闻受众的代际变化也将推动新闻传播形态变革。无论新闻机构如何改变，新闻传播求真的价值取向都不会改变。

一、全球新闻传播形态的变革

数字化转型是当前全球新闻传播变革的主题。一方面，传统新闻机构专注于更快实现数字化转型，不断上涨的新闻纸和能源成本使不少国家的印刷媒体已难以持续；另一方面，平台媒体和社交媒体仍然需要持续推进订阅或会员策略，以维持收入。

汤森路透基金会支持的牛津大学路透新闻研究所专注于新媒体与社会发展研究，近 15 年来每年发布《数字新闻报告》，真实记录新闻行业的发展及趋势，特别是数字新闻生产与消费的变化，从中可以发现 21 世纪以来全球新闻传播形态的发展进程及未来走向。路透新闻研究所 2006 年的调查对象仅限于欧美 10 余个国家和地区，近年来调查范围逐渐扩大，2022 年调查对象已覆盖全球六大洲 46 个国家和地区的在线新闻消费者。图 4-5 为路透新闻研究所发布的《2022 年数字新闻报告》封面。

路透新闻研究所每年的调查主题并不固定，总的方向是贴近当年数字媒体的发展现状和趋势探索。2016—2022 年的《数字新闻报告》显示：2016 年有超过半数的受访者声称自己每周主要通过社交媒体来获取新闻；全球三分之二的人口使用智能手机阅读新闻，智能手机对新闻传播的重要性持续增长。智能手机的发展还推动了播客的普及，超过三分之一的受访者在过去一个月听过播客。2017 年大多数受访者不喜欢从网络视频中获取新闻，不乐意为新闻付费；然而为新闻付费的人数确实在缓慢增长，其中增幅最大的群体是 Z 世代；突发新闻是人们最乐意为之付费的内容。2018 年报告显示，经历了 7 年的增长后，用社交媒体看新闻的人开始减少；新闻素养较高的群体更青睐

---

① 卡斯特. 传播力［M］. 汤景泰，星辰，译. 北京：社会科学文献出版社，2018：2013 版序言 1.

图 4 - 5　路透新闻研究所《2022 年数字新闻报告》封面

报纸而非电视，他们更少用社交媒体来看新闻；受访者认为政治极端化的程度在降低，社交媒体作为信源的影响力也在降低。2019 年报告显示，付费在线新闻只有少量的增长，而对虚假新闻和不实信息的关注度在持续增长；随着聊天软件的进一步发展，围绕新闻的社交传播变得更加私密，聊天软件在广泛散布新闻乃至扩散虚假信息方面正在扮演更加重要的角色。政治极化继续加剧网上议程的政党化，与标题党和各种形式的虚假信息一起，进一步瓦解了新闻媒体的公信力，向数字时代如何提供公正和公平的报道提出了新的挑战。[①]

　　2020 年是全球传播格局转变之年，路透新闻研究所等机构也及时观察新冠病毒感染疫情对于全球传播的影响力。《2020 年数字新闻报告》显示：其一，新冠病毒感染疫情极大地增加了各国主流媒体的新闻消费。电视新闻和网络应用显著增加，更多人群将电视视为主要新闻来源，多年来持续下降的收视率暂时回暖；报纸销量已经下降，社交限令和旅游限令阻碍了实体发行，加速了报纸全数字化转型。其二，大多数国家的在线媒体和社交媒体使用大幅度增加。其三，全球各国受众对媒体新冠病毒感染疫情报道的信任度都相

---

① Reuters Institute Digital News Report 2019 ［N/OL］. （2019 - 05 - 14）［2021 - 03 - 24］. https：//www. digitalnewsreport. org/survey/2019/.

对较高，与对各国政府信任度的水平相近，且明显高于对个别政治家的信任度。对传统媒体发布的新冠病毒感染疫情信息的信任度是社交网络、视频平台或即时通信的两倍多。[①]

《2021 年数字新闻报告》详尽阐述了新冠病毒感染疫情对新闻消费和出版商经济前景的影响，重点探讨了新闻行业处于深度不确定性和快速变化之际所面临的关键问题。[②] 报告认为，新冠病毒感染疫情加速了报纸的衰亡，加快了订阅和会员制等商业模式的发展，凸显了准确和可靠信息的价值。全球样本显示，人们对新闻信息的信任度上升了 6％，已恢复到 2018 年的水平，即 44％的受访对象信任新闻媒体。其中，美国受众对新闻媒体的信任度是各国中最低的，仅有 29％。《2022 年新闻、媒体和技术趋势报告》指出，未来虚拟与现实将进一步交织，头显与智能眼镜等新设备将大量应用于新闻信息接收，虚拟世界的构建将进一步完善。新闻纸和能源成本的上涨使某些国家印刷业面临更加严峻的挑战，这也加快了传统新闻机构进行数字化转型的步伐。

显而易见，新冠病毒感染疫情已经对全球范围的新闻生产、传播与消费产生了深远影响，疫情暴发后人们对新闻信息的需求极大提升，新闻消费习惯也发生了转变。人们花费更多时间在网上、更少时间在一起，由此让建立数字联系和关系变得更加重要而迫切，促动着新闻传播机构的变革。

二、平台媒体成为新闻业主力军

（一）互联网超级平台推进平台媒体发展

互联网超级平台涉足新闻内容生产，面向全球受众提供信息服务，脸书、谷歌、阿里巴巴等是其代表。全球化时代，资本成为全球新闻传播的主要推动力，当前平台模式已成为全球企业生产经营的重要组织方式，平台经济的发展带来平台媒体的发展。

根据中国信息通信研究院的数据监测，在 2008 年全球市值 TOP 10 企业中，仅有一家平台企业——微软；2012 年后入围全球市值 TOP 10 企业的平台企业达到 7 家：微软、苹果、谷歌、亚马逊、脸书、阿里巴巴和腾讯。在 2018 年全球市值 TOP 10 企业中，平台企业市值占比为 77％，达到 4.08 万亿美元，无可置疑地成为全球经济增长的新引擎。

---

① Reuters Institute Digital News Report 2020 ［N/OL］.（2020－06－03）［2021－05－31］. http://www. digitalnewsreport. org/survey/2020/.

② Reuters Institute Digital News Report 2021 ［N/OL］.（2021－06－03）［2022－04－11］. https://reutersinstitute. politics. ox. ac. uk/digital-news-report/2021.

随着全球化的深化，互联网超级平台快速发展，平台媒体的影响力和辐射力与日俱增。有学者将互联网平台的发展划分为三个阶段：

前超级平台期（2008年以前的弱联结时期）。传统互联网（PC互联网）为主要技术，门户网站为代表性应用，互联网传播是间断性的、偶发性的、非实时性的，联网时间、带宽和互动程度都处于初级阶段。1994年互联网开启商业化大门，全球网民仅有2 500万左右。2000年全球互联网普及率为6％，全球网民数量突破4亿。直到2008年，全球互联网普及率突破20％，全球网民达到15亿，就覆盖程度来看，达到大众媒体量级。

超级平台诞生期（2008—2016年的强联结时期）。2008年智能手机的应用推动了移动互联网的普及，微博、微信等主要应用为大规模用户同时在线、实时互动提供了可能性。2010年全球互联网普及率达到30％，全球网民超过20亿。2014年全球互联网普及率逼近40％，全球网民超过30亿。

超级平台繁荣期（2016年以来的超联结时期）。以人工智能、云计算和5G为技术支撑，智能化应用凸显。2016年全球互联网普及率接近50％，全球网民达到35亿，苹果、谷歌、脸书等互联网巨头市值突破5 000亿美元。翌年，亚马逊、阿里巴巴和腾讯也突破5 000亿美元，互联网超级平台全面占据全球市值最高榜单的前列，将埃克斯美孚（石油）、通用（制造）、微软（软件）、花旗（金融）等传统行业巨头挤出榜单。方兴东认为"网络平台侧重基于网络提供服务，而超级网络平台则是对原有产业发展模式的变革与颠覆"。

表4-1列出了互联网超级平台的发展分期。

表4-1　互联网超级平台的发展分期

发展阶段	技术基础	联结特征	应用	全球互联网普及率
前超级平台期（2008年以前）	PC互联网	弱联结	门户网站	0～25％
超级平台诞生期（2008—2016年）	移动互联网	强联结	微博、微信等	25％～50％
超级平台繁荣期（2016年以来）	智能互联网	超联结	5G、VR、人工智能、云计算	50％以上

（二）平台媒体不断创新新闻信息传播方式

2014年脸书的创新之举频仍。其一，设置"趋势话题"（Trending），集纳引起大量讨论的热门话题和标签；随后又推出两款面向新闻机构和营销人员的热门话题实时监测搜索引擎。2015年"即时文汇"（Instant Articles）上线，新闻供应商可以将新闻直接发布到脸书上，用户直接观看新闻，比到相关媒体的手机App上观看要快十倍。2016年"趋势话题"功能支持更多语言和更多国家。其二，推出"安全信使"（Safety Check）功能。当用户身处受灾或危险区域时，脸书会推送给用户一条信息，询问用户是否安全；当用户确认后，脸书会将用户安全与否的信息推送给用户所有好友。这一功能在2014年尼泊尔加德满都谷地大地震、墨西哥帕特里夏飓风、阿富汗和巴基斯坦及周边地震等事件中曾经启用。其三，推出"开门"运动（Porte Ouverte）。2016年巴黎恐怖袭击事件发生后，脸书发起"开门"运动，即打开家门，让受伤或者暂时无法回家的人进来。用户可以在更新自己的转台时添加"开门"运动，类似于微博的"热点"，这样关于"开门"运动的信息将会汇集到一个页面中，人们可以通过搜索该热点看到相关信息，以此告知需要帮助的人来到自己家中。

2015年6月谷歌推出新闻实验室项目（News Lab），新闻工作者可以利用谷歌应用程序和平台的数据（包括谷歌地图、谷歌搜索、优兔），进行数据化的新闻内容生产和报道。2019年3月25日苹果公司推出付费新闻应用产品"苹果新闻"（Apple News＋），对新闻资讯进行聚合加工，在手机客户端发布。

此外，传统媒体在数字化转型中也不断探索创新新闻信息采编播发。2015年12月11日阿里巴巴集团与南华早报集团达成协议，收购《南华早报》[①] 以及南华早报集团旗下的其他媒体资产。阿里巴巴表示，两家企业有将近100年的年龄差，这是一次新与旧的交汇。《南华早报》以英语专注于对中国的报道，任何希望了解中国这一世界第二大经济体的人均对这样的内容需求殷切。阿里巴巴凭借自身在移动端方面的专长，期望利用科技让《南华早报》创造更多内容，面向全世界。具体做法是通过数字发行，让读者更容易获得内容，进一步扩大《南华早报》在全球的读者群。除了报纸旗舰《南华早报》外，阿里巴巴此次收购的媒体资产还包括南华早报集团旗下的杂志、户外媒体及数字媒体业务等，其中包括《星期日南华早报》、数码平台scmp.com及相关移动应用程序、两个中文网站南早（nanzao.com）和南早指南（nanzaozhinan.com），以及系列杂志如 *Esquire*、*ELLE*、*Cosmopolitan*、*The PEAK* 和《时尚芭莎》。

（三）平台媒体发展路向

哥伦比亚大学新闻学院 Tow 数字新闻中心[②]自2010年以来持续关注平

---

① 《南华早报》创办于1903年，1993年嘉里传媒有限公司买下《南华早报》的控股权。《南华早报》和《星期日南华早报》是香港地区销量最高的英语报纸。

② 创立于2010年，致力于探索技术引发的新闻业变革。

台媒体的发展，2017 年以来该中心每年发布平台媒体专题报告，追踪和分析平台媒体如何通过重整传播流程，重塑新闻业的历程。该中心关注的平台媒体，指基于开放性网络平台（面向所有用户）、运用编辑把关机制（算法机制和专业编辑）、发布公民或专业新闻（强调内容的新闻性而非娱乐性）的媒体组织。该中心 2017 年的报告《平台媒体：硅谷如何重塑新闻业》（The Platform Press：How Silicon Valley reengineered journalism）指出，硅谷的科技发展重塑了新闻业，平台媒体在当下传统媒体转型和未来新闻业融合发展的过程中已处于新闻业的核心地位。[①] 2018 年的报告《朋友与劲敌：处于新闻业核心的平台媒体》（Friend and Foe：The Platform Press at the Heart of Journalism）[②] 提出，平台媒体的实践主要涉及两大主体：一是新闻内容生产者（publisher，以专业媒体为代表），高品质的新闻内容是其核心竞争力；二是科技平台（platform，如脸书、推特等科技公司开发的平台），海量用户和极强的商业能力是其核心优势。[③]

2018 年后 Tow 数字新闻中心聚焦平台媒体在信息分发领域的拓展。2019 年报告《平台媒体与出版商：一个时代的终结》（Platforms and Publishers：The End of an Era）[④]，回顾了近三年来互联网平台在新闻出版方面几乎是无法想象的发展深度和广度。平台越来越多地充当出版商，并支持整个出版生态系统。这种双重角色标志着平台-出版商关系新阶段的开始，也标志着平台行使权力的新举措。当今平台媒体的广告收入已经下滑，面临着资金不可持续的风险。对于出版商来说，在广告收入枯竭之前如何获得订阅付费收入、会费收入和其他收入？目前还没有哪家平台媒体对此给出答案。平台媒体解决不了这个问题，唯有把握与读者的关系才是解决问题的关键。事实证明，这是一个信息"泡沫"和"分发"（bubble and distraction）的时代，出版商必须将自己的受众利益置于平台需求之上。未来，关注资产所有权和运营权将成为出版商的重点，关注受众的体验和数据，才能带来收入。

新冠病毒感染疫情极大地改变了全球传播格局，受疫情影响，传统新闻业日渐衰退，平台媒体急剧转向。哥伦比亚大学新闻学院数字新闻研究中心的报告也体现了这个特点，2020 年报告《平台和出版商：大流行病时期

① BELL E, OWEN T, BROWN P. The platform press：how Silicon Valley reengineered journalism. Tow Center for Digital Journalism，Columbia Journalism School，2017.

② RASHIDIAN N，BROWN P，HANSEN E. Friend and foe：the platform press at the heart of journalism. Tow Center for Digital Journalism，Columbia Journalism School，2018.

③ 同②.

④ RASHIDIAN N，TSIVERIOTIS G，BROWN P. Platforms and pudlishers：the end of an era. ［N/OL］. (2018-05-07)［2019-09-12］. https：//www.cjr.org/tow_center/platforms-publishers-and-the-end-of-scale.php.

的资金推动》（Platforms and Publishers：The Great Pandemic Funding Push）①，探讨了新冠病毒感染疫情期间，谷歌和脸书等平台通过向新闻机构投入紧急救助资金，实现了从新闻机构合作者向新闻机构赞助者的角色转变这一现象，并关注平台成为新闻机构赞助者后，如何影响新闻编辑室的选择，以及影响的程度和广度如何。2020年上半年，一方面美国有数百家新闻机构裁员，另一方面新冠病毒感染疫情却让新闻业快速发展。其中，谷歌和脸书等平台投入的紧急救助资金功不可没。疫情发生后，谷歌和脸书分别向新闻机构投资3亿美元；推特宣布拿出100万美元用于保护记者委员会和国际妇女媒体基金会。与此同时，关于接受平台资金的道德考量以及平台作为赞助者对新闻的影响的辩论，也成为热点话题。疫情期间，阴谋论膨胀、兜售防护设备的虚假信息蔓延等迫切要求平台大力提升信息核查和自动过滤功能。2021年的报告《科技平台如何决定什么是新闻》（How tech platforms decide what counts as journalism）指出，在媒体放松管制之后，出现了一个"优化增长和创新而不是公民凝聚力和包容"的环境。其结果是虚假信息和极端主义不受控制地传播。推特和脸书通过给信息发布者添加标签的方式试图甄别虚假新闻，谷歌通过将重要新闻置顶的方式来保证新闻信息可靠。但是，这些做法收效甚微，科技公司需要从根本上重新调整它们对新闻信息的分类、推广和传播。② 2022年报告《平台与出版商：聚焦谷歌和脸书资助的国际新闻节》（Platforms and publishers：In the spotlight at Google，Meta-funded journalism festival），聚焦意大利佩鲁贾召开的国际新闻节的主要话题"数字时代新闻业的独立和自主性问题"。这个话题产生于2021年谷歌和脸书资助新闻业，从而带来的平台企业与新闻媒体的复杂关系。谷歌和脸书在全球多国投资的内容核查项目受到质疑，被认为是资本力量对新闻自由的干扰。在俄乌战争中，平台应围绕它们声称重视的东西，即人权、获取信息和与人们建立联系，承担其对公众和新闻自由的责任。③

　　总的来看，近五年来，互联网超级平台之于新闻传播犹如一把双刃剑。一方面平台媒体提供了资本支持、建立了分发链条；另一方面它的算法技术和核查机制也为新闻真实和新闻自由制造了障碍，对新闻舆论环境的恶化负有不可推卸的责任。这一切的根源在于互联网超级平台对新闻业真实及服务

① Platforms and publishers：the great pandemic funding push．（2020－12－17）［2021－05－31］．https：//www．cjr．org/tow＿center＿reports/platforms-publishers-pandemic-funding-news．php．

② Off-label：how tech platforms decide what counts as journalism（2021－05－17）［2021－12－31］．https：//existential．cjr．org/who/tech-platforms-labels/．

③ Platforms and publishers in the spotlight at Google，Meta-funded journalism festival．（2022－04－19）［2022－08－04］．https：//www．cjr．org/tow＿center/tow-center-newsletter-platforms-and-publishers-in-the-spotlight-at-google-meta-funded-journalism-festival．php．

公众的核心概念理解的失败。

三、传统媒体加速转型

（一）国外主流报纸的数字化转型

进入 21 世纪的第二个十年，文本媒介仍是所有年龄段受众的首选媒介，而不仅仅是年长受众的专利。虽然视频已成为人们媒介接触的重要选择，但是仍然落后于文本媒介。在英国，71％的受众喜欢阅读新闻，只有 6％的人喜欢观看视频。这一结果在全球大多数市场大致相同。还有一些国家的受众喜欢观看视频，比如菲律宾（26％）、墨西哥（24％）、秘鲁（24％）。从这一全球趋势来看，以文本为主的主流报纸仍然具有一定的发展空间。

传统媒体自 20 世纪 90 年代末就积极探索与互联网媒体的融合发展。近30 年来，美国主流媒体《纽约时报》始终立于传统媒体数字化转型的领先地位，通过进军数字领域《纽约时报》获利颇丰，2020 年 49％的《纽约时报》员工已成为百万富翁，2012 年时这个数字仅为 20％。2015 年《纽约时报》成为世界上首个达到百万数字订阅的新闻机构。截至 2018 年 9 月，《纽约时报》的数字用户达到 290 万，数字订阅量占该报收入的三分之二，超过了广告销售。从网站到手机 App，再到与脸书合作推出"即时文汇"和视频直播服务。2020 年《纽约时报》的播客受众达到 1 000 万，其中一半受众的年龄在 30 岁以下。2021 年《纽约时报》拥有数字付费订户 838 万，其目标是在2025 年达到 1 000 万订户。接触年轻观众是《纽约时报》未来的头等大事，首席执行官马克·汤普森（Mark Thompson）认为："作为一个行业，我们最大的风险不是来自平台，而是来自人口老龄化，你无法接触到更年轻的人。我们从来就不是一个年轻的品牌，永葆青春也从来不是我们的目标，我们的目标是要对那些 20 多岁的人变得更强大。"[1]

PAMCo 的最新调查结果显示，《卫报》是英国质量最高的传统新闻出版物之一，每月平均有 3 560 万成年人阅读《卫报》的新闻；《卫报》也是英国阅读量第二大的在线报纸，每月的线上读者多达 3 520 万；此外《卫报》还保持了作为英国最值得信赖的新闻出版商的地位。早在 2011 年《卫报》就将"数字优先"确定为战略发展重点，2019 年数字转型完成，当年盈利 80 万英镑（约合 800 万元人民币），虽然这个数目并不大，但对于传统媒体的数字化

---

[1] NYT's Mark Thompson："We're faster，but we're still too slow and too cautious"［N/OL］.（2019-06-03）［2019-08-13］. https://blog. wan-ifra.org/2019/06/03/nyts-mark-thompson-were-faster-but-we-re-still-too-slow-and-too-cautious.

转型而言意义非凡。同年的财报显示，超过 100 万用户付费支持《卫报》，这使得订阅付费收入超过广告收入。

（二）国内主流报纸的数字化转型

与国外不同，中国政府主办的主流传统媒体，如《人民日报》、新华社等，是传统媒体数字化转型的引领者。《人民日报》"中央厨房"（the Media Hub，简称 the Hub），又称"全媒体新闻平台"，被视为"人民日报社推进媒体融合发展的核心平台"，是国内较早完成了媒介融合的代表。从内容方面来看，《人民日报》作为主流媒体，无疑在提供高品质新闻内容上具有相对优势。但在内容生产过程中，"中央厨房"的采编资源等仍局限于向主流媒体机构开放，包括人民日报社旗下各子媒体，以及与人民日报社进行版权和技术合作的一些地方主流媒体，如《河南日报》、《四川日报》、上海报业集团、《深圳特区报》等。

2018 年 6 月 11 日"人民号"（全国移动新媒体聚合平台）上线，依托《人民日报》客户端重点打造的"人民号"是一次创新性尝试。该报副总编卢新宁宣称，"人民号的关键词是'平台'"，"提供移动端内容生产和分发全流程服务"，"用优质平台凝聚'众人之智'与'众人之力'"。这种对新闻内容出口渠道进行平台化改造的尝试，不仅是对中央精神的落实，更是对推进媒体转型和深度融合的探索。值得注意的是，能够入驻"人民号"的不仅有媒体、企业、政府等实体，还有优质自媒体和个人，无论是组织还是个人，申请并通过审核后都可入驻，因而"人民号"具有明显的开放性平台特征。目前，"人民号"的个人注册仍以定向邀请为主，运营者多为社会名人和其他平台的知名自媒体号。与微博、今日头条等平台相比，"人民号"的注册流程相对烦琐、入驻门槛较高——仅对部分"达标"群体开放的平台，其开放性和用户流量都受到极大的制约。

四、新兴媒体整合资源

传播内容和传播渠道是媒体的最核心要素，对内容和渠道的不同倚重，也形成了平台媒体的两种走向：一种是在"内容为王"的理念下积极拓展分发渠道（内容出版型媒体的发展路径），如美国的《赫芬顿邮报》，其转型历程如图 4-6 所示；另一种是将拥有海量用户的渠道做强，然后再吸纳新闻内容入驻（科技平台的发展路径），如中国的今日头条。

《赫芬顿邮报》的运作模式为"平台＋内容"。它创办于 2005 年，最初为一份网络报纸，完全依赖互联网传播。在媒介形态上，它显著区别于传统报

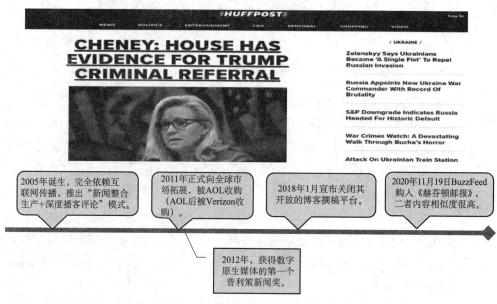

图 4-6　《赫芬顿邮报》转型历程

业；在内容构成上，推出"新闻整合生产＋深度播客评论"模式，巧妙运用互联网的时效性和稳定性优势，实时对传统媒体已有报道进行专题整合生产，更符合人们对信息及时性的需求；在经营上，对用户完全免费，主要靠流量和广告收入盈利。其用户数量庞大，关注度居高不下。2011 年，《赫芬顿邮报》正式向全球市场拓展。一是开拓多样化的传播渠道，先后推出网络版、iPad 版与手机客户端三种形式；与脸书合作，推出脸书主页。二是积极拓展全球市场和国际格局，推出了美国多个城市的地方版，如《芝加哥赫芬顿邮报》《纽约赫芬顿邮报》等。

2012 年《赫芬顿邮报》的发展达到顶峰。它对阿富汗和伊拉克战争退伍军人的系列报道"战场之外"（Beyond the Battlefield）夺得了数字原生媒体的第一个普利策新闻奖，让《纽约时报》等一众老牌精英媒体为之侧目，月访问量一度达到 4 500 万。然而，随着社交媒体的兴起，《赫芬顿邮报》的发展步入困局，包括阿里安娜·赫芬顿（Arianna Huffington）在内的几位创始人先后离职。2015 年美国最大的移动通信运营商威瑞森电信从美国在线公司手中收购《赫芬顿邮报》。在社交媒体和传统媒体的双重夹击之下，一直找不到合适商业模式的《赫芬顿邮报》在 2018 年 1 月宣布正式关闭其开放的博客撰稿平台。至此，《赫芬顿邮报》转型为与传统媒体在运营和商业模式上没有实质性区别的封闭性内容生产平台。

《赫芬顿邮报》遭遇的困境，一方面源于其手中资源不足以维系其内容与平台并重的策略——两线作战带来的不是双重优势，而是在平台（与科技公司相比）和内容（与传统内容出版型媒体相比）两个领域内的比较性劣势，缺乏自身的核心竞争力；另一方面，传统媒体在转型过程中通过引入内容付费模式实现了自我超越，而《赫芬顿邮报》却难以找到类似的突破口。缺乏核心竞争力和自身突破口这两点，最终导致《赫芬顿邮报》陷入找不到适宜盈利模式的生存危机。① 2020 年 11 月 19 日，社交新闻聚合网站"嗡嗡喂"（BuzzFeed）同意收购威瑞森电信旗下的《赫芬顿邮报》，而威瑞森电信的媒体部门也将成为 BuzzFeed 的小股东，按照双方达成的协议，威瑞森电信仍将在旗下网站雅虎上展示《赫芬顿邮报》报道，同时整合 BuzzFeed 的内容加以展示，实现美国两大数字媒体的深度融合。

自 2012 年创办以来，资讯类平台今日头条一直声称其"不做新闻生产，只做新闻搬运工"，强调自己的算法技术和信息聚合能力，这与脸书创始人扎克伯格在多种场合一再宣称脸书"科技公司"的定位如出一辙。"头条号"平台允许用户自由注册并贡献内容，吸引了大量的自媒体、企业和政府机构入驻。截至 2022 年 10 月，"头条号"账号总数已超过 237 万，平均每天发布 150 万条内容。"头条号"的制胜之道在于坚持扶持优质内容创作，坚持提升作者的收入与重点运营服务。

五、非营利性国际机构入局全球传播

（一）全球深度报道网

2001 年首届全球深度报道大会在哥本哈根举办，以此为基础，2003 年全球深度报道网（GIJN）② 创建。GIJN 是一家扶持调查报道发展的非营利性国际机构，致力于整合并分享深度报道资源，包括报道手册和书籍、国内外公开数据库、数据新闻工具包和深度报道的前沿探索。来自世界各地的 300 多名记者参加了哥本哈根第二届全球深度报道大会。至今，CIJN 在全球 77 个国家有 182 个会员组织，活动形式包括举办国际会议、组织专业培训、提供行业资源，并鼓励创建更多有相同使命的非营利性组织。

CIJN 每两年举办一次全球深度报道大会。2001 年，首届全球深度报道大会在哥本哈根举办，之后的历届会议分别在哥本哈根（2003）、阿姆斯特丹（2005）、多伦多（2007）、利勒哈默尔（2008）、日内瓦（2010）、基辅（2011）、里约热内卢（2013）、利勒哈默尔（2015）、约翰内斯堡（2017）召开。2019 年 11 月，第十一届全球深度报道大会在德国汉堡举行，主题是

---

① 王君超，刘婧婷. 平台媒体、"中央厨房"与深度融合：兼论赫芬顿邮报的衰变［J］. 新闻界，2019（12）：12 - 20.
② 全球深度报道网［N/OL］.（2021-12-07）［2022-02-27］. https://cn.gijn.org/about-us/.

"如何报道性骚扰/性侵案件"。至今，共有来自 100 个国家的 5 000 多名记者参加大会。CIJN 会员组织还会举办地区性会议，如在南非举办的 Power Reporting 会议［由非洲深度报道记者论坛（Forum for African Investigative Reporters）和位于约翰内斯堡的金山大学（Wits University）共同赞助］。

为促进对全世界的深度报道，2011 年的基辅大会决定成立临时秘书处。2012 年 2 月，大会秘书处正式成立，由大卫·卡普兰（David E. Kaplan）担任执行总干事并向董事会汇报工作。董事会成员由会员代表选出，并监督全球深度报道网的工作，联系和鼓励全球深度报道记者及其来访和报道活动。

（二）世卫组织的健康警报服务

2020 年 3 月 20 日，世卫组织在 WhatsApp 和脸书上推出健康警报服务，短短 4 天就吸引了 1 000 万用户，一周后推出阿拉伯语、法语和西班牙语版。健康警报服务面向政府官员、卫生工作者和公众提供新冠病毒的最新信息，包括疾病详细症状以及人们自我防护和帮助他人防护的措施；实时提供最新情况报告和数字，以帮助政府决策者保护本国人民的健康。在新冠病毒感染疫情期间，健康警报服务覆盖 20 亿用户，成为世卫组织团结全球联手抗疫的重要传播渠道。

总的来看，全球传播具有传播主体多元化的特征，除了各国政府和传统新闻媒体，个体、非政府组织和互联网超级平台也成为全球传播的重要力量。在此背景下，全球传播出现新的趋势：一是内容新生态的确立，二是平台新势力的崛起，三是竞合的新格局正在形成。在当前传播生态急剧变化的大潮中，很多媒体都面临着一个现实的路径选择：到底是作为纯粹的内容供应商，还是借助资本力量打造自身的平台？媒体的转型没有统一的模式和路径，关键是根据区域特点以及媒体定位来确定自己的发展道路。

◀ **拓展阅读** ▶

沈国麟，等. 互联网与全球传播：理论与案例［M］. 上海：复旦大学出版社，2018.

卡斯特. 传播力［M］. 汤景泰，星辰，译. 北京：社会科学文献出版社，2018.

谢尔顿. 社交媒体：原理与应用［M］. 张振维，译. 上海：复旦大学出版社，2018.

休梅克，科恩. 全球新闻传播：理论架构、从业者及公众传播［M］. 刘根勤，等译. 杭州：浙江大学出版社，2016.

洪浚浩．传播学新趋势［M］．北京：清华大学出版社，2014．

库尔德利［M］．何道宽，译．上海：复旦大学出版社，2014．

戴比尔，梅里尔．全球新闻事业：重大议题与传媒体制［M］．郭之恩，译．北京：华夏出版社，2010．

DIMITROVA D. Global journalism：understanding world media systems［M］. Lanham：Rowman & Littlefield，2021．

MUTSVAIRO B，BEBAWI S，et al. Data journalism in the global south［M］. Cham：Palgrave Macmillan，2019．

LUGO-OCANDO J，NGUYEN A. Developing news：global journalism and the coverage of "Third World" development［M］. New York：Routledge，2017．

◀ 思 考 题 ▶

第一节

1. 21 世纪以来全球新闻传播主要存在哪些媒体形态？

2. 机构媒体与自媒体在全球新闻传播中的优势分别是什么？

3. 非媒体机构在全球新闻传播中发挥着怎样的作用？

第二节

1. 什么是平台媒体？

2. 平台媒体与社交媒体有何异同？

3. 平台媒体对全球传播格局产生了哪些影响？

第三节

1. 全球新闻传播中视频传播有何特点？

2. 全球新闻传播中视频传播的多元主体在内容制作上各有哪些侧重点？

第四节

1. 新传播技术对全球新闻生产流程产生了哪些影响？

2. 新闻受众主体如何改变全球新闻内容生产？

第五节

1. 全球新闻传播生态的数字化转型对新闻媒体机构有哪些影响？

2. 平台媒体给新闻业带来了什么变化？

3. 21 世纪以来传统媒体的数字化转型产生了哪些改变？

4. 新型媒体的生产分发流程整合如何适应受众的个性化需求？

5. 非营利性国际机构在未来全球新闻传播中的发展趋势如何？

第五章
全球传播与国家形象

　　国家形象是国内外公众对一个国家政治、经济、文化、社会等各方面状况的总体印象和评价，是一个国家对自我的认知与国际社会对其认知的集合，是该国综合实力特别是软实力的重要内容和集中体现。作为一个国家综合实力的集中体现，国家形象表征着该国在国际社会中的地位和作用，影响着该国的安全和发展。全球化时代，国家形象是国家利益、国家实力和国家发展战略的具象，前所未有地受到世界各国重视。良好的国家形象，不仅能够为国家经济建设创造良好的舆论环境，吸引投资和国际游客，而且有助于他国民众认可本国的文化传统和价值观念，进而增强本国在国际社会的话语权和影响力，向全球推广本国价值观。当前，世界各国都着力通过传播来建构本国形象，塑造受众头脑中的解意机制，灌输本国价值观，争取受众认同。为此，世界各国不仅越来越重视国家形象和执政党形象的建构与塑造，而且对开展公共外交和建设战略传播体系的愿望也越来越迫切。

第一节　软实力与国家形象

国家之间的竞争不仅在于硬实力的较量，文化和价值观等软实力也具有相当重要的作用。软实力的同化性作用往往能够让他国民众对本国产生好感，进而促进本国与他国建立长期关系，民心相知相通是消除国家间隔阂与冲突的基础。公共关系作为增强软实力的工具，正在当代国际交往中变得越来越重要。公共关系能够直接改善国家形象，为国家发展创造良好的国际舆论环境。

一、软实力理论概述

（一）软实力理论的提出

20 世纪 90 年代初，在国际关系领域出现了软实力理论。1990 年哈佛大学教授约瑟夫·奈在《美国注定领导世界?：美国权力性质的变迁》（*Bound to Lead：The Changing Mature of American Power*）一书中首创"软实力"概念。奈将综合国力分为硬实力（hard power，又译为硬权力）与软实力（soft power，又译为软权力）两种形态。硬实力和软实力均是通过控制他国行为实现自身目的的能力。

硬实力是一种命令性权力，可能依赖于强制或者诱惑。一般认为，硬实力是指支配性权力或实力，包括基本资源（如土地面积、人口、自然资源）、军事力量、经济力量和科技力量等。软实力是一个国家综合实力中除传统的、基于军事和经济实力的硬实力之外的另一组成部分，指通过吸引力而非威逼或利诱达到目的的一种能力。换句话说，软实力是一种同化性权力，是塑造他人期望的能力，可能依赖于一国的文化、制度和意识形态等无形的吸引力，或者控制正式议程使得他国无法实现其目标。

软实力分为国家的凝聚程度、文化被普遍认同的程度和参与国际机构的程度等。在奈的软实力理论中，它表现为导向力、吸引力和效仿力，是一种同化性实力——一个国家思想的吸引力和政治导向的能力。[①] 具体指一个国家依靠政治制度的吸引力、文化价值的感召力和国民形象的亲和力等释放的

---

① 奈. 硬权力与软权力 [M]. 门洪华，译. 北京：北京大学出版社，2005：117.

无形影响力。它深刻地影响了人们对国际关系的看法。

硬实力与软实力的关系如图 5-1 所示。

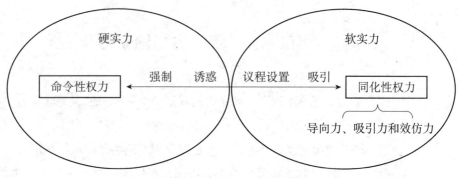

图 5-1　硬实力与软实力的关系

软实力主要包括七个方面：一是文化的吸引力和感染力；二是意识形态和政治价值观的吸引力；三是外交政策的道义和正当性；四是处理国家间关系时的亲和力；五是发展道路和制度模式的吸引力；六是对国际规范、国际标准和国际机制的导向、制定和控制能力；七是国际舆论对一国国际形象的赞赏和认可程度。

（二）软实力相关理论

软实力理论的提出，一方面是以美国为首的西方世界在获得冷战胜利后，对其胜利动因的一种解释；另一方面也为冷战后的国际关系研究提供了一种重要的理论资源，并由软实力衍生出几种很有影响力的理论变体，包括巧实力（smart power）、锐实力（sharp power）、软均势（soft balance）、战略叙事（strategic narrative）等。

1. 巧实力

巧实力是综合了硬实力和软实力的一种整体性战略，是国家力量的基础，也是实现美国目标的"工具箱"。巧实力是奥巴马政府外交政策的核心战略，即通过灵活运用可由美国支配的所有政策工具，包括外交、经济、军事、政治、法律和文化等，恢复美国的全球领导力。美国既要团结朋友，也要接触对手；既要巩固原有联盟，也要展开新的合作。简言之，"巧"就是要变过分依赖硬实力为软硬兼施。

2004 年美国安全与和平研究所高级研究员苏珊尼·诺塞尔（Suzanne Nossel）最早提出"巧实力"这一概念，她在《外交》杂志上发表文章《巧实力：重申自由国际主义》（Smart Power：Reclaiming Liberal Internationalism），称巧实力战略是威尔逊、罗斯福、杜鲁门和肯尼迪奉行的自由国际主义的理论延伸，"9·11"事件之后小布什政府中的保守主义者打着自由国际主义的旗号，实行侵略性的单边主义战略，宣称要扩展人权和民主。但是小布什政府采取的军事威胁政策与其声称的理念不相符，"必须实行这样一种外交政策，通过灵活运用各种力量，在一个稳定的盟友、机构和框架中促进美国的利益"。2005年约瑟夫·奈在《软力量：世界政坛成功之道》（*Soft power：The Means to Success in World Politics*）一书中引入"巧实力"概念。2006年1月，奈在《外交》杂志上发表题为《重新思考软实力》的文章，提出"单独依靠硬实力或软实力都是错误的。将它们有效结合起来可以称作巧实力"。2007年美国前副国务卿阿米蒂奇和奈联合发布《巧实力战略》研究报告，提出运用巧实力实现对外战略转型，帮助美国摆脱当前困境，重振美国的全球领导地位。2009年1月13日，美国国务卿希拉里在国会参议院外交关系委员会举行的听证会上，正式提出美国外交政策将实施巧实力政策，"外交政策必须建立在原则与务实的基础上，而不是顽固的意识形态；必须建立在事实和证据的基础上，而不是情绪化和偏见"。这是针对小布什政府的新保守主义外交政策，即片面强调硬实力的侵略性单边主义战略而采取开展的新的外交政策。小布什政府的外交战略不仅让美国实力受损严重，也使美国的国家形象急剧下滑。

美国智库战略与国际研究中心的报告将联合国纳入美国的软实力战略，认为在这个日益多极化的世界中，应当把联合国作为战略上支持美国应对新多边主义的重要工具，应通过软实力战略协调美国与联合国的利益，从而有效应对美国在和平与安全、气候变化、全球健康和人道主义行动等领域面临的威胁。

2. 锐实力

"锐实力"是2017年特朗普执政后美国对华战略的一个核心概念。锐实力是由约瑟夫·奈创造的"软实力"概念改造而来的，又区别于软实力。软实力主要指通过文化、政治价值观以及外交政策吸引而对他者产生影响；锐实力强调通过媒体、文化、智库、学术活动等经过"包装"的吸引或说服，干扰和操控他者。2017年11月16日美国《外交事务》杂志刊发《锐实力的意义：威权国家如何投射影响力》（The Meaning of Sharp Power：How Authoritarian States Project Influence）一文，首次提出锐实力概念。12月5日，美国民主基金会发布政策报告《锐实力：上升中的威权国家影响力》（Sharp Power：Rising Authoritarian Influence），系统阐述了锐实力的内涵。此后英国《经济学人》杂志以及"软实力概念之父"约瑟夫·奈都专门撰文对锐实力进行评述，核心观点是歪曲中国的政策，认为中国在用一种隐秘的手段输出自己的意识形态或价值观。

锐实力话语将中国形塑为西方利益、价值观的挑战者和破坏者，它的出现与近年来国际秩序不稳定因素骤增，国际格局出现"东升西降"态势，西方大国视中国崛起为威胁的背景直接相关。西方鼓吹锐实力的背后实际是对中国日益增长的全球影响力、特别是在西方世界内部的影响力持续扩大的一种焦虑，希望通过构建中国的负面形象来引导舆论和公众认同"中国威胁论"。[①] 锐实力话语为遏制中国的战略设计提供了理由，其背后是冷战式的现实主义思维。众多国内学者对锐实力进行了有力反击，程曼丽认为这一话语是美国垄断与霸权思维在当今时代的延伸。王莉丽认为要以加强中国公共外交为出发点应对锐实力的舆论宣传。

3. 软均势

均势理论是一个有着悠久传统的现实主义理论分支，关注国际体系的力量分布如何影响国际体系稳定以及大国战略行为。[②] 20 世纪 90 年代后期，有美国分析者将均势区分为以军事实力为基础的均势和以其他手段为基础的均势，这是软均势理论的先声。第二次伊拉克战争后，2004 年 9 月芝加哥大学教授罗伯特·A. 帕朴（Robert A. Pape）在美国政治科学年会上发表论文《软均势：单极世界中的国家如何追求安全》（Soft Balance：How States Pursue Security in a Unipolar World），正式提出"软均势"概念。[③] 在此前后，加拿大麦克吉尔大学教授 T. V. 保尔（T. V. Paul）在论文集《均势理论的永久格言》（The Enduring Axioms of Balance of Power Theory）中刊文，对软均势进行了系统分析。2005 年，《国际安全季刊》夏季号刊登了帕朴的文章《针对美国的软均势》（Soft Balancing against the United States）和保尔的文章《"美国主导"时代的软均势》（Soft Balancing in the Age of U. S. Primacy）及两篇批评文章，"软均势"理论从此完整地呈现出来。[④]

所谓软均势，帕朴认为是"不直接挑战单极领导的军事优势，但是却能延迟（delay）超强权力的使用，使单极领导在运用超常权力时更为困难，代价更高"。传统的均势战略以结盟和军备竞赛为特征，而软均势主要是运用"包括国际制度、经济政策和对中立地位的严格解释等在内的"非军事手段来影响单极国的军事行动，是"缺少正式结盟的心照不宣的均势"。保尔也强调软均势的特征在于不结盟、非军事。帕朴和保尔称传统均势为硬均势，将新均

　　① 严骁骁. 应对"中国锐实力说"：文化外交视角下中国的软实力运用与国际形象塑造［J］. 中南大学学报（社会科学版），2020（5）.

　　② 根据加拿大学者 T. V. 保罗的《软制衡：从帝国到全球化时代》一书，均势理论主要分为三个研究视角：一是根据现实主义逻辑解释制衡缺位现象；二是分析国家战略行为，厘清国家在面对潜在的或实际的霸权威胁时，采取制衡、追随或对冲等不同行为的条件和机制；三是深化和扩展对制衡行为的研究，针对扩展制衡的类型，提出了软制衡、低度制衡、制度制衡以及复合制衡等诸多概念。

　　③ BROOBKS S G，WOHIFORTH W C. Hard times for soft balancing. International Security，2005，30（1）：72. 其中注释 3 对软均势的论者进行了较详细的介绍。

　　④ 焦世新.《"软均势论"及其实质》［J］. 现代国际关系，2006（8）：57 - 63.

势称为软均势，但强调软均势有演变为传统均势的可能性。软均势与传统均势在形式上相反，但在实质上却是对立统一、相互转化的关系。软均势理论回应了为什么当前没有形成针对美国的均势，解决了冷战后现实主义理论的困惑。未来的国际体系将走向多极体系，软均势是保持大国之间安全竞争的重要路径。

4. 战略叙事

美军在 2006 年版陆军野战手册《反叛乱：FM 3 - 24》中首次引述了"叙事"概念，将其概括为"核心机制，通过叙事性的手法来表达思想意识，并引发受众关注"。[①] 这一解释被美国官方广泛引用，在战略、战术、军事理论和训练指导中均有所提及。关于军事行动叙事，美国陆军少校吉朋·帕鲁卡布尔（Gittipong Paruchabutr）在《通过叙事理解和沟通》一文中指出，军事行动叙事是一种传播方法和认知方法，通过意境构建起来的叙事情节系统从特定角度对行为、价值观、文化和历史进行阐释，从而达到意义构建的目的。[②]

战略叙事在军事方面具体表现为国家和军队的叙事能力，即在非战时条件下施加己方叙事影响力，在战时条件下制定并打赢"叙事战"的能力。这需要国家在战略传播体系中综合运用战略叙事能力，谋划军事或非军事叙事策略；在战役和战术层面以多种技术及文化手段对目标实施有针对性的"叙事战"。军事领域中的叙事已成为国家及军队话语中的重要一环，日益得到重视，很多国家也纷纷将各种叙事手段融入军事行动和外交博弈。

简言之，战略叙事就是讲故事，创建一个独特的故事来实现战略目的和传播目标。作为战略传播中的重要组成部分，战略叙事即对叙事重新进行布局，以塑造民众对事件的看法与认识，并由此引发行动上的改变。从政治角度看，国家战略叙事策略是一国战略传播体系中的重要手段，最终目的是实现国家战略利益，巩固和提升国家战略传播能力。

近年来，战略叙事已溢出军事和国家层面，广泛应用于商业管理等领域。以奈飞为例，该公司通过有效的战略叙事创建品牌标识并与消费者进行沟通，最终构建了强大的品牌知名度。其具体方式是服务于一个美好的愿景，从员工开始，以消费者为目标，用一个好的故事吸引消费者，使之信赖奈飞。在内容策略上，战略叙事依赖四个基本要素：语气、写作风格、涵盖的主题、技术协议。公司的战略叙事一方面激发受众对其产生兴趣，另一方面让公司的营销方向更加清晰明确。

① Headquarters Department of the U. S. Army. Counter insurgency：FM 3 - 24 [EB/OL]. [2019-08-14]. https://fas. org/irp/doddir/army/fm3 - 24fd. pdf.

② PARUCHABUTR G. Understanding and communicating through narratives [D]. School of Advanced Military Studies，U. S. Army Command and General Staff College，2012：13.

二、软实力与国家形象、公共外交的关系

国家软实力的一个重要显现即良好、积极的国家形象。国家软实力的核心是文化价值观。习近平总书记屡次在国际场合表达希望通过向世界展示中国的愿景，来"传播当代中国价值观念"。当代中国价值观念包括三方面的内容：一是马克思主义核心价值观，包括公正、平等；二是当代西方核心价值观，比如自由、平等、民主与法治；三是中华文化传统价值观，包括和谐、厚德、包容等。当代中国价值观念是通过向国际公众"展示中华文化独特魅力"实现的，这种独特魅力指中华传统文化中至今仍有积极作用的价值理念，如和谐共存、和而不同。与西方强调竞争与斗争的"丛林法则"不同，中华传统文化强调和平、合作、互利、共赢，这些价值观能够调节人与人之间乃至国家与国家之间的关系，对世界和平与人类发展有着积极意义。

国家形象是软实力和硬实力的综合体，其外在形态和呈现方式是柔性的。国家形象的建构与传播，是以文化、价值观、对外政策、国际规则和信息等软实力为支撑的。早在17世纪，盛极一时的法国就将民族文化的培育和传播作为一项重要的战略举措。路易十三和路易十四积极倡导和支持传教士的海外传教和语言文化艺术的对外传播，甚至视对外传播法兰西文化为一项国家使命。在这一政策引导下，法国逐渐在海外建构起独特的国家形象——开放的政治制度、深邃的文化艺术、高雅的生活品位。到18世纪末，法语已经成为欧洲广大地区宫廷、贵族、使节和知识阶层的通用语言。

公共外交也被认为是塑造国家形象的"柔性手段"，是巧实力的重要武器。21世纪以来，许多国家把公共外交视为提升全球战略布局的重要一环，视为国家形象的塑造工具之一。中国公共外交的基本任务是向世界说明中国，进而帮助国际公众理解真实的中国，即看到"真实、立体、全面"的中国国家形象。

总的来看，软实力建设是一个长期的过程，国家形象随着软实力的提升而改变。拥有强大软实力的国家能够有效地自塑本国国家形象，并影响他国国家形象的塑造。公共关系能够改善国际公众对本国国家形象的认知，进而自塑正面、积极的本国国家形象。

第二节　国家形象的概念与建构

国家形象是软实力的外在表征，是公共关系的显性成效。正面积极的国家形象能够在国际交往中为本国外交政策的实施提供助力；负面消极的国家

形象势必影响本国战略目标的实施和完成。在国际局势不稳定、不确定的时代，国家形象在国家软实力中的地位和分量日益上升，世界各国越来越重视国家形象的塑造。

一、国家形象研究的多元视角

（一）形象的定义

关于"形象"的定义，大致可以分为以下几类：

在日常语境中，形象大致被框定为人或物的外貌或外观，以及行为举止体现的特征状况。

在文学中，形象是指文学艺术作品中的人物、场景和事件的样貌，即文学形象或者艺术形象，其核心特征是虚构性。

在物理学中，依据光学成像原理，光线通过不同形式的镜子折射出不同特征类型的影像，即光学形象。

在认知心理学中，形象被视为认知的某种结果。认知心理学认为形象是认知过程特有的、由认知主体的思维加工合成的结果。[①] 认知心理学的这一界定揭示了认知形象形成的心理过程，对新闻传播学、社会学、政治学等学科产生了很大的影响。

在传播学中，形象即媒介形象，是指某人、某事件或某国在媒体内容中所表现出来的形象。美国政治学者李普曼（Walter Lippmann）最早对媒介形象进行研究，他认为媒介形象是虚拟形象。在《公众舆论》一书中，李普曼指出"大众媒介的报道为我们建构了一个虚拟的现实环境，这个拟态的现实环境恰恰是很多人借以了解现实、做出判断的参照和依据"。英国文化研究学者约翰·费斯克（John Fiske）对媒介形象的讨论聚焦于某一群体或消费品，针对社会公众人物形象，他将其媒介形象解释为脱离现实，为了赢得公众注意力而创造的人工假象或公众形象，"它意味着其中有一定程度的虚妄，以致现实难以同其真实形象相符"。

在传播学视域下，媒介形象的研究对象包括受传者形象（公众形象、名流形象）、国家形象、企业形象以及其他机构组织形象等。

（二）西方学界关于中国形象的研究

西方学界关于中国形象的研究主要有两种路径：现代的经验性研究认为，

---

① 王朋进．媒介形象：国家形象塑造和传播的关键环节：一种跨学科的综合视角［J］．国际新闻界，2009（11）：37-41．

西方建构的中国形象是中国现实的反映；而后现代的批判性研究则将西方建构的中国形象看作一种知识与想象体系，是西方文化对中国的想象与表征。

近年来，一些学者基于后殖民主义文化批判视角探究西方构建的中国形象，提出"知识与权力的关系问题"是研究西方建构中国形象的核心问题①，爱德华·W. 萨义德（Edward W. Said）的"东方主义"理论和斯图亚特·霍尔（Stuart Hall）的文化研究理论为解构西方构建的中国形象提供了理论资源。萨义德认为，身份的建构与社会中权力的分配直接相关，叙事的力量或阻止其他叙事形成与出现的力量，直接影响了自我身份的建构。霍尔认为，文化是意义表征与建构的一种实践过程，文化直接参与社会现实和历史经验的建构，并指明大众文化传播在社会现实构造中的核心地位，"媒体不是传统文化艺术的简单载体，而是各种文化意识形态交流、对抗的主要场域"②。这些研究回答了随着西方现代性的出现，西方学界认知的中国形象从赞美对象转变为停滞、专制、野蛮的负面形象的原因，西方现代性的想象需要构建与之形成对比的"他者"形象，伴随着西方现代性从帝国主义向殖民主义发展，西方学界认知的中国形象也发生了改变。

全球化时代，中国的崛起让世界各国无法忽视中国的存在，世界各国认知的中国形象深刻影响着国际舆论环境，影响着中国能否持续发展，并为世界和平做出贡献。

（三）当前国家形象研究的主要视角

20 世纪 30 年代以来国家形象研究在多个领域中出现。目前国家形象研究主要集中在五个角度：商业研究、政治学研究、社会心理学研究、比较文学和比较文化学研究，以及传播研究。

商业领域的国家形象研究以消费行为为核心，关注市场角度下的国家品牌和原产国效应。这一领域的研究主要是分析国际消费者的态度如何影响其购买某国产品的倾向，企业声誉如何影响所属国家的声誉。美国学者西蒙·安霍特（Simon Anholt）认为："作为国家品牌的国家形象是人们对国家治理、投资与移民、出口、旅游、文化遗产、民族六个方面能力的综合印象。"国家形象作为品牌是一种无形资产，同时，国家品牌更强调一国在塑造国家形象上的主动性，包括针对国家形象制定品牌传播策略，分析传播策略实施后受众的反馈等。

这类国家形象研究是西方学界的主导性范式，包括两类：一是国际营销领域的原产国形象（country of origin）研究，主要探究国家形象对产品竞争优势

---

① 周宁. 跨文化形象学：思路、出路或末路 [J]. 东南学术，2014 (1)：83.

② DAVIS H. Understanding Stuart Hall [M]. London & New Delhi：Sage publication，2004：19.

的影响。① 二是旅游管理学科中的目的地形象（destination image）研究，这类研究认为旅游者对某国的信念和情感态度会影响他们对目的地的形象感知。②

政治学（国际关系和政治人类学）中的国家形象研究以国家（政府）的形态样貌和客观状况、行政机关及其成员活动为核心，关注一个国家（政府）及由国家（政府）统领的社会经由外交、传媒、组织、个人等多种渠道传播后，在国内受众和国际受众中引发的舆论反应。政治学关于国家形象的研究最早可以追溯到拉斯韦尔对世界大战中宣传技巧的研究。这一领域关于国家形象研究的重要话题包括：国家形象的内涵和外延、国家形象与国际关系、国家形象与国族认同、国家形象的自塑与他塑、危机传播与形象修复等。政治学研究的国家形象，是政府主导的国家形象。国家形象更多地被视为国际关系和公共外交的"权力"资产，关涉国际声望和地位，经由约瑟夫·奈纳入软实力范畴，上升到"形象政治"的高度。

社会心理学中的国家形象研究以个体的认知、情感和行为为核心，关注国际受众对一国国家形象的认知。这一领域的研究主要分析国际受众对一国国家形象的感知和评价。国家形象实质上是形象塑造国之外的各种主体对该国的相对稳定的综合印象和评价。

比较文学和比较文化学研究中的国家形象研究开创了以文本细读为路径，以形象阐释为目标，强调形象生产之文化层面的基本研究范式，关注文学文本（后拓展到其他艺术文本）中的"异国形象"，借以剖析自我与他者、本土与异域的想象性关系。

传播学中的国家形象研究以一个国家在国际信息流动中建构的形象，或者一国在他国新闻媒介报道中呈现的形象为核心。这类国家形象研究主要聚焦政治传播和跨文化传播的重要议题，包含四个研究面向（见图 5-2）。

一是作为建构过程的国家"媒介形象"研究。20 世纪 60 年代兴起的建构主义，其早期出发点是单向的，即认为国家形象是传播者主观建构的结果；随着建构主义的发展，强调从传受互动角度出发分析国家形象。在国际传播语境下，国家形象建构的互动研究几乎是不可能的；随着全球传播的出现，互联网构建了国家形象研究的新场域，国内受众与国际受众主动建构着多元而复杂的国家形象。

二是作为传播效果的国家"认知形象"研究。一些学者侧重于从效果分

① JAFFE E D，NEBENZAHL I D. National image & competitive advantage [M]. Gylling：Copenhagen Business School Press，2005.

② CARVALBO F L，DIAS B，WIKESJO M，et al. The unfolding theories on destination image，1990—2020 [C] //Handbook of Research on Resident and Tourist Perspectives on Travel Destinations. Hershey，PA：IGI Global，2020.

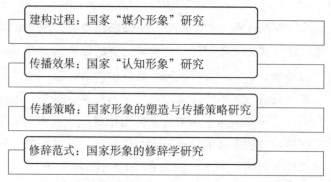

图 5 - 2　传播研究视域下的国家形象研究类型

析角度阐释国家形象的特征，分析国家形象塑造的利弊得失。①

三是国家形象建构与传播策略研究。从政策研究视角出发，很多学者侧重于从国家形象塑造主体出发，从自塑与他塑角度提出传播技巧和传播策略。融合政治与传播视域的国家形象建构策略研究是中国学者关注的重点。②

四是修辞范式下的国家形象劝服研究。中国传统修辞学强调狭义的表达技巧，即修辞格；西方古典修辞学与劝服研究紧密相关，从亚里士多德的《修辞术·亚历山大修辞学·论诗》伊始，修辞被视为一种劝服技巧。当代修辞学突破了传统修辞学的禁锢，将修辞范围扩大到人类的一切语言活动，劝服的对象也不再是新修辞学的关键概念，取而代之的是身份认同。③ 近年来，国家形象的修辞研究成为一个新的研究领域。

二、国家形象的定义

已有研究对国家形象的定义可归纳为三个范畴：

其一，客观存在的国家真实状况，例如一国的政治、经济、军事、文化、科技、生态等综合实力。政治实力包括一国的政治制度、法律制度，以及该国在国际上的政治地位等。经济实力包括一国的国内经济状况、人民物质生活水平、国际贸易水平等。军事实力包括一国的军备力量、作战能力等。文化实力包括一国的民族精神、文化向心力和在国际上的软实力等。科技实力包括一国的科技创新水平、科研队伍素质等。生态实力包括一国的自然资源、生态环境等。

其二，受众对国家的主观认识，包括受众对一国的认识、态度、情感的综

---

① 刘林利. 日本政治精英对中国的自傲和自卑情结：基于日本舆论中的"厌中感情"的研究［J］. 国际新闻界，2012（11）：63 - 70.

② 程曼丽. 大众传播与国家形象塑造［J］. 国际新闻界，2007（3）：5 - 11.

③ 吕行. 中美新冠肺炎疫情报道的修辞及其跨文化比较［A］//跨文化研究（第二辑）. 北京：中国传媒大学出版社，2021：124 - 143.

合评价。受众通过新闻媒体对一国的报道，依据媒体建构的拟态环境形成对该国的基本认知和情感偏好。因此，在传统媒体时代和现代全球化之前，国际新闻媒体是国际公众认知他国形象的主要渠道；在现代全球化时代，国际交往与人员流动的加剧、社交媒体及人际传播等深刻影响国际公众对他国形象的认知。

其三，媒体建构的国家形象，其建构主体既包括媒体，也包括国家自身。从建构主义理论的发展来看，20世纪60年代前，建构主义视域下的国家形象主要是国家作为主体单向地建构，或者说自塑；20世纪60年代后，随着建构主义对互动的关注，学者们认为一国的国家形象实质上是该国与国际受众互动、交流的产物，或者说是自塑与他塑的结合。

冯惠玲和胡百精认为，国家形象系统包括七个范畴：（1）政治（politics），包括政治体制、国家制度、政府信誉等；（2）经济（economy），包括金融实力、财政实力、国民收入等；（3）文化（culture），包括历史遗产、风俗习惯、价值观念等；（4）社会（society），包括社会凝聚力、安全与稳定、国民素质等；（5）科教（technology and education），包括科技实力、创新能力、教育水平等；（6）外交（diplomacy），包括对外政策、外交能力；（7）军事（military），包括军事建设、国防能力、军队素质等。[①]

综上可知，国家形象是一个国家的客观实际与公众主观认知、国内社会与国际社会相互作用的产物，它既取决于该国实际的国情国力，又取决于国家的形象建构能力，特别是国际传播能力。在全球传播视域下，国家形象表现为受众对一个国家的主观认识，是受众对该国的认知、态度和情感的综合。当今全球竞争日趋激烈，掌握国家形象的建构权，是拥有国际社会话语权的前提；掌握国际社会的话语权和主动权，就可以用较小的成本取得最大的收益。

三、国家形象的测量与分析

（一）国家形象测量的三个变量

按照具象和抽象两个角度划分，一国的国家形象构成要素可分为三个：具体的国家实力、抽象的知名度和抽象的美誉度。这三者可以作为测量国家形象的三个变量进行考察。国家实力可以通过人均国民生产总值、国民平均收入等经济指标，人均寿命、医疗保障、物价指数等社会生活指标，民主化程度等政治指标，进行测量。知名度和美誉度，可以使用一个国家在国际舆论中的被关注情况、被评价情况和评价态度进行测量。

---

① 冯惠玲，胡百精. 北京奥运会与文化中国国家形象构建［J］. 中国人民大学学报，2008（4）：16-25.

（二）国家形象测量的多元形象

按照国际舆论中一国国家形象的呈现内容，国家形象可具体划分为六个形象：经济形象、安全形象、文化形象、政府形象、国民形象、企业形象。在国际贸易和市场营销领域，国家形象与旅游目的地形象概念相互融合，表现为两个：其一是宏观国家形象，涵盖了国际公众或游客对目的国环境的认识，包括目的国的政治、经济、技术、环境等；其二是微观国家形象，用旅游景点、旅游设施、旅游活动等核心旅游产品形象来测量。

（三）国家形象的三元结构模式

按照政治象征理论，象征物和象征本体之间存在"构建"和"再现"关系，按照国家形象的客观形态、主观形态和表现形态的存在状况，国家形象具有原象、映象和表象的三重结构。原象（origin）是指国家的原初状态，或者说是先在的国家实体，是形象中的"像"；映象（reflection）是指传播者主观意识从形成到强化、从简单到复杂的累积过程，即对原象属性的遴选和处置（报道和传播）过程，换言之，是国家实体的"印象"；表象（representation）是指观念呈现后的客观事态，即媒体报道中的"形象"。这三者之间存在着递进关系，王海洲将之称为"递进三元结构"，本身直指国家形象象征的"所是之是"，其内在演进逻辑则旨在回答国家形象象征"何以为是"。[①]这一演进逻辑体现为两重演进，即从原象到映象，再从映象到表象的演进。前者是原象在主体的感知下成为"印象"，变成具有可见性的"形象"；后者是主体将其意识行为转化为实践行为的过程。

（四）全球性的国家形象调查

全球性的国家形象调查也是展示国家形象的重要窗口。安霍尔特-益普索国家品牌指数（Anholt-Ipsos Nation Brands Index）[②]是一项覆盖全球的国家品牌调查，每年通过对20个核心小组国家的6万名18岁及以上成年人进行在线访谈，对60个国家的形象进行调查。其中，国家声誉指标体系基于国家绩效框架，覆盖出口、治理、文化、人民、旅游、移民和投资七个国家能力维度，通过这个指标体系可审视各个国家的声誉。自2005年以来，该调查每年发布"全球最佳国家形象榜单"，2017—2021年德国连续五年位居"全球

---

① 王海洲.论象征的三元结构及其内在逻辑：对象征结构经典模式理论的反思［J］.南京社会科学（哲社版），2016（6）：147-153.

② Nation Brands Index［EB/OL］.（2008-12-05）［2022-04-25］.https://www.gov.scot/collections/nation-brands-index/.

最佳国家形象榜单"榜首。

《美国新闻与世界报道》（US News & World Report）与 BAV 集团、宾夕法尼亚大学沃顿商学院共同发布的"全球最佳国家榜单"，对全球 78 个国家进行评分与排名，其评价指标包括经济实力、军事力量、教育水平、生活质量，乃至种族平等、社会正义、适应性以及气候应对措施等在内的 76 个指标，来自全球 36 个国家的 1.7 万人参与调查。2017—2020 年瑞士稳居"全球最佳国家榜单"榜首，2021 年加拿大后来者居上。

美国皮尤研究中心自 2002 年以来，每年发布全球主要国家的国际形象调查报告。皮尤研究中心的全球指标数据库（Global Indicators Database）储存了全球 60 多个国家公众的 60 多万次采访数据。[①] 该数据库收录了美国和中国等全球性大国的受众评价观点，以及对世界经济和世界领导人的评级等。皮尤研究中心并非针对每个国家每年开展全球形象调查，而是选择与美国高度相关的国家，或国际关系中的重要国家展开针对性调查。

四、中国国家形象建构的目标

（一）中国国家形象的全球传播

2008 年全球金融危机后，中国迅速超越日本成为全球第二大经济实体，成为名副其实的全球性大国。新冠病毒感染疫情暴发后，多种迹象表明中国已成为推动全球化的主力军，中国实施的"一带一路"倡议使中国成为全球南方最重要的塑造力量。[②] 中国始终努力塑造"和平发展的中国国家形象"[③]，可信、可爱、可敬的中国形象[④]。

21 世纪第一个十年，中国开始向全球推出国家形象宣传片。2009 年 10 月 30 日中国政府在全球推出"中国制造"系列广告（见图 5-3），以展现中国制造的软实力。在很多国家的市场上，各种商品印着"Made in China"的标签，中国成为世界工厂。在全球化背景下，"中国制造"其实是世界上各个贸易体分工协作、盈利共享的事实，"中国制造、世界合作"的理念贯穿广

---

① Use our updated Global Indicators Database to explore survey findings from around the world ［EB/OL］. (2022-03-24)［2022-08-25］. https://www.pewresearch.org/fact-tank/2022/03/24/use-our-updated-global-indicators-database-to-explore-survey-findings-from-around-the-world/.

② 戈德曼. 中国对全球南方的塑造已经不可逆转［N］. 亚洲时报，2022-07-29.

③ 吴友富. 中国国家形象的塑造与传播［M］. 上海：复旦大学出版社，2009：1.

④ 习近平主持中共中央政治局第三十次集体学习并讲话 加强和改进国际传播工作 展示真实立体全面的中国［EB/OL］.（2021-06-01）［2022-07-20］. www.politics.cntv.cn/special/gwyvideo/2019/202106/2021060101/index.shtml.

告。这一系列广告重新打造与巩固"中国制造"在全球市场上的声誉，晨跑的运动员穿着的运动鞋是"中国制造"，但是综合了美国的运动科技；家庭日常使用的冰箱印着"中国制造"的标签，但是融合了欧洲风尚；iPod 播放器上用英文标注"在中国制造，但我们使用来自硅谷的软件"，体现了爱音乐、也爱"中国制造"的理念；就连法国顶级模特所穿的知名品牌服装也由"中国制造"；而广告中最后出现的飞机画面，是融合全球各地工程师智慧的结晶，更是展现了"世界合作"这一理念。

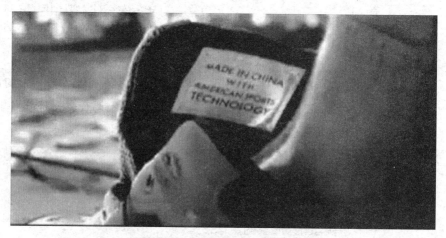

图 5 - 3　"中国制造"系列广告

2011 年 1 月 17 日，中国政府在美国纽约时代广场大屏幕上推出《中国国家形象片——人物篇》，文艺、体育、商界、学界、航天、模特等各领域杰出代表共 56 人依次登场，以"智慧、美丽、勇敢、才能、财富"诠释中国人的形象，向全球公众展现了一个更直观、更立体、更丰富的中国国家形象。大屏幕上的一个个人物真实地诠释了始终贯穿这一宣传片的理念"在中国你能取得巨大成功"。中国政府用这一宣传片把国家形象塑造从被动阐释转向主动沟通。宣传片的开头以醒目的红色为背景，以白色书写中英文"中国"，"每个人都面带笑容，看上去非常幸福"。此后 30 天，这一宣传片以每小时15 次、每天共 300 次的频率播出；同时美国有线电视新闻网也从 17 日起分时段陆续播放。

习近平总书记在 2018 年全国宣传思想工作会议和党的二十大报告中，都明确指出新闻传播"举旗帜、聚民心、育新人、兴文化、展形象"的使命任务，其中"展形象"就是对讲好中国故事、展示中国形象的重申。

（二）大国的四种形象

在 2013 年 12 月 30 日十八届中共中央政治局第十二次集体学习中，习近平总书记将中国国家形象概括为"四种形象"：文明大国形象、东方大国形象、负责任大国形象、社会主义大国形象。文明大国形象，强调中国"历史底蕴深厚、各民族多元一体、文化多样和谐"；东方大国形象，强调中国"政治清明、经济发展、文化繁荣、社会稳定、人民团结、山河秀美"；负责任大国形象，强调中国"坚持和平发展、促进共同发展、为人类做出贡献"；社会主义大国形象，强调中国"对外更加开放、更加具有亲和力、充满希望、充满活力"。这四个大国形象分别从历史文化、国情特色、外交政策和意识形态（价值观）层面阐释了中国国家形象。

党的二十大报告提出，要"坚守中华文化立场，提炼展示中华文明的精神标识和文化精髓"，"深化文明交流互鉴，推动中华文化更好走向世界"。这为中国四种大国形象的建构提供了根本依归。

（三）可信、可爱、可敬的中国形象

党的第十九大报告提出："讲好中国故事，展现真实、立体、全面的中国，提高国家文化软实力。"在 2021 年 5 月 31 日十九届中央政治局第三十次集体学习中，习近平总书记强调要"讲好中国故事，传播好中国声音，展示真实、立体、全面的中国"。党的二十大报告提出："讲好中国故事、传播好中国声音，展现可信、可爱、可敬的中国形象。"

讲好中国故事、展现中国形象，展现的这个形象出现了从"真实、立体、全面"到"可信、可爱、可敬"的变化。从修辞角度看，这一转变的实质体现了中国形象建构从"以我（传者）为主"转向"以他（受众）为主"，即从传者视角向受众视角的位移。前者从传播者角度出发，强调事实真实、内容丰富、角度多元，其核心是我们中国；后者从报道效果出发，强调让国际受众感受的、具体的中国形象，其核心是国际公众。讲述中国故事角度的转变，体现着中国形象建构更加靠近传播对象。通过在国际舆论中塑造可信、可爱、可敬的中国形象，最终要形成同中国综合国力和国际地位相匹配的国际话语权，为中国改革开放稳定营造有利外部舆论环境。

新冠病毒感染疫情暴发后，中国外交部新闻发言人在新闻发布会中屡屡驳斥西方国家，被西方政客称为"战狼"，一些西方主流媒体刻意塑造"战狼中国"的国家形象，以之与西方政客鼓噪的"中国威胁论"应和。未来，中国国家形象的建构应从转变话语体系和叙事体系入手，着力打造"可爱中国"形象，用可爱的中国人建构可爱的中国，用可敬的中国共产党人诠释可敬的中国共产党。加强中国国际传播能力建设，要广泛宣介中国主张、中国智慧、中国方案，全面阐述中国的发展观、文明观、安全观、人权观、生态观、国际秩序观和全球治理观；向世界阐释推介更多具有中国特色、体现中国精神、

蕴藏中国智慧的优秀文化；让国外民众了解中国共产党为什么能、马克思主义为什么行、中国特色社会主义为什么好；说明中国发展本身就是对世界的最大贡献，为解决人类问题贡献了中国智慧。

第三节　全球传播时代国家形象的传播

全球传播最直接的目标即通过信息传播，促进全球的跨文化信息交流和沟通，让公众客观认知彼此国家或民族的形象。在传统媒体时代，国际公众实现对他国形象认知的渠道基本上仅限于大众传媒，大众传媒在他国形象建构中具有几近决定性的作用。经过大众传媒选择、过滤后建构的国家形象，以本国利益和意识形态为先，其客观性、真实性有限。在互联网时代，新信息技术为每个网民赋权，国际公众通过平台媒体和社交媒体直接成为本国信息发布者，甚至各国领袖也可以直接与国际公众对话，国家形象的塑造主体更加多元，国家形象更加多元、立体。决定国家形象优劣的，不仅包括一个国家的民主形象、经济形象，还包括环保形象、体育形象、反恐形象等。

一、国家形象建构的关键因素

（一）国家形象的定位

国家形象与其他组织形象的建构与传播有着共同之处，如军队形象、政党形象等。

以军队形象为例，美国军方通过好莱坞电影着力打造正面的美军形象，目的在于获取捐助和促进征兵工作。[1] 美国军方通过与好莱坞合作，塑造的美军形象是这样的：有信仰、关怀弱者、乐于牺牲。在越南战争中失败后，美军的地位有所下降，因此，美国军方在塑造良好形象方面更加主动和警觉。美国军方针对各类军事和战争题材影视剧进行审查并提出删改意见，其对好莱坞影片的影响涉及提请审核、修改剧本、协助拍摄、审片试映、发行管理等各个环节。美国军方会对好莱坞片方提出协助申请的影视剧本进行严格的审定，并按照自己期望展现的美军正面形象提出修改意见，对不利于美军形象的部分予以删除，如果片方不遵从意见行事，则得不到相应的协助。因此，影片中屡屡出现冒着生命危险营救受伤贫民或敌方士兵的美国士兵，生动地

---

[1]　罗布. 好莱坞行动：美国国防部如何审查电影［M］. 林涵，王宏伟，译. 北京：金城出版社，2018.

展现美军形象，影响公众观念。美国军方和好莱坞通过共赢模式各取所需、互惠互利。一方面，美国军方借助好莱坞能够影响受众的"影像魅力"，以故事化的方式向受众传播美军的正面形象；另一方面，军事和战争题材影视剧是好莱坞的一块"香饽饽"，好莱坞需要美国军方提供大量具有垄断性的武器装备、军事场地以及专业的军事顾问、士兵。美国军方要求剧本的修改非常细致，如对《阿甘正传》提出"将总统置于一名士兵的阴影下，在戏剧上是不可接受的"；对《壮志凌云》剧本提出"我希望删掉第 6 页和第 7 页，否则你们不能使用我们的航母"等。①

世界各国都乐于向全球公众推介富有特色的本国形象，如美国强调"文化熔炉、民主灯塔"，法国强调"浪漫时尚"风格，英国强调"创意非凡"特色，加拿大强调"关心人权、追求社会正义"，德国追求"严谨卓越"等。

（二）有效的跨文化信息传播

国家形象在对外传播中如果缺乏跨文化传播管理或建构，往往会形成极为不利甚至负面的形象。

有的外国人认为，中国人生性野蛮残忍，吃狗肉（吃宠物）便是佐证之一。一方面，"狗"在不同文化中，含义也有所不同。在美国，狗是夸人的词，美国前国防部长马蒂斯外号就是"疯狗"；而在别的文化中，狗可能是骂人的词，例如在中国，为恶势力效劳帮凶的人被称为"走狗"。另一方面，由于历史传统，很多民族有不吃某种动物的历史传统。西方认为狗是伴侣类动物、工作类动物。西方起源于游牧民族，在生产上狗对狩猎而言确实有重要的作用，很多人继承了这种重视狗的传统。与此类似，对于蒙古人来讲，马的地位很高。在中国，牛在古代地位远胜于狗，牛一直是农耕第一劳动力，并产生了一个相关职业——牧童，即专门服务和管理牛的人。

究其实质，这是个话语权问题，西方媒体拥有全球话语权，他们就把自己的习惯强加给别人，不符合他们习惯的就加以批评。西方媒体借用这些符号、事件或意象，强化与他们这些所谓"正常人类"异质的特征，把中国人这种他们所说的"非正常人类"和自己区分开来，在强化"他们与我们"的过程中，体现自我优越感，实现批评、丑化、矮化甚至控制他者的目标。

（三）有效塑造和传播国家形象的手段整合

随着传播技术的进步和媒体形态的多元化，塑造国家形象的途径和手段

---

① 罗布 . 好莱坞行动：美国国防部如何审查电影 ［M］. 林涵，王宏伟，译 . 北京：金城出版社，2018：44，57.

也日益丰富，不仅融合了各种技术，而且向着整合营销的方向发展。1955年，英国著名广告大师大卫·奥格威（David Ogilvy）提出"每个广告都是对某一品牌形象的长期投资"，由此也将"品牌形象"（brand image）概念引入国家形象。奥格威认为："品牌是一种错综复杂的象征，它是品牌属性、名称、包装、价格、历史声誉、广告方式的无形总和。品牌同时也因消费者的使用印象以及自身的经验而得以界定。"① 当产品的同质性增加，决定竞争胜负的关键就集中于消费者对商标乃至企业本身特殊性质的印象，这种印象就成为消费者决定购买的关键因素。同理，一个国家能够在国际公众中建立良好的国家形象，也成为这个国家在国际竞争中获胜的重要因素。

2011年英国发起国家形象计划"非凡英国"（GREAT BRITAIN），这一计划沿用了品牌与品牌形象的概念，力图在世界范围内塑造新的英国国家形象，在"非凡英国"品牌的包装下将英国元素推向世界（主标志见图5-4）。

图5-4　"非凡英国"主标志

"非凡英国"计划是一项国家形象工程，由英国外交和联邦事务部，英国贸易投资总署，英国内阁办公厅，英国商业、创新和技能部，英国文化协会，英国国家旅游局等共同实施，旨在向世界展现英国在企业、知识、创造力、文化、环境保护、音乐、语言、文化遗产、乡村、运动、创新、购物等方面的优势，针对各种优势推出围绕主题的宣传方案和活动。"非凡英国"计划借助媒体广为传播：一是通过全球性社交媒体，与国际公众互动，包括脸书、推特、优兔、Flicker等。二是建立全球官方网站，实时更新活动信息，还与雅虎结为全球战略伙伴，保证英国的信息至少被观看500万次，官方网站获得350万次的点击量。中国的新浪、京华网、环球网、中国日报网、爱奇艺、搜狐视频等都曾与"非凡英国"计划合作，大力报道相关活动和宣传视频。三是广泛亮相户外媒体，"非凡英国"计划的海报宣传出现在印度的出租车上，纽约、多伦多等地的火车上和火车站里，东京、北京、上海的地铁站里，墨尔本、悉尼、

---

① OGILVY D. The image of the brand: a new approach to creative operations [J]. Reprinted by Courtesy of Ogilvy & Matter, 1955, 1 (6).

柏林等地的户外。"英国等你来命名"活动引发了一系列活动品牌海报和户外营销活动，向中国公众介绍英国美景趣事，鼓励大众参与活动、投票互动。[①]

国家形象以品牌形式推向全球，是全球化时代国家形象塑造的创新，它将国家形象视为联动社会各个主体的关键，并随着国家的发展不断调整，国家形象因此是动态的、变化的，由此延伸国家形象的内涵，深化其全球影响。

二、传统媒体时代的国家形象建构与传播

在传统媒体时代，国际受众了解和认识一个国家的路径主要是人际传播（亲身经历、旅游等）、大众传播（新闻媒体）和政府对外传播机构传播，如图5-5所示。

图 5-5　传统媒体时代国家形象塑造与传播的渠道

（一）人际传播

跨国旅游、参加国际会议和体育赛事、外交、国际政治交流和移民，是传统媒体时代人们了解其他国家形象最直接的方式。人际传播学者麦克洛斯基（James McCroskey）等学者认为，人际传播是"一个人运用语言或非语言信息在另一个人心中引发意义的过程"。人际传播并不仅仅是信息的传递，更重要的是意义的生发。[②] 在人们的交往活动中，彼此之间传递和交换着知识、观念、情感、意愿，进而激发人与人之间的互相认知、彼此认同、相互作用。人际传播具有显著的个体性、私人性，人际传播视域下的国家形象往往更富有人情味，更具有以情感人的效果。

（二）大众传播

新闻媒体是各国塑造本国形象、宣传本国价值观念的重要工具。20 世纪以来，广播电视的诞生极大地推动了人类社会环境和文化环境的演变，国家政府和组织使用专业化媒体向为数众多、背景各异而又分布广泛的国际公众

① 王乐，张鹏．英国国家形象品牌推广案例："非凡英国"计划［J］．公共外交季刊，2017（1）：52-61.
② 张国良．传播学概论［M］．北京：外语教学与研究出版社，2013：155.

传播本国或本组织的信息。美国传播学者德弗勒（M. L. Defleur）认为，大众传播是一个过程，在这个过程中，职业传播者利用机械媒介广泛、迅速、连续不断地发出信息，目的是使人数众多、成分复杂的受众分享传播者要表达的含义，并试图以各种方式影响他们。[①] 国际广播与国际电视是传统媒体时代世界各国形塑本国形象的有力工具。如英国广播公司（BBC），《皇家宪章》明确规定其宗旨是在国际冲突中表明英国官方的立场，维护英国的利益。

（三）政府对外传播机构

世界各国政府往往设立专门的对外传播机构，负责国家形象的建构与对外传播。在第二次世界大战期间，美国罗斯福政府成立战时情报办公室，创建了美国之音，负责对外传播本国信息。冷战开始后，杜鲁门政府设立了国际信息管理局，加强对苏联、东欧的宣传，并在国外设立美国图书馆，开设文化和教育交流项目。

中华人民共和国成立后，主管新闻宣传的机构新闻出版署下设国际新闻局，管理对外新闻报道和外国记者工作，由中共中央宣传部负责制定全国的对外报道方针，指导对外宣传工作。1991 年，专设中共中央对外宣传办公室、国务院新闻办公室，一个机构两块牌子，列入中共中央直属机构序列，负责对外发布重要新闻。2018 年国家机构改革后，中共中央对外宣传办公室与中共中央宣传部合并。其主要职责是推动中国媒体向世界说明中国，包括介绍中国的内外方针政策、经济社会发展情况，以及历史和科技、教育、文化等发展情况。通过指导协调媒体对外报道，召开新闻发布会，提供书籍资料及影视制品等方式对外介绍中国。协助外国记者在中国的采访，推动海外媒体客观、准确地报道中国。广泛开展与各国政府和新闻媒体的交流、合作。与有关部门合作开展对外交流活动。

三、互联网时代的国家形象建构与传播

互联网改变了一对多的单向传播模式，互联网语言具有生活化、通俗化的特点。互联网拓宽了国家对外传播的渠道，降低了国家形象塑造的成本，也给国家形象塑造带来了很多不可控的因素。互联网时代国家形象建构，就内容角度可从三个层面展开：国家领导人形象、国家重大政策、城市形象（见图 5 - 6）。

---

① 德弗勒. 大众传播通论［M］. 颜建军，等译. 北京：华夏出版社，1989：12.

图 5-6　互联网时代国家形象建构的内容

（一）国家领导人形象

国家领导人形象是国家形象的象征符号，是国家形象的一部分。建构良好的国家领导人形象有利于提升国际受众对该国的好感。

在传统媒体时代，一国往往通过与媒体合作的方式向国际受众展示国家领导人形象。如在广播时代，大萧条时期精心策划的罗斯福总统"炉边谈话"（Fireside Chats）①、日本战败时天皇的"玉音放送"（天皇广播）② 等。又如在电视时代，1960 年美国大选首次采用电视辩论，时任副总统的共和党人理查德·尼克松与民主党参议员约翰·肯尼迪进行辩论，全美 6 500 万～7 000

---

①　"炉边谈话"是美国总统罗斯福利用大众传播手段进行政治性公关活动的事例之一，每当美国面临重大事件，美国总统都用这种方式与美国人民沟通。罗斯福在 12 年的总统任期内，共进行了 30 次"炉边谈话"，因此被公认为美国历史上最会利用新闻媒介的政治家之一。20 世纪 30 年代是美国经济大萧条时期，为了求得人民对政府的支持，缓解大萧条，罗斯福利用"炉边谈话"通过收音机向人民进行宣传。用"谈话"而非"讲话"的形式将自己自信洪亮的声音传遍全美，带进千家万户，一下子就将总统与人民的距离拉近了，在心理上造成了一种休戚与共的神圣感。每当听到"炉边谈话"，人们就仿佛看见脸上挂满笑容的罗斯福，所以有人说华盛顿与他们的距离不比起居室里的收音机远，甚至有民众将他的照片剪下来贴在收音机上。"炉边谈话"产生的巨大影响，成为广播史上的一个传奇。此后罗斯福将这种形式延续下来，一直到他去世。他的谈话不仅鼓舞了人民，坚定了人民的信心，而且也宣传了他有关货币及社会改革的基本主张，从而赢得了人民的理解和尊敬，对美国政府度过艰难时期，缓和危机起到了较大的作用。

1933 年 3 月 12 日，即罗斯福就职总统的第 8 天，他在总统府楼下外宾接待室的壁炉前接受哥伦比亚广播公司（CBS）、全国广播公司（NBC）的录音采访，工作人员在壁炉旁安装扩音器。总统说：希望这次讲话亲切些，免去官场那一套排场，就像坐在自己的家里，双方随意交谈。CBS 华盛顿办事处经理哈里·布彻说：既然如此，那就叫"炉边谈话"吧，于是就此定名。

②　1945 年 8 月 15 日，日本宣布无条件投降。日本天皇裕仁签署的《终战诏书》在当天以录音的形式正式对外广播，昭告世界，这也是日本天皇的声音首次向日本公众播出，被称为"玉音放送"。日本侵华战争进行到后期，日本国内因为这场战争已经民不聊生、饿殍满地，国内主战和主和的两派也针锋相对、矛盾加深，日本天皇裕仁已经感到末日来临的危机。1945 年 8 月 9 日，裕仁天皇与日本内阁召开御前会议，并于 8 月 10 日将日本决定投降的消息照会瑞士、瑞典两个中立国，并下令结束战争。但是，日本主战派少壮军官在东京制造假消息，企图掩盖这一事实。8 月 14 日，裕仁天皇召开最后一次御前会议，下令要求主战、主和两派停止争吵，并要求内阁首相铃木起草诏书，裕仁天皇亲自宣读并录音。8 月 15 日通过 NHK 电台广播，日本公众第一次听到日本天皇的声音，宣布的却是日本战败投降。

万人观看了这场电视辩论，约占全美人口的 40%。①

在互联网时代，国家领导人往往通过网站、社交媒体等向国际受众发布信息，与国际受众交流。奥巴马被称为"互联网总统"，特朗普被称为"推特总统"。② 2013 年英国首相卡梅伦第二次访问中国前开通了新浪微博账号"英国首相"，并获得新浪官方认证，他是首个开通中国微博账号的欧洲国家领导人。国家领导人使用社交媒体进行自我形象塑造，具有显而易见的优势：一是国家领导人可以直接将信息推送给国际受众，越过了传统的媒体把关人。在传统媒体时代，一国领导人发布的信息在国际媒体传播中可能出现被扭曲、夸大或消失的情况，展现出神秘莫测的模糊形象、经过粉饰的高大形象、遭遇扭曲的负面形象等。二是国际受众可以与国家领导人进行互动和交流，提升了国家形象传播的效果。三是传播话语更加生活化、亲民化，改变了过去严肃、正式、刻板的风格。国家领导人不再沿用外交辞令，而是如朋友般向国际受众表达问候，提升了国家领导人在国际受众中的影响力。2013 年以来，复兴路上工作室等也发布了一系列短视频，在塑造中国国家领导人形象方面取得了良好的效果。这些短视频作品包括《领导人是怎样炼成的》（2013-10-14，复兴路上工作室）、《习近平在云南偶遇游客》（2020-01-20，央视新闻客户额）、《习近平的文化情怀》（2022-05-13，新华社）等。这些短视频作品，展现了中国领导人高超非凡的领导才干和友善亲民、积极乐观的领导风范，凸显了领导人的鲜明个性和领导能力，在国际国内舆论中强化了中国国家形象和中国共产党形象。

---

① 肯尼迪与尼克松的辩论是历史上首场电视辩论，这场辩论被视为政治的转折点，民主具有了戏剧色彩，任何一个想掌握权力的人都必须变得上镜。1960 年 9 月 26 日 19 时 30 分，时任美国副总统的共和党人理查德·尼克松与他的竞争对手、民主党参议员约翰·肯尼迪在芝加哥市中心的哥伦比亚广播公司（CBS）进行电视辩论，吸引了 6 500 万~7 000 万人观看，约占当时美国总人口的 40%。尼克松左腿膝盖刚做过外科手术，当时发着烧，情绪不好，更糟糕的是他做手术的那条腿还撞到了车门。而年轻的肯尼迪身着深蓝色西装，口齿伶俐、面带微笑。在主持人霍华德·K. 史密斯的印象中，肯尼迪"像是一名即将接受嘉奖的运动员"。事实是，经过辩论，肯尼迪最终以 49.72% 的支持率战胜尼克松。与此同时，通过电台收听这场辩论的记者和政治人士都认为尼克松会获胜。

美国政治历史学家白德在《美国总统的诞生》一书中描述这场辩论时说，肯尼迪"沉着冷静"的外表与尼克松"紧张，几乎是害怕，无时无刻不着着眉头，有时脸色苍白得像是病人"的外表形成鲜明的对比。"大辩论让选民第一次有机会看见参与竞选的候选人，视觉反差相当大。"这场辩论成为美国历史的转折点。

② 特朗普在推特、脸书等社交媒体共开设 6 个账号。截至北京时间 2019 年 12 月 31 日，特朗普 2019 年全年在社交媒体上累计发布了 1.3 万余篇帖文，较 2018 年发布的帖文总量增长 34%，并创造了历年发帖总量的新高。本书将特朗普在推特、脸书、优兔、照片墙等海外社交媒体上通过官方和私人共计 6 个账号发布的帖文作为数据来源，在未经去重的情况下，经过统计加和得出总量。分析发现，特朗普及其社交媒体运营团队自 2018 年 5 月 19 日起未再使用脸书总统账号发布帖文。特朗普在社交媒体上有意打造"美国经济的缔造者""网络世界的意见领袖""美国民众的政治偶像""政治传播范式颠覆者""美国优先背景下的爱国者""推特治国背后的社交斗士"等多元形象。

（二）国家重大政策

国家的对内对外政策是国家形象的重要组成部分。在传统媒体时代，国家重大政策的传播以召开新闻发布会、在传统媒体上宣传介绍（甚至包括投放广告）等形式为主。在互联网时代，国家重大政策的推介形式更加活泼和接地气。2015 年 10 月中共十八届五中全会召开，审议"十三五"规划。新华社在官方推特上发布《十三五之歌》视频，时长 3 分 3 秒，用中英文混搭类似美国民谣的歌曲，朗朗上口的歌词、简单重复的旋律，被网友称为"宣传神曲"。中英文短视频《中国共产党与你一起在路上》（2014 年 1 月 2 日，复兴路上工作室），展现了一个充满朝气与梦想、大气磅礴的中国，使人备受鼓舞，片中一个个普通劳动者面对镜头诉说着他们的梦想与期待，"我想明年有个好收成""我想开个小饭馆""我想养老金能再多一点"……朴实的话语引发众多网友的强烈共鸣。《中国成功的密码》（2019 年 12 月 2 日，复兴路上工作室），首次推出动画人物"复兴君"担任故事讲解员，他为大家找到了四个"中国成功的密码"，即"一条适合中国国情的道路""一个坚持改革开放的基本国策""一张蓝图绘到底的执行力"和"一种创新奋进的民族精神"。短片破译"密码"，实则也是分享"代码"。在国家治理和社会发展过程中，并不存在放之四海而皆准的普适性道路和标准，适合自己的才是最好的。中国最成功的"密码"就在于走出一条独立自主、自力更生、符合本国国情的发展道路，这也是中国分享给广大发展中国家的"代码"。通过诙谐幽默、通俗易懂的动画短片形式，解读中国成功的密码，把大有意义的故事讲得"小有意思"。

（三）城市形象

城市形象是国家形象的一部分，独具特色的城市能够成为国家形象的重要代表。一个城市的精神气质其实也是国家的精神气质。"大城市是现代世界的象征"，当今世界有数十亿人生活在城市，城市不仅影响人们的生活，而且影响人们的世界观。①

"城市形象"概念来源于 1960 年美国城市规划师凯文·林奇（Kevin Andrew Lynch）的《城市意象》（*Image Of City*）一书，这一概念强调人的"感受"是构建城市形象的主要途径。② 很多学者认为城市形象的内涵包括城

---

① 贝淡宁，艾维纳. 城市的精神：全球化时代，城市何以安顿我们［M］. 重庆：重庆出版社，2018：11.

② 陈映. 城市形象的媒体建构：概念分析与理论框架［J］. 新闻界，2009（5）：103-104，118.

市客观存在形象、城市文化、政府形象和市民综合素养等多种要素，是一个综合性概念，基于公众的整体感知和评价而产生。全球化时代的城市形象是在媒介传播的基础上，城市客观存在和公众主观感知的统一。[①] 根据媒体宣传的不同以及受众感知信息的范围及程度，城市形象可分为对内城市形象和对外城市形象。对内城市形象即城市市民对城市的整体感知，对外城市形象是非城市市民的其他公众对城市的印象总和。在城市形象构建过程中，公众参与是一项重要原则。[②] 公众对城市事件的参与意愿反映公众的态度——兴趣和喜爱等，参与意愿越强，表现积极态度的可能性越大，感知到的城市形象的正面印象越好。公众参与意愿影响城市形象，进而促进城市的公民满意度、归属感等提升，城市知名度和对外吸引力等也会随之提升，从而影响城市整体形象。

媒介与城市相互依存、互相构成。美国城市规划学者芒福德指出，"文字记载一类的发明创造，如图书馆、档案保存处、学校、大学等，属于城市最典型和最古老的成就之一"[③]。现代媒介，如报刊等，是城市的创造者之一，也是最引人注目的成就之一。凭借这种成就，城市形成自己独特的生存环境。城市既不是"简单的物质现象"，也不是"简单的人工构筑物。城市已同城市居民的各种重要活动密切地联系在一起，它是自然的产物，尤其是人类属性的产物"。美国社会学者帕克延伸了这一观点，认为"交通和通信、电车和电话、报纸和广告、钢筋水泥建筑和电梯——总之，这些促使城市人口既频繁流动又高度集中的一切，正是构成城市生态组织的首要因素"[④]。

报纸曾经是"构成城市生态组织的首要因素"[⑤]。美国的第一份日报 1783 年出现于费城。17 年之后的新世纪元年，费城已有 6 份日报，纽约有 5 份，

---

① 张洪波. 媒介意象：全媒体视阈下城市形象建构与传播策略 [J]. 现代传播（中国传媒大学学报），2019，41（7）：142-144.

② 叶南客. 城市形象塑造战略新论 [J]. 学术研究，2000（12）：53-58.

③ 芒福德. 城市发展史：起源、演变和前景 [M]. 宋峻岭，译. 北京：中国建筑工业出版社，2005：33.

④ 帕克. 城市：对于开展城市环境中人类行为研究的几点意见 [M]. //帕克，伯吉斯，麦肯齐. 城市社会学：芝加哥学派城市研究文集. 宋俊岭，吴建华，王登斌，译. 北京：华夏出版社，1987：1-47，1-2.

⑤ 黄旦认为，帕克所说的报刊是"构成城市生态组织的首要因素"，一方面是从生态学视角来看，城市是各种理论相互作用、共同合作形成的人类生存之地，并由此组合成其特有的秩序。所谓构成，就是指报刊（媒介）是其中一种动力。帕克认为，报刊，包括"交通和通信"，可以影响和改变各种关系，"促使城市人口既频繁流动又高度集中"。电车、汽车、电话和无线电这些城市交通和通信的"新方法"，"已经不知不觉而又飞速地改变了城市的社会组织和工业组织"；这些变化又反哺城市，"带来了城市人口的习俗、情感和品格的变化"。另一方面，帕克认为报纸是"城市范围内通信传递的重要手段"，其首要功能便是回击传递城市中的"街谈巷议"。

巴尔的摩有 3 份，查尔斯顿有 2 份。[①] 日报出现在这几个地方绝非偶然，它们在美国城市中都具有非同一般的地位：费城是美国历史最悠久的城市之一，曾是美国首都，至今仍是美国文化、经济和交通的中心；纽约是全球著名的大都市；巴尔的摩和查尔斯顿是重要的港口城市。中国亦是如此，始自 19 世纪初的现代报刊，其聚集地先后是广州、香港、上海，都是在城市尤其是作为贸易交通中心的城市温床上孕育、成熟、发展，并成为城市环境不可分割的部分。城市是密集的社会互动所在，是各种叙事交错的主要场所。这就需要"各种力"在其中起到聚合作用，强化它们之间的相互作用，"逐渐把人口和社会机构组合成一种特有的秩序"。"无论是家还是街道抑或是城市，现在都被视为媒体装置的组成部分，这些装置会在其领域内重新分配社交互动的规模和速度。"[②]

传统媒体时代的城市形象传播往往从传播者本位出发，强调城市的自然景观和文化景观。城市形象传播主要是"我说你听"的单向传播模式，以城市风光片、纪录片为主。

互联网时代的城市形象传播更加重视受众与城市的关系，关注受众的喜好，强调受众的参与，主要为双向互动的传播模式，包括社交媒体互动、短视频营销、Vlog 等。城市形象往往利用网红（Web Celebrity）与关键意见领袖（KOL）来传播。网红是指在互联网时代崛起的有着个性化表达的群体，关键意见领袖是指在某个领域分享专业知识的群体。无论是网红还是关键意见领袖，都能够通过自身在网民中的影响力放大城市的某个特点，并借助个人经历和认知帮助网民建立与城市的联结。

抖音在 2018 年 4 月制造了十万抖友打卡重庆事件，借力网红呼吁网友打卡重庆洪崖洞、长江索道、万盛奥陶纪、李子坝轻轨站、皇冠大扶梯等旅游景点。当时，抖音的 10 个首页推荐中就有 5 个是关于重庆的。抖音团队在视频拍摄技术操作上也下了很多功夫，如使用美颜和滤镜等，与今日头条人工智能实验室合作，把基于深度学习和图像识别的人脸识别、肢体识别和 3D 渲染等新技术植入全景贴纸、尬舞机、AR 贴纸、3D 染发等创意中。这些技术，让一个平常的 15 秒画面能够轻易营造一种"美好感"，跟平淡无奇的日常区隔开来，让普通人超越现实，把平凡过成电影。"下一个网红就是你"的口号，给抖音用户这样一个印象：抖友们出其不意的关注焦点就会成为全民的关注焦点。抖音的宣推落点是"下载一个 App＋注册一个账号＋拍一个视频＝百万点赞的网红"。重庆爆红，抖音并未跟重庆旅游局进行任何合作，没

① 舒德森. 好公民：美国公共生活史 [M]. 郑一卉，译. 北京：北京大学出版社，2014：116.
② 麦奎尔. 媒体城市 [M]. 邵文实，译. 南京：江苏教育出版社，2013：6，10.

有进行营销，甚至没有以重庆为名发起挑战，单靠上推荐重庆就刷屏了。

拥有超过 1.5 亿年轻用户的 App"小红书"创造了打卡西安的热潮。2018 年"小红书"与西安政府合作推广"西安年·最中国"活动，众多用户在"小红书"上分享自己的旅游攻略、美食打卡以及消费体验。活动的营销方式主要有：KOL 的种草笔记分享，专职旅游博主对某个景点的深层次推广，挖掘普通游客不熟知的小众景点和玩法，普通素人的推广笔记等。想知道"西安年·最中国"是什么样的布置，应该到哪儿看最美的景点，来西安应该去哪儿才能吃到最正宗的小吃，西安的景点门票以及旅游攻略，甚至近日要出行的人想知道天气如何、怎么穿搭，去景点有没有一些购票排队小贴士等，这些受众需要知道的信息都通过评论互动补充，由于这些信息本身是有用的，可以有效激发人们进行互动。"小红书"充分利用其作为生活方式分享平台的优势，追求"小红书，一款全球有"。小红书通过算法向用户推荐信息，信息内容涵盖众多用户分享的自己的生活，大到吃穿住行，小到分享自己的消费单品，真实可感的亲身体验和大量经验，使之成为全球最大的消费口碑集成平台。

社交媒体凭借其互动功能，通过多种形式刺激用户参与，本质上是"老带新"的口碑传播，在城市形象和国家形象传播中用"有用、有趣、资源"推动网民主动参与，取得良好的传播效果。

美国地区与城市品牌专家西蒙·安浩认为，"国际声誉既不能靠传播打造，也不能靠传播改变"[①]。他认为，国家形象的提升 80％靠创造性工作，15％靠系统性协作，传播的贡献率只有 5％。[②] 物质决定意识，换言之，内容是第一性的，传播是第二性的：只有当现实得到极大的改善，传播才能发挥积极的作用。这是全球传播实践必须遵守的第一原则。行为、缄默等非语言符号的作用凸显；"做了什么"比"说了什么"重要，"没说什么"比"说了什么"重要，"谁来说""怎么说"比"说什么"重要，"在什么时间、地点、场合说"也具有丰富的蕴意。

◀ 拓展阅读 ▶

陶家俊. 形象学研究的四种范式［M］. 北京：中国社会科学出版社，2019.

刘琛. 镜像中的中国国家形象［M］. 北京：中国人民大学出版社，2016.

麦奎尔. 媒体城市［M］. 邵文实，译. 南京：江苏教育出版社，2013.

---

① 安浩. 铸造国家、城市和地区的品牌：竞争优势识别系统［M］. 葛岩，卢嘉杰，何俊涛，译. 上海：上海交通大学出版社，2010：5.

② 毕研韬. 品牌之道［M］. 北京：中央编译出版社，2011：344.

安浩. 铸造国家、城市和地区的品牌：竞争优势识别系统 ［M］. 葛岩，卢嘉杰，何俊涛，译. 上海：上海交通大学出版社，2010.

奈. 硬权力与软权力 ［M］. 门洪华，译. 北京：北京大学出版社，2005.

福特奈. 国际传播：全球都市的历史、冲突及控制 ［M］. 刘利群，译. 北京：中国传媒大学出版社，2000.

BUHMANN A. Measuring country image：theory，method，and effects ［M］. Wiesbaden：Springer，2016.

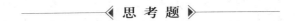

◄ 思 考 题 ►

第一节

1. 软实力的表现是什么？

2. 围绕软实力理论还有哪些相关理论？

3. 软实力与国家形象有什么关系？

第二节

1. 传播视域下国家形象的定义是什么？

2. 除了新闻传播学，还有哪些国家形象研究视角？

3. 西方对中国形象的认知发生了哪些变化？

第三节

1. 制约国家形象塑造的传播因素是什么？

2. 传统媒体时代国家形象塑造的方式是什么？

3. 互联网时代国家形象传播的路径与策略是什么？

4. 平台媒体与社交媒体在国家形象塑造中发挥了什么功能？

第六章
全球传播与公共外交

传统外交是指国家之间、政府主体之间的关系。公共外交是打造国家形象、提升国家声誉的有效方式。一个国家或群体的形象根源于其价值观，要提升竞争优势，就必须让价值观得到更多人的认可，这就是公共关系的核心。早期公共外交研究主要存在于两个研究领域：一是国际关系，注重从制度变革和权力变迁的角度关注公共外交的兴起与发展（软实力）；二是从全球传播角度关注公共外交的形成与发展（传播力）。20世纪末新公共外交概念出现，将公共外交拓展到公共关系领域和文化研究领域，强调网络环境下的双向对话，强调目标化传播策略，侧重于"广而告之"。公共关系领域关注公关外交是"品牌的力量和市场的需要"；文化研究领域突出公共外交活动作为"符号和文化在国际交往中的意义"。双向对话的内核是通过传播实践让更多的人了解并认同一个国家的价值观。战略传播是一种更加主动的进攻型公共外交，在"9·11"事件后逐渐成为各国关注的热点，以战略目标为指引，追求扩大有效信息的供给，通过有目的、有组织、有规划的信息传播，利用媒体的信息倍增功能，渗入整个社会系统，以影响公众的观点、决策或行动，最终推动公众达成共识。21世纪第二个十年，数字化公共外交兴起，擅长通过智能媒体实施定制化传播策略，侧重于分众化、精准化，在推动不同文明间对话中产生精准效应。

第一节　公共外交的缘起与概念

一、公共外交的缘起

公共外交是冷战后逐渐盛行的概念。在20世纪50年代开启的美苏冷战中，公共外交是双方意识形态较量和舆论斗争的焦点，并持续至今。西方世界在冷战中取得的巨大政治胜利，很大程度上得益于公共外交战略和技巧。冷战结束后，随着传播技术的快速发展和全球媒体的形成，全球没有一个国家或者个人能够摆脱公共外交的影响。

（一）公共外交的萌芽

报纸出现伊始，欧洲政治人物就发现可以通过影响报纸的报道或评论，在公众舆论中实现自己的政治目的。法兰西第一帝国皇帝拿破仑（1769—1821）的名言"一张报纸抵得上三千毛瑟枪"，生动地展示了传媒与政治密不可分的关系以及政治家对媒体影响的认知。西方学者认为，1776年7月4日第二届大陆会议通过的美国《独立宣言》，明确提出"现将事实公之于世，让公正的世人做出评判"，表明这一文件实质上负有海外宣传任务。在美国独立战争时期，美国要与欧洲大陆保持联系，就必须改变英国对美国的负面宣传。当时美国驻欧洲的特使本杰明·富兰克林，不仅广交欧洲的知识分子，而且密切关注欧洲媒体对美国的评价，并四处演说游说、积极纠正英国媒体报道中的误解，实质上这是本杰明代表一个尚未被承认的国家，作为一名并未正式任命的外交使节开展公共外交。

埃姆斯密电被称为公共外交史上的杰作，在普法战争中产生了不可忽视的重要作用。1870 年流亡在巴黎的西班牙女王伊莎贝拉二世宣布退位，西班牙提名三个欧洲王侯作为候选的继承者，但是遭到欧洲区域权力协调者法兰西第二帝国皇帝拿破仑三世的拒绝。这年春天，西班牙政府有意邀请普鲁士国王的堂兄利奥波德担任西班牙国王。倘若利奥波德成为西班牙国王，便意味着法国的两侧都是霍亨索伦家族，这也是拿破仑三世不能接受的。6 月，西班牙报纸报道了邀请利奥波德担任国王的消息，法国方面认为这是普鲁士刻意令法国腹背受敌，因此表示强烈反对，甚至向普鲁士宣战。在这种紧张局势下，普鲁士国王威廉一世突然公开表示不赞成自己的堂兄担任西班牙国王；这令首相俾斯麦非常失望。

7 月 13 日，法国驻普鲁士大使贝内德狄来到普鲁士国王的疗养地科布伦茨东郊的埃姆斯温泉，求见威廉一世，转达拿破仑三世的密函"希望陛下保证，将来不要求这种已放弃了的候选人资格（利奥波德担任西班牙国王的资格）"。这种无礼的态度令威廉一世感到惊愕，他当场表示，无法提供保证，并且尚未收到堂兄放弃西班牙王位的消息，等获得其弃位消息再正式答复。之后，威廉一世收到了堂兄的来信。法国大使再次求见国王威廉一世。威廉一世认为该说的上次会面时已经都说了，现在正式简单确认就行，没有再面谈的必要。威廉一世把和法国大使交谈的内容，从埃姆斯温泉发出一份急电给在柏林的首相俾斯麦。

俾斯麦收悉后，在确认普鲁士对法国战争有全胜把握的前提下，将电文修改后转给多家普鲁士报纸刊发："在收到利奥波德亲王的弃位通知后，法国大使还要求普鲁士国王向巴黎承诺，就算该亲王以后想再要回继承权，普鲁士国王也绝不同意。普鲁士国王拒绝该要求，也拒绝再接见法国大使。他让值日副官转告法国大使，陛下再也没有什么好谈的了。"修改后的电文不仅在报纸上公布，而且通告了所有普鲁士驻外使团。这封电文很快传到巴黎，拿破仑三世被激怒了，全体法国人都感到受辱，舆论一片哗然。7 月 19 日，法国向普鲁士宣战，普法战争爆发。

俾斯麦擅改埃姆斯密电的内幕，长期不为人知，直到 1898 年他去世前，他的回忆录《思考与回忆》出版，才真相大白。埃姆斯密电的传播激发了国际公众对普鲁士的仇恨情绪和负面看法，导致法国对普鲁士宣战，俾斯麦将公共外交反其道用之，巧妙地实现了本国目的。

（二）公共外交活动的两条路径

首先是通过对外文化交流推广本国语言文化、展示本国形象。目前，全球主要国家均有面向国外公众传播本国语言文化的专门机构，这些机构不仅教授本国语言、传播本民族文化，而且发挥着向国外公众推介本国形象的重要功能。这些机构中历史最悠久的是 1883 年成立的法语联盟，目前它在全球 136 个国家和地区建立了 1 000 多个分支机构，数以万计的国外高校学生和公众在学习法语和法国文化的同时，认同法国文化、喜爱法国文化，认为法语是最美丽的语言或世界上最精确的语言。德国的歌德学院、西班牙的塞万提斯学院、日本的日语中心、韩国的世宗学院、中国的孔子学院都以之为典范。

其次是有目的地利用媒体实现本国的外交政策目标。利用媒体对内可凝聚人心、对外可建构形象。普鲁士首相俾斯麦通过对埃姆斯密电的修改和公开，引导舆论，在外敌威胁下发挥了团结本国民众的效应，激发本国民众同仇敌忾，抛开种族、宗教、政见等分歧，使普鲁士在普法战争中大获全胜。

新公共外交的兴起，让媒体的作用更加凸显。社交媒体和智能媒体全面介入公共外交实践，无论是在推广本国语言文化，还是在推广本国外交政策方面，都有媒体参与其中，成为公共外交实践必不可缺的重要因素。

（三）公共外交的正式确立

美国历史上首个服务于公共外交的国家机构是公共信息委员会（又称克里尔委员会，The Committee on Public Information，CPI），委员会成员见图 6-1。1917 年威尔逊连任总统后，宣布参加第一次世界大战，这一决定遭到反战分子的强烈反对。威尔逊面临着在短时间内扭转国内舆论、推动美国参战的艰巨任务。陆军部长、海军部长和国务卿致信威尔逊，建议成立克里尔委员会。他们认为，美国最迫切需要的是信心、热情和贡献，除非每个公民"因能获得有关公共事务全部、真实的消息，而生出一种是这个国家一员的感情"，否则就无法充分确保国家所需要的上述东西。

图 6-1　克里尔委员会成员

资料来源：WiseGEEK 网站。

威尔逊下令成立进行舆论审查和战争煽动的 CPI，挑选自己竞选的支持者、曾任丹佛市警察总监、做过记者的乔治·克里尔（George Creel）担任主席，并辅以国务卿、战争部长、海军部长等高官。该委员会由总统行政办公室直辖，下辖新闻社和电影局在内的 20 多个部门，负责对美国人民进行饱和式战争政治宣传。CPI 招募了全美最优秀的人员，其中包括公关史上的两位大人物沃尔特·李普曼（Walter Lippmann）和爱德华·伯尼斯（Edward Bernays）。该委员会 1917 年成立，1919 年解散，共存续 26 个月，其职责可概括为区别于德式宣传的"信仰宣传"（propagation of faith），具体是对内"宣扬忠诚、团结"，对外"宣传美国外交政策"。①

1919 年 CPI 主席克里尔承诺"向公众尽可能提供真实的信息"，按照章程，委员会的主要工作"一方面是审查潜在的破坏性材料，控制可以向公众公开的战争材料，另一方面是制作宣传材料"。具体而言，一是发布《官方公报》（Official Bulletin），向驻华盛顿记者提供关于战争和美国外交的官方信息；二是制作大量的宣传材料，包括报纸广告、招贴画、露天海报、宣传影片等。威尔逊总统将 CPI 的工作称为"新外交"。但是实际上，CPI 也提供了大量不署名的稿件丑化德国的国家形象，对国内在对德政策上持有不同意见的声音也采取了相应的管制措施。

CPI 的政治宣传手段包括为志愿者提供有关演讲技巧的培训，并帮助他们熟悉战争信息的获取渠道；利用 7.5 万名志愿者，在各种社交场合开展为时 4 分钟的战争宣传演讲；与邮局合作，对反战政治宣传进行审查；制作发行各种小册子、报纸、杂志广告、电影、学校政治宣传手册；制作战争海报并投放于每个商店的橱窗；针对不同族裔，使用不同的语言和形式进行战争宣传；指派历史学家撰写政治宣传手册以及关于欧洲战争起因历史的理论文章；创建图片政治宣传部，召集画家制作了 1 438 张政治宣传海报、卡片、徽章和卡通图案，以及 2 万张配合演讲使用的幻灯片；海外政治宣传由驻扎在海外、经验丰富的美国记者领导，根据海外受众量身定制宣传内容。

CPI 的活动进行得十分彻底。以美国中西部一个普通农场家庭为例，"他们看到的每一条战争新闻——无论是来自乡村周刊、杂志，还是来自偶尔在杂货店看到的城市日报——不仅是官方审查过的信息，而且与数百万同胞得到的信息完全一致。每一篇战争报道，都根据公共信息委员会制定的'自愿'规则在源头、途中或是报社被审查过。"

CPI 实质上是一个宣传协调机制，能够协调整合新闻媒体、外交、国防、

---

① The Committee On Public Information［EB/OL］.（2003 - 09 - 12）［2022 - 04 - 14］. https://topics. wisegeek. com/topics. htm？ the-committee-on-public-information#.

军队等各部门力量，形成面对海内外公众的一致声音，让美国公众自觉赞同和支持国家参战。新冠病毒感染疫情期间中国的国务院联防联控机制性质与之类似，它是中国政府为应对 2020 年初突发的新冠病毒感染疫情而启动的中央人民政府层面的多部委协调工作机制平台。2020 年 1 月 20 日，国务院副总理孙春兰主持召开国务院联防联控机制首次会议。该机制是由国家卫健委牵头建立，成员单位共 32 个部门。国务院联防联控工作机制下设疫情防控、医疗救治、科研攻关、宣传、外事、后勤保障、前方工作等工作组，分别由相关部委负责人任组长，明确职责分工协作，形成防控疫情有效合力。

二、公共外交的概念

（一）爱德华·默罗公共外交中心

爱德华·默罗公共外交中心（The Edward R. Murrow Center for Public Diplomacy）是美国最早成立的公共外交研究机构，以美国著名电视节目主持人、前美国新闻署署长爱德华·默罗（Edward R. Murrow）的名字命名，以纪念他对世界新闻的精辟分析以及美国新闻署的创新领导。1965 年 5 月，爱德华·默罗公共外交中心在美国塔夫茨大学弗莱舍法律与外交学院成立。弗莱舍法律与外交学院成立于 1933 年，是美国第一个国际事务研究生院，时任美国副总统的休伯特·汉弗莱（Hubert Humphrey）参加了成立仪式。弗莱舍法律与外交学院院长埃德蒙德·古利恩（Edmund Gullion）在成立仪式上的讲话中首次提出"公共外交"概念，认为"公共外交指的是公众态度对外交政策的形成和执行所造成的影响。它涵盖了超越传统外交的国际关系领域，包括一国政府在其他国家境内培植舆论，一国利益集团与他国利益集团的互动，有关外交事务及其影响的通讯报道，职业外交官和驻外记者之间的联络与沟通和跨文化沟通的过程"。从古利恩的定义来看，公共外交是"为一国在国外创设良好形象，进而增进国家利益的活动，是信息时代各国实现国家战略意义的重要工具"。另外，有学者认为公共外交是"传统外交范围以外国际关系的一个层面，它包括一个政府在其他国家境内培植舆论，该国国内的利益集团与另一国国内的利益集团在政府体制之外的相互影响，以通讯信息报道为职业的人如外交官和记者之间的沟通联系，以及通过这种过程对政策制定以及涉外事务处理造成影响"[①]。半个多世纪以来，爱德华·默罗公共外交中心一直以古利恩的理念为基础，研究传统外交以外的国际关系，包括新闻

---

① 沈国麟，等. 互联网与全球传播：理论与案例 [M]. 上海：复旦大学出版社，2019：47.

和娱乐媒体、跨国公司和非政府组织等主要参与者的互动关系。

爱德华·默罗公共外交中心早期的资料手册中认为：公共外交的核心是信息和思想的跨国流动；公共外交的行为对象是其他国家的公众；公共外交的参与主体包括非政府组织、社会团体和公民个人；公共外交的内容是树立一个国家品牌；公共外交的实施方式包括带有政府意志的企业贸易、学术交流、个人旅游等，如果没有政府意志，这些活动就等同于民间外交；公共外交的目标是影响对方国家公众对本国的态度和偏好，提升本国在对方国家公众心目中的形象，为本国的对外政策创造良好的（舆论）环境。

目前，该中心已更名为爱德华·默罗数字世界中心（The Edward R. Murrow Center for a Digital World），探索媒体、网络空间和政府事务，旨在推动数字革命在国际体系中的影响及国际体系中的各方对话。爱德华·默罗数字世界中心吸纳了多位退出政坛的政治家参与研究，如 2022 年 6 月新加入该中心的哥斯达黎加前总统卡洛斯·阿尔瓦拉多·克萨达（Carlos Alvarado Quesada）、美国负责公共外交和公共事务的前副国务卿塔拉·索南夏恩（Tara Sonenshine）等。

公共外交属于软实力，是一国与他国政府或他国组织和团体进行的交流和互动，旨在影响他国的公众舆论和态度，最终影响他国政策。硬实力往往用强制和威胁改变他国政策、使他国服从自己；而软实力是影响他人喜好的能力，是一国的政治制度、价值观对他国公众的吸引力、亲和力和影响力。

（二）公共外交概念的变化

公共外交最初是作为国际宣传的代名词出现的，它以国家政府为主体，以外交政策为主要内容，以国家形象建构为基本目的，以国际舆论或他国舆论为对象。冷战时期，公共外交逐渐摆脱"宣传"概念的影子，注重通过多种文化手段体现国家意志、实现外交目的。

周庆安认为公共外交是指在国家意志框架下，国家主体或非政府组织和个人通过信息的传播，影响外国公众和国际舆论对本国文化及政策的理解与信任，目的是通过传媒等文化手段实现外交利益。[①] 赵启正提出，公共外交是各方从不同角度向外国公众表达本国国情，说明本国政策，解释外国对本国的不解之处，同时在国际交流中了解对方的有关观点，目的是改善外国公众对本国的态度，进而影响外国政府对本国的政策。[②] 上述学者认为，公共

---

① 周庆安. 超越有形疆界：全球传播中的公共外交［M］. 北京：中国传媒大学出版社，2018：27.
② 赵启正. 公共外交与跨文化交流［M］. 北京：中国人民大学出版社，2011：序言.

外交的行为主体包括政府以及非政府组织等多元主体；行为方式主要是信息传播及各种文化交流活动；行为目的是阐释本国政策，争取国际公众的理解，影响外国政府和公众对本国形象的认知。

美国官方对公共外交的界定随着时代的发展有所变化，在 1987 年的《国际关系术语辞典》中，美国国务院对公共外交的界定是"由政府资助、旨在影响他国公众舆论的项目，主要是出版物、电影、广播、电视和文化交流活动"①。换言之，公共外交就是政府通过文化交流等手段进行的宣传。1997 年美国新闻署对公共外交的界定是"旨在通过了解、告知和影响外国公众，扩大美国公众和机构与国外同行之间的对话，促进美国的国家利益和国家安全"②。这一概念在 2001 年"9·11"恐怖袭击事件发生后，被美国政府和新闻界广泛接受。美国前总统克林顿将美国公共外交的战略目标界定为："通过理解、告知、传达和影响外国公众，通过促进美国公众和外国公众之间的对话交流，提升美国的国家利益、增进美国的国家安全。"总而言之，美国官方认为公共外交是政府出资，通过大众传媒等开展的文化交流活动；其行为目的是加强美国公众和组织机构与国外公众和组织机构的交流，以维护美国的国家安全和国家利益。

2003 年，美国南加利福尼亚大学安纳伯格传播和新闻学院和国际关系学院共建南加利福尼亚大学公共外交中心（USC Center on Public Diplomacy，CPD）。2009 年该中心主办期刊《公共外交杂志》（*Public Diplomacy Magazine*），关注"新公共外交"这一理念。尼古拉斯·卡尔（Nichols Karl）教授对这一理念的诠释是：公共外交始于倾听，各国已经逐渐认识到，公共外交就是关系，但旧的宣传方式仍然根深蒂固，以至于过度追求"获胜"。因此，关键不在于通过公共外交推动某个国家的利益，而是要建立一种对在互联世界中相互依存的认识，并为共同利益而努力。③

冷战结束初期，新公共外交以"目标化传播"为追求，旨在争取更广泛的共鸣；21 世纪以来，大数据和人工智能技术在社交媒体上广泛应用，信息传播的区域化和精准化推动新公共外交转向"定制化传播"，推特上的"精英对精英"、脸书上的"精英对大众"，让公共外交直接面向对象国民众，开创了公共外交的新形态。

---

① U. S. Department of State. Dictionary of International Relation Terms.［M］. Dept. of State Library，1987：85.

② Public diplomacy and public affairs［N/OL］.（2019-08-02）［2022-04-08］. https://www.state.gov/bureaus-offices/under-secretary-for-public-diplomacy-and-public-affairs/.

③ 唐叶青，史晓云. 美国公共外交的教学与实践：以美国南加州大学为例［J］. 公共外交季刊，2019（1）：38-47.

第二节　公共外交的流程与类型

公共外交的开展，是通过信息传播或其他方式针对目标公众制造共识。因此，公共外交实践关注的问题是：在传播过程中发生了什么，意义如何被塑造或建构。在公共外交实践中控制信息的流动与方向以制造共识，是通过具体环节来完成的。而不同的控制方式与信息内容，又形成了不同类型的公共外交。

一、公共外交的流程

公共外交的开展一般包括六个步骤：明确任务、分析态势、确立传播目标、细分受众群体、制定议程内容、选择渠道推送。

明确任务，即从维护国家政府或组织的总体利益出发，政府或非政府主体输出信息，通过全球性媒体的阐释，建立与公众的关系，实现改变外国公众或国际舆论态度的目标。

分析态势，即考察国际关系与国际舆论特征，确定本国或政府当前面临的处境，确定谁是敌人、谁是盟友、谁是中间力量，为确定具体的传播目标进行分析。

确立传播目标，公共外交的任务决定了在不同阶段应有不同的传播目标。比如在一场政治骚乱中，在初始阶段，小道消息层出不穷，众人半信半疑，公共外交的目标是尽量降低事件的模糊性，及时发布官方确切信息；在发展阶段，网民热烈议论，民众情绪激昂，公共外交的目标是释放理性信息，全力驳斥谣言和虚假信息，避免人们的情绪被放大，维护社会秩序；在平息阶段，网民开始反思，公众处于迷惘当中，公共外交的目标是积极发布政府纾困的政策方针，一方面疏导舆论，另一方面体现民意所向。

细分受众群体，即对受众进行特征和偏好区分，外国公众的文化背景、社会政治习惯、意识形态和对本国的亲和度，以及本国外交战略的需要，使公共外交的传播模式有所区别。不同的受众决定了公共外交的多样性，从受众角度来说，一般分为两类受众群体（普通公众和精英群体）。就不同世代而言，可分为千禧一代（1985—1995 年出生的一代人）与 Z 世代（1996 年以后出生的一代人）。公共外交偏向于针对不同群体进行媒体信息推送。在社交媒体时代，公共外交关注的是年轻人或 Z 世代，选择 Z 世代喜爱的传播方式及传播渠道至关重要。Z 世代的传播偏好表现为喜好社交媒体、喜欢情感代入性强的媒体产品和二次元文化，青睐视频传播，乐意追随 KOL，喜爱以娱乐轻松的方式表达严肃的话题。[①] bilibili（简称 B 站）是中国 Z 世代高度聚集的文化社区和视频平台，其"95 后"用户占比高达 85% 以上。B 站采用生态驱动模式，用户既是内容的消费者又是内容的创作者和提供者，这已经跨越了传统网站的内容驱动模式阶段，更加贴合年轻世代的传播偏好。

制定议程内容，即结合传播目标，针对不同受众群体的偏好，确定适当的传播议题和传播内容，引导公众议题与政府或国家议题扣合。就普通公众而言，刺激性信息更有利于公共外交目的的实现。刺激性信息本身并不能改变公众的态度，但是能够引起公众对议程的关注，激发公众的情绪。"新闻图片，特别是电视图像对美国公众的政治信仰和行动有很大的影响力。"[②] 2003年 2 月，美国国务卿鲍威尔在联合国安理会上拿出一试管"不明物质"作为证据，指责伊拉克拥有"生化武器"，能造成"巨大杀伤"。此后，美英媒体反复传播这一指证，引导全球舆论关注伊拉克大规模杀伤性武器，这为美英联合部队 3 月对伊拉克发动军事行动提供了有力舆论支持。对精英群体来说，劝服性信息更有效果。劝服性信息并不单纯地以简单的信息引导舆论，而是通过对话、交流甚至辩论来设置议程，实现公共外交的影响力。劝服性信息不像刺激性信息，而是更加注重受众对信息的理解能力和再传播能力。精英群体往往是公众舆论的领袖，精英群体的声音不断放大，而普通公众的态度以沉默螺旋的形式受到精英群体的操纵和影响。公共外交影响精英群体，精英群体通过本国媒体或人际传播影响普通公众，形成了两级传播。

选择渠道推送，不同群体的媒体选择偏好是有差异的，不同内容也有适当的传播渠道。传统媒体与社交媒体面对不同受众体现着不同的信息偏好；传统媒体适合发布具有深度、篇幅较大的阐释性文章或论证性内容，理性色彩强；社交媒体擅长发布观点鲜明、情感饱满的呼吁性内容，情感性突出。公共外交关注的是通过传播过程与目标公众分享，从而制造合意。公共外交并不是通过最有效的媒体来传播信息，而要选择一个最适合在公共外交实践者与目标公众之间建构或创造意义的起点。信息传播的整个过程是被公共外交实践者控制的，传播可能发生于某一段时间，甚至在信息发出以后还要延续很长的时间，因此媒体的中介作用发生于它被用于塑造社会和文化现实之时。在社交媒体时代，公共外交实践者可以把信息直接传达给目标公众，无须通过传统媒体过滤，实质上是直接与目标公众对话，构建交流关系。

---

① 杨步伟. 我的青春我做主：Z 世代人群整体画像［N/OL］.（2021-07-14）［2022-07-31］. https://baiji-ahao. baidu. com/s? id=17052353699499888464&wfr=spider&for=pc.

② 罗赛蒂. 美国对外政策的政治学［M］. 北京：世界知识出版社，2004：485.

公共外交不是信息的搬运或传递，而是通过审慎的传播实践，塑造公共话语，具体而言是通过聚焦不同意见的传播过程，为公众建构或创造意义。这种意义，是符合公共外交实践者的意图或利益的。

二、公共外交的类型

（一）按照传播方式分类

从公共外交的传播方式来看，公共外交可分为信息型公共外交（宣传）和关系型公共外交。

信息型公共外交是指通过信息传播向国际公众传递本国信息、塑造本国形象。如中国国家领导人出访前，在目的国主流媒体上发表文章，阐明中国立场和中国主张，与目的国人民进行交流和对话。英国首相卡梅伦在首次访华之前，在新浪开通"英国首相"的微博账号（见图 6-2），直接向中国网民发布信息，建立中英友好关系。

图 6-2　卡梅伦新浪微博主页

2013 年 11 月 29 日北京时间下午 5 时（伦敦时间上午 9 时），即将于 12 月 2 日至 4 日对中国进行访问的卡梅伦在新浪微博上发布了他的首条信息："Hello my friends in China. I'm pleased to have joined Weibo and look forward to visiting China very soon. Hello 中国的朋友们，我非常高兴能加入微博。期待不久后的访华!"卡梅伦以这条中英双语微博与中国网民打招呼，赢得了中国网民的极大赞誉，为此次访华营造了良好氛围。

关系型公共外交重视与公众建立互动、互信和互惠的关系，主要包括三类：高层领导人访问、文化和教育交流；文化和语言机构合作、发展援助项目等；构建政策网络战略，建立联盟关系。1934 年成立的英国文化教育协会 (British Council) 是英国提供教育机会和促进文化交流的国际机构，它与英国总领使馆文化教育处合作，通过艺术文化交流和英语语言教育协助英国和其他国家人民建立联系、培养理解和信任，在 100 多个国家开展关系型公共外交。1979 年英国文化教育协会进入中国，目前在上海、广州、重庆和北京四地设立办事处。在英语教学方面，英国文化教育协会通过设在全球 47 个国家的教学中心为英语学习者提供高质量的语言教学服务，致力于促进英语在全球的推广和使用。法国的法语联盟 (Alliance Francaise)、西班牙的塞万提斯学院 (Instituto Cervantes)、德国的歌德学院 (Goethe-Institut)、俄罗斯的国立普希金俄语学院 (Russia's National Pushkin Russian Academy)、韩国的世宗学堂 (King Sejong Institute Foundation)、日本的国际交流基金会 (The Japan Foundation) 等，均以语言文化教育为主旨，行公共外交之目的。

（二）按照实施方法分类

从公共外交的实施方法来看，公共外交可分为倾听型公共外交、倡导型公共外交、文化外交型公共外交、文化交流型公共外交、国际传播型公共外交。

倾听型公共外交指通过民意调查了解对象国的各种信息，如中国外文局的国家形象全球调查、皮尤研究中心的国家形象全球调查、爱德曼信任度调查等。

倡导型公共外交指由国家外交部战略部门或使馆新闻处主导，向他国提供本国的相关信息，如威尔顿庄园会议，这是一个历史悠久的高级别国际事务论坛，由英国外交部主办。威尔顿庄园会议奉行平等、自由讨论的原则，每年按照特定主题邀请不同领域、持有不同观点的专家、学者、官员交流观点，对很多国际规则的制定产生了重要影响。

文化外交型公共外交指由国家的文化中心、图书馆等组织的国际文化艺术巡展交流等，如 2012—2016 年英国政府与英国文化协会联合开展的"非凡英国"活动，这一活动是英国有史以来最大的形象宣传活动，活动目标是"全球聚焦英国，让所有人都看到这个'非凡'国度的独特之处"。它展现了英国在历史遗迹、文化、自然风光、运动、创新、商业、企业家、技术、创意和环保领域的独特优势。

文化交流型公共外交指由国家对外交流部门或教育部门主导的双向学术、人员交流，如欧盟委员会的"伊拉斯谟世界计划"（Erasmus Mundus），该项目的目的是通过支持欧盟与第三国高等教育机构的合作，以及全球各国学生和学者访欧交流，提高欧洲高等教育的国际能见度，促进各国学生和学者接触欧洲语言文化，培养他们对欧洲文化的好感。清华大学的苏世民学者项目和北京大学的燕京学堂项目，以加强国际教育交流为手段，实质上也具有公共外交的功能。

国际传播型公共外交指新闻传播机构利用各种媒介进行的国际传播，如冷战时期美国之音对华广播节目、英国广播公司的全球广播节目等，积极推广本国文化价值和生活方式，以影响对象国公众对美英文化和社会制度产生好感。

（三）公共外交与政府外交的融合

在国际关系不稳定时期，政府外交往往与公共外交融合，表现为一种既有权威性又有沟通性的传播方式。新冠病毒感染疫情暴发后，中国驻英大使馆不仅转发国务院新闻办公室就疫情举行的新闻发布会，中国外交部发言人就疫情答记者问，新华社对习近平、李克强等国家领导人对抗击疫情工作的指示等报道，而且针对英国媒体刊发的涉华不实报道，进行了公开驳斥，旗帜鲜明地阐明中国立场、中国做法、中国态度。

以政府机构身份，积极运用媒体手段阐明主张和观点，以争取国际公众对本国的支持，实质上政府机构从一个潜在的公共外交行动者变身为一个传播过程中的中心行动者，将政府外交的视角延伸，移植到公共外交领域，对国际舆论发挥了更强的影响力和控制力。

第三节　全球传播时代公共外交模式的转换

公共外交是以国家或国家利益为主体的传播活动，从其明确的政治目的性出发，它是不可能客观、公正地向国际舆论传递信息的。信息在对外传播的过程中，被重新筛选、加工。传统公共外交具有鲜明的宣传色彩；伴随着新传播技术和数字技术的广泛应用，新公共外交兴起，通过互动构建公共外交行为主体与受众的关系。

一、传统公共外交的宣传模式

1955 年，美国学者奥伦·斯蒂芬斯（Oren Stephens）认为《独立宣言》是 "最早的、最好的宣传册"。[①] 1968 年 B. S. 穆迪（B. S. Murty）在《宣传与世界公共秩序：高压政治的法律规制与意识形态手段》（*Propaganda and World Public Order：The Legal Regulation of the Ideological Instrument*

---

① STEPHENS O. Facts to a candid world［M］. Redwood City：Stanford University Press，1995：32.

of Coercion）中指出"宣传是美国输出外交政策、构建有利于己的世界公共秩序的唯一方法"。按照美国学者约翰·费斯克对"宣传"的定义，宣传是指为了实现某些政治目的而对信息和形象进行有意的控制、操纵和传播。① 那么，公共外交活动所开展的宣传，其基本内容应当是真实的，只是在宣传过程中对事实进行有倾向性的选择，以使受众产生有倾向性的看法，以此形成符合宣传者利益的公众舆论。

以国际冲突中的公共外交为研究对象，可以归纳出传统公共外交的宣传模式。一般认为，国际冲突包括五类：一般冲突、国际危机、恐怖活动、内战与革命、国际战争。② 围绕国际冲突展开的公共外交实践，按照从防御转向进攻的程度，可分为五种模式：修复模式、构建模式、影响模式、渗透模式、颠覆模式。

修复模式，指国家遭遇外交危机、国家形象受到威胁时开展的以防范国家形象受到损害或修复被损害的国家形象为目的公共外交活动。修复模式下的公共外交活动，对传播内容的控制程度高且防御性目的较强，政府介入程度高，是国家的防御性模式。

构建模式，指通过具体的媒介事件，对国家形象进行塑造或对外交政策进行阐释的公共外交活动。构建模式下的公共外交活动，对传播内容实行有限的控制。2001年"9·11"事件后，美国大众传媒利用恐怖袭击的电视画面，构建了空前的新闻话语霸权，让美国站在道德制高点，强化美国"领导"世界的合法性。"9·11"事件后CNN等美国媒体采用了爱国主义报道框架，屋顶上、汽车上、T恤衫上，美国国旗无处不在；好莱坞掀起了爱国电影热潮，在电影题材上一改过去数十年美国某些执法机构的反面形象，纷纷将美国政府、联邦调查局及中央情报局等政府机构塑造成正面形象。媒体通过主导信息源，展示正面形象，控制传播内容对危机可能造成的伤害进行修复，选择对危机符号进行修复等手段，在再现危机的同时构建国家形象。

影响模式，指从自身塑造转向输出观点和影响他国，以影响公众舆论为主要目下的公共外交活动。影响模式下的公共外交活动，对传播内容的控制也是有限的。第二次世界大战爆发前，德国紧靠英国BBC电台频段开设了一个自称是"霍霍爵士"主持的节目频道，以幽默趣闻获得1 800万英国听众，德英两军直接交战后，"霍霍爵士"在节目中穿插军事内容和时政评论，深刻影响许多不加深思的英国人，甚至对英国产生心理威慑，发挥了单纯的武力

---

① 费斯克，等. 关键概念：传播与文化研究辞典 [M]. 李彬，译. 北京：新华出版社，2005：226.
② 倪世雄. 当代国际关系理论 [M]. 上海：复旦大学出版社，2001：275.

所不可企及的作用。

渗透模式，指政府通过发新闻通稿、领导人演讲，甚至新闻审查、舆论欺骗等手段影响公众的看法，进而改变公众态度的公共外交活动。在这种模式下，政府的介入程度高，对传播内容的控制程度高，进攻性强，往往针对意识形态不同国家实施。法国新闻界曾经盛行贿买之风，1904—1908年，几乎所有的法国报纸都收到俄国政府的广告资金，因而对俄国的政治腐败和经济落后保持沉默。第二次世界大战埃塞俄比亚抗意战争期间，意大利政府向法国报刊和法西斯团体提供1.3亿法郎的活动经费，致使法国舆论倒向法西斯。德国政府自1933年起每年以600万马克贿赂法国报刊，1938年后增至每年2 400万马克，1939年慕尼黑会议召开前后，德国政府花费1 000万马克贿赂法国报刊，使法国媒体无一指出大战迫在眉睫，致使法国人相信和平随时都可能实现。然而，在1940年5月，德军出其不意地横扫法国北部，一个月内就令法国政府撤离巴黎。

颠覆模式，指针对目标国公众输出颠覆性信息，往往是假新闻，以颠覆该国国家政权为主要目的、进攻性最强的公共外交活动。如20世纪80年代，自由欧洲电台/自由电台针对东欧国家和苏联的广播，对这些国家出现的政权更迭、国家易帜产生了重要影响。

公共外交具有长期性、战略性、目标性，有些公关外交宣传模式如修复模式和颠覆模式还存在传播时空限制。随着媒介技术的发展，公众也拥有更多渠道接触到更加丰富、多元的信息，实质上让传统公关外交宣传模式面临着重新调整和适应的需求。

二、全球传播时代公共外交面临的挑战

21世纪以来传播生态的变化，也带来了所谓的"真相坍塌"。世界动荡不安，人们不接受已知的事实，不听从专家的分析，各种谣言层出不穷，这对公共外交和全球治理产生了严重的负面影响。

第一，公共外交的时间受到压缩。新媒体的普及让全球新闻报道的时效性迅速提高，压缩了政府应对公共舆论的时间。一些事件发展速度极快，甚至迅速反转，公共外交应对几乎与事件进展同步，加大了开展公共外交的难度。

第二，公共外交的空间受到压缩。公共外交是通过对事实进行选择和加工，有目的、有策略地对外传播。全球传播让信息传播范围前所未有地扩大，随着媒介技术的迅猛发展，越来越多的非政府主体能够与政府同步获取信息，因此公共外交对事实进行选择和加工的风险越来越大。公共外交选择事实进而影响媒体的空间正在变小。如果公共外交只是选择性地发布信息，而信息

又被其他媒体证伪，那将极大地损害政府的公共形象，影响政府的信誉。因此，公共外交只能越来越多地依靠传播真实信息来实现其目的。

第三，公共外交的隐蔽性日渐提升。全球传播时代，简单的宣传模式显然不能适应媒介发展的要求，宣传方式更加多元、更具隐蔽性。公共外交由旗帜鲜明地表明立场转向将观点寓于叙事，用讲故事的方法来阐明立场态度。因此，21 世纪以来的公共外交更强调话语修辞和传播策略，把传播视为"组织建立、组成、设计和维系的手段"[①]。

第四，公共外交的公共性日渐加强。全球传播时代，信息的广泛传播让公众在政府决策中的参与意愿和监督意愿都有所增强；同时，更多的全球性公共问题，如环境污染、贫富差距、灾害防治、灾难事件等，也需要公众积极参与才能解决。

第五，公共外交的平等性日益凸显。在现代社会，国家治理追求开放性和透明性，与之相对应的是公众对政府决策的信任度降低，政府更需要致力于推动公共外交以保证执政的合法性和有效性。官方文本和非官方文本之间、传统媒体和社交媒体之间，不存在绝对的权威，文本之间、信源之间要公平竞争。信息时代，多元共存表征为去中心化、去权威化和去机制化提供了催化剂，思想面前人人平等，自以为是、居高临下的说教令人生厌。传播不再是主体间的事实传递和意义传输，而是平等协商生产事实与意义的过程。

三、新公共外交的特点与模式

（一）新公共外交的特点

新公共外交是传统公共外交的升级，是一国政府在全球化和信息化时代塑造国际形象，构建合法性和认同度，增强国际话语权的重要活动。"9·11"事件被认为是传统公共外交向新公共外交转型的标志，"9·11"事件后美国政府在全球特别是中东地区开展的一系列公共外交活动，正式开启了新公共外交。[②] 美国南卡罗来纳大学的尼古拉斯·J. 卡尔（Nicholas J. Cull）认为，新公共外交超越了传统公共外交的宣传范式，发展成为互相倾听、互相理解的关系。李华认为，新公共外交是一国政府与非政府行为主体为了影响与改变外国公众观念、塑造自我良好国际形象而开展的信息、知识和价值传播

---

① COOREN F，KUHN J，CORNELISSEN J P. Communication，organizing，and organization：an overview and introduction to the special issue ［J］. Organization Studies，2011，32（9）：1149-1170.

② CULL N J. Public diplomacy：foundations for global engagement in the digital age ［M］. Medford：Polity，2019：preface ix.

活动。①

首先，新公共外交的行为主体多元化。传统公共外交的行为主体是政府，是政府面向国际公众的宣传，从行为结构上来说属于"垂直关系"；全球传播背景下的新公共外交，行为主体不仅包括政府，而且聚焦非政府主体，包括企业、社会组织、国际组织、智库、社会精英等，交流方式更加平等，契合网络社会的节点式关系。

其次，新公共外交活动更具有参与性。新公共外交是互联网传播的产物，基于互联网的社交媒体传播让公共外交出现了中心化到去中心化的发展态势，每个人都可以使用社交媒体随时随地发布信息，而且一旦发布，全球范围内都可以找到，并且很容易找到。由此也使新公共外交成为参与者之间的传播，体现着鲜明的参与性，构建了社交媒体、博客、播客等新传播方式使用者之间的关系；而传统公共外交主要基于公共关系行为主体与利益相关者之间的传统权力关系。

最后，新公共外交的活动范围扩大。传统公共外交面向的是国际公众，往往是一国面向他国公众的信息传播活动。新公共外交在技术融合和媒体融合背景下，面向的不仅是国际公众，还包括本国公众；不仅是一国面向他国公众，而且包括各国之间的信息互动与交流。新公共外交是在"内外融合"背景下开展的传播活动，互联网打破了国内与国外的界限、传播主体之间的界限。

总而言之，传统公共外交是围绕"宣传"而产生的，是面向利益相关者的理念灌输；新公共外交关注的是对话，是公共外交行为主体与更广泛的公众的对话，而不仅仅是利益相关者。新公共外交在打破世界各国之间的屏障、促进国际社会相互理解方面，正在发挥重要作用。

（二）数字化公共外交模式

新公共外交的实践模式体现为数字化公共外交。数字化公共外交（digital PD）是技术进步与传播创新相结合的产物，指政府机构、企业、民间组织或个人借助数字技术和社交媒体开展的面向对象国的公众，以对话、参与和关系建构为目的的对外传播活动。随着大数据和人工智能技术的广泛应用，精准传播模式下的数字化公共外交代表着公共外交实践的新趋势。数字化公共外交突破了传统公共外交行动的诸多限制，在触达受众、扩大传播范围方面存在较大潜力，并且为传统公共外交实践开拓了更为广阔的空间。

数学化公共外交始于 2009 年美国国务院成立"数字外联工作组"（Digital Outreach Team），该工作组的任务是推动各国领事馆进行线上问答。

---

① 李华. 世界新公共外交的模式与趋势［M］. 北京：时事出版社，2017：1-2.

此后随着数学化技术的进步和社交媒体的普及，数学化公共外交广泛应用于国际交往之中。2020 年 10 月，英国驻华新任大使吴若兰（Caroline Wilson）抵达北京，她用"自拍外交"的形式赢得中国网民的好感，成功地实践了数字化公共外交。10 月 13 日，吴若兰在微博上发布了 Vlog（见图 6-3）。在视频中，她分享了自己从下飞机到酒店的过程，她在视频中说，"现在到了北京，在首都机场办理了有关手续，都办得很顺利，给我留下了非常深刻的印象。大家都非常专业，特别是卫生（防疫）人员"。职业外交官突破时空的限制，使用社交媒体面向对象国民众开展全天候的公共外交活动，并且与网民分享工作和生活中的各种"新奇特"，一个抽象的国家或神秘莫测的外交官被具象化为一个数字公民日常生活的一部分，为英国驻华大使馆及大使本人的账号赋予了生动鲜明的"数字人格"。

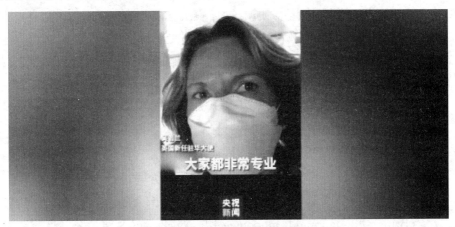

图 6-3　吴若兰在微博上发布的 Vlog

资料来源：英国新任驻华大使抵达北京隔离 14 天．（2020-10-20）[2022-09-20]. https://www.sohu.com/a/426020604_564251.

从传播思维角度来看，数字化公共外交体现了全球传播从机构化到平台化的思维转换，从事实思维向故事思维的转换。公共外交主体围绕分众化和精准化目标，采取定制化策略，运用人工智能技术和计算机算法，向国际公众推送定制信息，运用互补效应和替代效应满足受众的个性化、场景动态化、数据智能化、推送精准化的需求，有效促进了传播主体与传播对象的对话、互动与沟通，实现引导、说服功能。从传播方式来看，基于人工智能的数字化公共外交，针对特定传播对象的性格特征、利益诉求和习惯偏好开展"人格化传播"。[1]

数字化公共外交赋予新公共外交五大特征：真实性、透明度、去中心化、

---

[1]　史安斌．从大使自拍看公共外交［EB/OL］.（2020-10-23）[2022-08-03]. https://m.gmw.cn/baijia/2020-10/23/1301713163.html.

信息发布快速而统一、公众参与度高。换而言之，利用数字技术和社交媒体，公共关系行为主体可以与不同的利益相关者和参与者进行双向传播；同时社交媒体也提供了与不同利益相关者保持关系的可能，使参与者更容易对信息快速做出回应。公众参与度高是数字化公共外交相较于传统公共外交显而易见的优势，在持续的对话和交流中提升了传播的有效性。

第四节　战略传播的兴起与现状

战略传播（strategic communication，又译"战略沟通"）概念起源于美国，是一种更加主动的进攻型公共外交。唐润华认为，战略传播是指政府或组织为实现特定战略利益，动员协调各种资源，向特定目标受众传递信息、施加影响的过程。① 战略传播融入了数字化公共外交，围绕特定目标、运用特定话语增加对公众的有效信息供给，实现对受众的影响和说服。

一、战略传播的定义

2007年美国学者哈拉汗（Kirk Hallahan）在《战略传播定义》一文中提出，"战略传播是指一个组织以有目的的方式进行传播以达成其使命的活动"②，这一定义影响国外战略传播研究达十余年。英国外交和联邦事务部（British Foreign and Commonwealth Department）将"公共外交"称为"战略传播"，实质上是对外传播的通盘规划，通过确立目标、设置议程、借助渠道抵达目标受众，完成传播过程，即带有战略目的的信息传播活动。陈先红和秦冬雪认为，全球公共关系是战略传播的工具。③ 2019年德国公共关系学者安斯格·策法斯（Ansgar Zerfass）对哈拉汗的定义进行了修订，他认为"战略传播是一个实体有目的地应用传播来实现有战略意义的对话"④，策法斯将战略传播主体延展至政府、企业、非政府组织，以及社会运动和媒体中的名人。这一定义既包括政府出于政治目的的战略传播，也包括企业和其他机构出于商业目的或其他目的的战略传播。

---

① 唐润华.我国反恐战略传播机制初探［M］.新闻记者，2017（3）：14-21.

② HALLAHAN K，HOLTZHAUSEN D，VAN RULER B，et al. On defining strategic communication. International Journal of Strategic Communication，2007，1（1）：3-35.

③ 陈先红，秦冬雪.全球公共关系：提升中国国际传播能力的理论方法［J］.现代传播，2022（8）：44-56.

④ 霍尔兹豪森，策法斯.战略传播手册［M］.陈先红，张凌，译.北京：中国传媒大学出版社，2021：590.

从实践角度来看，20 世纪以来战略传播的对象最初是敌国军队，后来逐步扩展到敌国公众，这里的战略往往具有宣传和操纵的意味。21 世纪以来，哈拉汗等学者认为战略并不一定意味着操纵，包容与协作往往比宣传和操纵更有效、更具有战略性。战略传播以政府为主导，联合智库、社会团体、企业、媒体等特定组织，参与国家战略的研究过程及其成果的沟通、传播，从而发挥相关部门的综合影响力。战略传播的目的是维护本土安全，实现国家安全战略。战略传播与日常传播的区别在于"战略"，前者将特定的传播行为提升到国家安全的高度来实现。"战略"最初指军事规划，源自希腊语 strategos，意思是"将军的艺术"。"战略"一词的现代含义来源于普鲁士军事理论家卡尔·冯·克劳塞维茨（Carl von Clausewitz）的经典著作《战争论》（On War），指组织在充分利用自身资源和环境特点的基础上进行的一种全局性、长远性的谋划。① 20 世纪后，战略指在军事冲突中通过威胁、使用武力等综合手段实现政治目的的行为。如今，"战略"这个词已经普遍应用于政治、经济、商业、文化等各个领域。

自 20 世纪 50 年代起，商界开始使用"战略"一词，研究企业如何在市场竞争中获得优势。美国企业史研究的开创者阿尔弗雷德·D. 钱德勒（Alfred D. Chandler Jr.）1962 年提出，战略是"为确立企业的根本长期目标并为实现该目标而采取的必需的行动序列和资源配置"②。20 世纪 80 年代，广告公司开始采用整合营销传播战略。21 世纪初期，国内开始关注在广告及商业运作中的整合营销传播，直到 21 世纪第二个十年，战略传播受到政府和学界的广泛关注。2021 年习近平总书记在中共中央政治局第三十次集体学习会上提出构建具有鲜明中国特色的战略传播体系，旨在提升传播效能，传播活动与国家战略融合。

二、战略传播的雏形

程曼丽和赵晓航认为，第一次世界大战期间英、法、美等国服务于战时宣传的公共关系部门已初具战略传播雏形。英国的新闻署（Department of Information）、法国的新闻使团（Maison de la Presse）以及美国的公共信息委员会（The Committee on Public Information），服务于战时国内的宣传动

---

① OLIVEIRA E. The instigatory theory of NGO communication：strategic communication in civil society organizations［M］. London：Springer VS, 2019：56-60.

② 钱德勒. 战略与结构：美国工商企业成长的若干篇章［M］. 北京天泽经济研究所，等译. 昆明：云南人民出版社，2002：3.

员、对外政策的阐释和情报活动，在功能上已经具备了战略传播的基本功能。① 20 世纪以来，战略传播从最初用于军方的情报沟通发展到用于企业的营销策略、国家形象的传播构建，它与信息传播环境、社会组织或国家的总体战略均有密切关系。图 6 - 4 列出了第二次世界大战以来美国的战略传播机构。

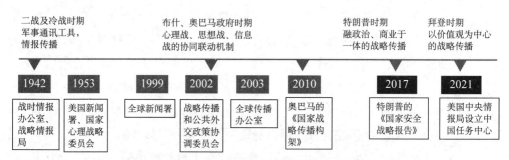

图 6 - 4　第二次世界大战以来美国的战略传播机构一览

　　第二次世界大战爆发后，"战略传播"概念被正式使用，当时这一概念的意涵与"9·11"事件后逐步建立起来的国家战略传播体系的内涵仍有很大的区别。在 20 世纪 40 年代的语境中，"战略传播"相当于"战略沟通"或"战略通信"。例如美国军方解密的一份对德作战报告提到，1944 年武装信号部队建成了战时第一条战略通信线路。

　　美国在第二次世界大战至冷战时期先后成立的与公共外交相关的部门较多，罗斯福总统于 1942 年成立信息协调办公室（Office of Coordinator of Information，COI），后改组为战时情报办公室（Office of War Information，OWI），负责公开的心理战。战略情报局（Office of Strategic Services，OSS），负责隐秘的心理战（OSS），是中央情报局（CIA）的前身，所设分支机构包括秘密情报部门、特别行动部门（Special Operations）、行动小组（Operational Groups）、心理战活动部门（Morale Operations）、反间谍部门（X - 2）等。

　　美国政府于 1953 年成立了一个更高级别的协调机构——美国新闻署（United States Information Agency，USIA），作为支持对外政策和维护海外利益的独立外事机构，负责对外舆论战。美国新闻署于 1999 年撤销，并入美国国务院，其麾下的美国之音、自由电台等广播业务由广播理事会（Broadcasting Board of Governors，BBG）接管，非广播业务由国务院负责公共外交和公共事务的副国务卿（Under Secretary of State for Public Diplomacy and Public Affairs）负责，二者后来均成为美国国家战略传播体系的有机组成部分。

　　在冷战时期，美国成立国家心理战略委员会（Psychological Strategy

① 程曼丽，赵晓航．美国国家战略传播理念与实践的历史沿革［J］．新闻与写作，2020（2）：58 - 65.

Board)、作战协调委员会（Operations Coordinating Board）等。当时，由于与心理战、舆论战相关的部门缺乏有效沟通，美国的海外信息项目未能达到预期效果。

1997 年，联合国决定设立战略传播相关职位，"旨在使联合国更为有效地推进成员国提出的方案、政策和价值观的实现"；联合国的许多下属机构，如日内瓦的国际劳工组织等也都开始制定战略传播方案。

三、国内外战略传播的发展

（一）美国战略传播的起步与进展

战略传播兴起于"9·11"事件后，该事件的发生令美国意识到人们对其所推行的价值体系仍存在着异常激烈的对抗。美国军方也多次强调全球信息环境的变化。由此，美国军方使用的战略传播概念被引入国家整体框架（见图 6-5），美国政府的国家战略传播体系得以建立，是以美国的国家利益和国家安全为中心的、旨在针对目标受众进行有效传播的总体协调机制，是"为配合战时紧急状况的外交政策的临时工具，往往通过推广民主和自由来强调美国价值"[①]。

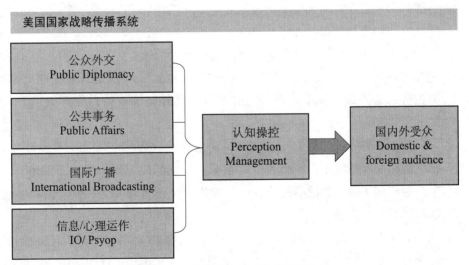

图 6-5　美国国家战略传播系统构架

资料来源：倪峰，黄平. 美国问题研究报告（2011）：美国的实力与地位评估［M］. 北京：社会科学文献出版社，2011.

---

① WANG J. Telling the American story to the world：the purpose of U. S. public diplomacy in historical perspective ［J］. Public Relations Review，2007，33：21 - 30.

2002 年 9 月，美国成立战略传播政策协调委员会（The Strategic Communication Policy Coordination Committee，PCC），后更名为战略传播和公共外交政策协调委员会，主要目标是"在当前的战略目标下，培育正面的国际和国内公众舆论，影响外国受众，让他们赞成美国的目标和行动"，以此确保所有美国政府部门能够在发布与国家有关的信息方面密切合作。2003 年 1 月 21 日，小布什总统签发总统行政令，专门创建全球传播办公室（The Office of Global Communications），旨在把总统的意图融入美国国际传播计划并协调美国的长期战略，向世界各国受众传递美国政府的声音，最终为美国赢得有利的国际舆论环境。上述两个组织在发布信息方面互相合作。

2004 年，美国发布《国防科学委员会关于战略传播的报告》（Report of the Defense Science Board Task Force on Strategic Communication），首次对战略传播进行界定，提出"战略传播是美国国家安全的重要组成部分……需要一系列复杂的统筹协作，包括对网络施加影响、确定优先政策、制定目标、聚焦可行任务、打造主题和信息、明确传播渠道、制定新战略、实施监控"等，进而提出必须转变观念，由白宫直接领导战略传播体系，统筹公共外交、国际广播和军事情报工作，并为其提供资金、人员、法律等方面的保障，使之与美国的外交、国防、情报、执法和国土安全方面协调起来。2006 年，美国国防部发布《四年防务评估报告》（Quadrennial Defense Review），将战略传播列为重点发展的五个关键领域之一。同年 9 月，《四年防务评估之战略传播执行路线图》（Quadrennial Defense Review Strategic Communication Execution Roadmap）正式发布，明确了战略传播的参与主体、职责范围和应遵循的原则，以及战略传播体系涵盖的主要方面：公共事务、信息操控、舆论战、心理战、军事外交、国防部对公共外交的支持以及公共信息资源的开发等。

学术界高度关注战略传播实践，约瑟夫·奈在《巧实力》一文中指出：在传统的国际冲突中，军事力量的强弱可以起到决定性作用；而在当下，国家是否建构了强大的故事往往成为决胜因素。而将硬实力和软实力关联在一起，就是一种战略。

2007 年 6 月，美国战略传播和公共外交政策协调委员会发布《美国公共外交与战略传播国家战略》（U. S. National Strategy for Public Diplomacy and Strategic Communication），这意味着国家层面的协调机制正式建立。根据修订的定义，战略传播旨在"创造、强化或维持有利于美国利益、政策和目标的环境"，即再造中介系统。[①] 美军指挥员手册要求驻外部队与当地接触时，

---

① 毕研韬，王金岭. 战略传播纲要 [M]. 北京：中央编译出版社，2011：47.

首先要理解对方，建立良好关系，而非急于传播观念。①

2010 年，奥巴马政府发布《国家战略传播构架》（National Framework for Strategic Communications），首次系统阐述了美国的国家战略传播，即由国家主导、服务于国家总体战略目标和军事战略目标的宣传体系。至此，美国的国家战略传播体系正式形成。基于《国家战略传播构架》的《国家安全战略报告》（National Security Strategy，NSS）2012 年修订版将公共事务、公共外交、信息操控和对公共外交的防务支援纳入战略传播体系，并明确战略传播的定义："第一，坚持言行一致的原则进行有效传播；第二，通过公共事务、公共外交和信息运作等多种手段，针对特定受众精心设计传播和接触活动。"奥巴马认为，自 2010 年提交《国家战略传播构架》以来，战略传播在埃及颜色革命和伊朗问题的处理中都起到了至关重要的作用。

特朗普担任美国总统时期，其首份《国家安全战略报告》一改奥巴马所谓"普世价值"的说法②，将"美国优先"视为国家安全战略的根本，与知识界合谋推出锐实力话语。战略传播体系在美国内外传播的运行系统中仍持续发挥作用。

在对外传播方面，1995 年成立的在美国国家战略传播体系中占有重要位置的广播理事会（BBG），1999 年独立并更名为美国全球新闻署（U. S. Agency for Global Media，USAGM）；在该部门 2018 年至 2022 年的工作规划中，就包括加强美国之音（VOA）和自由亚洲电台（RFA）的合作、建立普通话数字网络（mandarin-language digital network），同时还包括加强对俄罗斯以及古巴的海外传播。

2017 年特朗普政府设立了白宫战略传播总监一职，该职位有权直接向总统汇报工作事项，并负责协调媒体关系、提供信息咨询等。在特朗普 2020 年总统竞选团队中也专门设置了新闻秘书和战略传播总监的职位。美国的政治广告投放平台已从以往的大众传播媒体扩展到包括搜索引擎谷歌、音乐播放平台 Spotify 在内的多种渠道。

特朗普的竞选助手支持"甩锅"中国的策略，他们在 2020 年 4 月中旬发布了一则攻击性广告，把稳获民主党总统候选人提名的小约瑟夫·R. 拜登（Joseph R. Biden Jr.）描绘成对中国态度软弱的人。这则广告大量使用亚裔人士形象，包括华盛顿州前州长、华裔美国人骆家辉（Gary Locke）现身说

① 毕研韬，王金岭. 战略传播纲要［M］. 北京：中央编译出版社，2011：16.
② 研究资料显示，美国战略传播体系提出及建立的一个重要考量，就是在全世界范围内宣扬美式价值观。2004 年美国国防科学委员会的报告就提出，战略传播体系是"要在全世界范围内进行一场思想之战，而不仅是西方世界与伊斯兰国家之间的战争"。

法，人们普遍认为这则广告是在煽动排外情绪。① 5 月，在美国抗疫焦头烂额之时，特朗普不但没有回应国内对政府政策不力的种种质疑，反而还在如何强行将病毒起源与中国挂钩上费尽心机，并通过国务卿蓬佩奥、副国家安全顾问博明等频频施压美国情报机构进行"符合其想法"的调查。美国前情报高级官员也罕见发声，斥责这一将疫情政治化的行为是美国的"灾难"。②

在拜登时期，美国更加重视战略传播，方式更加隐蔽。2021 年 10 月 8 日，美国中央情报局宣布成立一个新机构——中国任务中心（China Mission Center）。美国中央情报局一方面将大数据、人工智能、机器学习等高新技术运用于情报分析；另一方面雇用智力超群、经验丰富的各类专家。双管齐下，将美国对华战略广泛渗透到信息传播之中。

第二次世界大战以来，从战后美国的各界政府，到小布什、奥巴马政府时期心理战、思想战、信息战的协同联动机制，再到特朗普时期融政治、商业于一体的（战略）传播策略，以及拜登的价值观传播战略，美国的国家战略传播是随着科学技术的发展、国家战略定位的变化而不断变化的，而一以贯之的是用战略传播理念统领关切国家战略利益的信息传播活动。经过近一个世纪的发展，美国的国家战略传播虽然在体制机制设置、功能定位上几经变迁，但是作为一种有效的国家传播治理模式，它逐渐摆脱了资源分散的困扰，形成了自身的特色与优势，通过顶层设计将公共外交、公开的海外宣传及隐秘的信息操控结合在一起，对目标受众施加影响，以实现国家利益的最大化。③

（二）中国的战略传播

近年来，国内的战略传播研究出现热潮，特别是 2021 年 5 月 31 日中共中央政治局第三十次集体学习提出"构建具有鲜明中国特色的战略传播体系，着力提高国际传播影响力、中华文化感召力、中国形象亲和力、中国话语说服力、国际舆论引导力"，这为战略传播实践与研究提出了明确的发展方向。

国内最早关于战略传播的研究起始于 21 世纪初的整合营销战略、品牌传播战略。2000—2005 年，国内出现了十余篇关于整合营销战略和媒体传播战略的论文。2006 年陈晓莉的《奥运公关，战略传播》一文发表，最早提到

---

① MATIN J，HABERMAN M. A key G. O. P. strategy：blame China. But Trump goes off message ［N］. (2020-04-18)［2022-05-10］. https://www. nytimes. com/2020/04/18/us/politics/trump-china-virus. html？ _ ga = 2. 16767486. 917675443. 1652173330 - 27510369. 1652173330.

② 特朗普施压情报机构查"病毒"美高官斥此举为美国"灾难"［N/OL］（2020 - 05 - 06）［2022 - 05 - 10］. www. xhby. net/zt/zzccfkyq/yw/202005/t20200506 _ 6630573. shtml.

③ 程曼丽，赵晓航 . 美国国家战略传播理念与实践的历史沿革［J］. 新闻与写作，2020（2）：58 - 65.

"战略传播",主要涉及企业的整合营销和品牌公关。2008 年,于朝晖在《"9·11"后美国中东战略传播管理研究》一文中真正把"战略传播"概念引入中国,将战略传播理解为有战略影响的传播——一种在战略操作层面上选择受众、信息、渠道的艺术。① 2011 年,毕研韬和王金岭《战略传播纲要》一书出版,这是国内较早出现的关于战略传播的专著,较为系统地介绍了美国的战略传播思想及对华战略。②

2014 年史安斌和王曦关于国家战略传播的研究,成为国内战略传播研究的转折点。他们认为,在全球传播时代,中国作为新兴大国,应当将服务于"现实政治"的传统外宣升级为体现"观念政治"的国家战略传播,在维护国家核心利益的前提下承担应尽的国际责任和义务,推动全球治理,提升中国的"道义感召力",这应当是中国外宣工作理念与实践创新的出发点和落脚点。③ 由此,国内开始从对美国战略传播的研究转向对中国本土战略传播体系构建的研究。这篇文章将国内战略传播研究与中国国家形象塑造紧密地结合起来,显示出中国战略传播研究的现实价值。从此,国内的战略传播研究有了聚焦的研究对象和研究视角,战略传播彻底取代"整合传播"。

国内战略传播实践与研究的兴起与发展,与社会的发展息息相关。在 21 世纪第二个十年,全球恐怖主义活动显著增多并辐射国内,同时借助社交媒体快速传播并通过互联网招募和培训成员、组织行动。恐怖主义国际化让任何一个国家的反恐工作不再局限于本国范围,且具有高度的复杂性和艰巨性。唐润华等学者敏锐地认识到应建立反恐战略传播机制,提出调整和创新反恐传播策略,将信息资源与其他资源深度融合,增强反恐传播效果的建议。④

赵启正辨析了公共外交与战略传播的关系,提出公共外交是一种对外交流活动;而战略传播不仅包括对外的沟通、接触、传播,还包括本国政府部门之间,乃至政府部门和民间社会团体之间的沟通。因此,战略传播涵盖的内容较之公共外交更广,而在对外沟通、接触、传播的活动中,又往往采用公共外交的理念和方式方法,二者有较大的重合。战略传播强调针对关键受众,而非广泛的民众,强调言论和行为的一致性以及传播的及时性。战略传播与公共外交都服务于国家利益,不同的是战略传播直接瞄准国家战略目标和利益,而公共外交重在传播本国真实形象、增进理解、促进友好,相对间

---

① 于朝晖."9·11"后美国中东战略传播管理研究 [J]. 阿拉伯世界研究,2008 (4):38 - 44.
② 毕研韬,王金岭. 战略传播纲要 [M]. 北京:国家行政学院出版社,2011.
③ 史安斌,王曦. 从"现实政治"到"观念政治":论国家战略传播的道义感召力 [J]. 人民论坛·学术前沿,2014 (24):16 - 25.
④ 唐润华. 我国反恐战略传播机制初探 [J]. 新闻记者,2017 (3):14 - 21.

接和柔性，两者相辅相成。[①]

　　在 21 世纪第二个十年，国内出现了多个战略传播研究机构，如清华大学公共关系与战略传播研究所（2010 年成立）、中国传媒大学中国国际传播战略与发展研究中心（2012 年成立）、北京大学国家战略传播研究院（2015 年成立）、中国人民大学国家传播战略研究中心（2017 年成立）、浙江大学公共外交与战略传播研究中心（2016 年成立）、华中科技大学国家传播战略研究院（2017 年成立）等。此外，2018 年海南国际传播战略学会、厦门大学传播战略研究中心、华东师范大学传播学院战略传播研究中心也纷纷成立。这些研究机构为国内战略传播研究提供了稳定、可靠的体制保障。

　　人类传播的"不可沟通"理论强调，有时双方交流越多分歧反而越大，人们需要的是增加有效的信息供给。信息在传播过程中总会受到诸多因素的中介作用，从而产生被强化或被弱化甚至被逆转的结果。战略传播以战略目标为指引，追求增加有效信息的供给，通过有目的、有组织、有规划的信息传播，即先设定优先性，然后利用媒体的信息倍增功能，渗透整个社会系统，以影响公众的观点、决策或行动，最终推动公众达成共识。因此，可以说战略传播是通过在全球范围开展的传播活动影响国际关系，运用国际话语权提升国家软实力的一种重要方式，或者说是一种更加巧妙的方式。

◀ 拓展阅读 ▶

霍尔兹豪森，策法斯 . 战略传播手册 [M]. 陈先红，张凌，译 . 北京：中国传媒大学出版社，2021.

周庆安 . 超越有形疆界：全球传播中的公共外交 [M]. 北京：中国传媒大学出版社，2018.

王莉丽 . 公共外交：多元理论与舆论战略研究 [M]. 北京：中国社会科学出版社，2018.

贾树枚 . 中国故事 国际表达：赵启正新闻传播案例 [M]. 上海：上海人民出版社，2018.

李华 . 世界新公共外交的模式与趋势 [M]. 北京：时事出版社，2017.

赵启正 . 公共外交与跨文化交流 [M]. 北京：中国人民大学出版社，2011.

FREBERG K. Social media for strategic communication：creative strategies and research-based applications [M]. New Delhi：Sage，2021.

CULL N J. Public diplomacy：foundations for global engagement in the digital

---

① 赵启正 . 提升对"战略传播"的认识和实践 [J]. 公共外交期刊，2015（3）：1 - 5.

age [M]. Medford：Polity，2019.

◀ 思 考 题 ▶

第一节

1. 公共外交活动有哪些开展路径？

2. 首个服务于公共外交的机构是如何运作的？

第二节

1. 公共外交的流程包括哪些环节？

2. 公共外交有哪些类别和特点？

第三节

1. 传统公共外交的宣传模式有何特点？

2. 21 世纪初公共外交是如何转型的？

3. 新公共外交的特点是什么？

第四节

1. 中外关于战略传播的定义是什么？

2. 战略传播具有哪些优势与特点？

3. 美国在战略传播中主要采取了哪些策略？

4. 中国的战略传播是如何与国家目标相结合的？

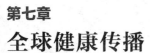

第七章
全球健康传播

健康传播（health communication）是一个交叉领域，它以医学、公共健康学为主，融合了传播学、心理学、图书情报学和计算机科学等多个学科，具有突出的综合性。[①] 健康传播研究兼具公共健康、健康政策、心理学等多学科视角，研究范围横跨政府的健康政策研究，健康传播的效果研究，医疗专家与病人、病人与病人的交互关系研究，病人的情感支持研究，病人的隐私安全研究等，从大众传播角度到人际传播角度都有所涉及。21 世纪以来，新兴的信息通信技术为健康传播带来诸多机遇与挑战，社交媒体健康传播成为健康传播研究的新热点，社交媒体对健康传播的影响方式、全球性流行病

---

① 国外（主要是美国）传播学科的设置和研究领域不断拓展，传播学门类早已不再局限于大众媒介。国际传播学会（ICA）划分的传播学研究的主要领域包括从主流的大众传播研究到同性恋传播研究等 17 个。美国全国传播学会（NCA）将传播学研究大致划分为 30 个主要领域。研究分支越多，涵盖的范围越广。

对人类生存的影响等话题拓展了健康传播视域。新冠病毒感染疫情带来了前所未有的公共卫生危机，威胁着人类的健康与福祉，同时它也为健康传播研究创造了契机，将健康传播研究推进到一个新的阶段。

第一节　健康传播的历史与现状

作为传播研究的一个新领域，20世纪70年代健康传播在美国出现。公共健康专家与传播学者联手，有效地提升了人们的健康认知并促进了多种普遍存在且危害人们生命安全疾病的预防和治疗。传播健康信息的目的在于通过提高人们的健康素养影响人们在健康方面做出有利选择，通过告知民众增进健康的方式，降低并避免健康风险。健康传播因此造福人类社会，影响社会变迁。

一、健康传播的兴起与发展

（一）健康传播概念的提出

1972年，美国斯坦福大学心脏病专家杰克·法奎尔（Jack Farquhar）和传播学者内森·迈克比（Nathan Maccoby）在加利福尼亚州北部的三个社区启动为期三年的心血管病干预实验研究，即通过降低体重、减少吸烟、降低血压和血脂水平以降低心脏病发病风险的"斯坦福心脏病预防计划"（Stanford Heart Disease Prevention Program，SHDPP）。研究结果显示健康教育在减少社区人群心血管疾病的风险因素方面非常有效。[①] 该计划被认为是现代健康传播研究的开端，研究证实健康传播不仅在于医疗照顾，更重要的是培养个人的健康观念和素养。

1975年，国际传播学会（ICA）成立了"健康传播学会"（Health Communication Division），并首次正式使用"健康传播"这一概念。20世纪80年代，另一场健康运动——"预防艾滋病运动"使健康传播成为传播学研究的重要分支。

1992年，洛林杰克逊（Lorraine D. Jackson）首次提出了"健康传播"的定义：健康传播是以媒介为信道，传递与健康相关的信息，以预防疾病、

---

① MACCOBY N. Consumer behavior in the health marketplace：a symposium proceedings［C］// NEWMAN I M. Nebraska Center for Health Education & University of Nebraska-Lincoln，1976：31-44.

促进健康为主。① 1994 年，埃佛里特·罗杰斯对健康传播进行了界定："健康传播是一种将医学研究成果转化为大众的健康知识，并通过态度和行为改变，以降低疾病的患病率和死亡率、有效提高一个社区或国家生活质量和健康水准为目的的行为。"② 健康传播研究的议题包括疾病与药物滥用的预防、疾患关系、疾病的早期发现等。以这一界定为基础，健康传播确立了"知—信—行"（Knowledge，Attitude，Belief and Practice Model，KABP/KAP）研究范式，即研究媒介接触和使用行为如何对受众的健康认知、健康信念、健康行为产生影响。

1996 年罗杰斯对健康传播的定义进行了修订，提出健康传播是以传播为主轴，经由四个不同的传播类型将健康相关信息散播开来的行为。这四个类型即自我传播、人际传播、组织传播和大众传播。自我传播（人内传播）指个人的生理、心理健康状况；人际传播包括医患关系、医生与患者家属的关系等；组织传播涉及医患关系、医护人员的在职训练等；大众传播包括媒介议程设置、媒介与受众的关系等。③ 这一定义认为，凡是人类传播中涉及健康的内容，都是健康传播，由此极大地拓展了健康传播的研究领域。这一定义也为健康传播研究划定了基本范畴，即覆盖医疗卫生服务（health care delivery）与健康促进（health promotion）等多个领域。

（二）国内外研究的关注焦点

美国是健康传播研究的开启者。依据研究议题和研究目的，美国健康传播研究可分为两大类：一类是健康促进，另一类是健康服务。前者主要关注如何通过媒介及传播活动促进公共健康、健康教育等；后者主要着力于研究医患关系及人际传播、疾病预防、健康政策等。国外健康传播研究的主要话题是癌症、营养和疫苗。④ 21 世纪以来，国外健康传播重视非专业医疗卫生从业者之间的健康信息交流，深入考察健康信息传播、健康行为背后更深层的原因和社会问题，把健康视为经由社会互动产生的概念，"健康、疾病与医疗保健，皆是通过人类互动和意义建构而成的信念和现象"⑤。

---

① JACKSON L D. Information complexity and medical communication：the effects of technical language and amount of information in a medical message［J］. Health Communication，1992，4（3）：197 - 210.

② ROGERS E M. The field of health communication today［J］. American Behavioral Scientist，1994，38（2）：208 - 214.

③ ROGERS E M. The field of health communication today：an up-to-date report［J］. Journal of health communication，1996，1（1）：15 - 24.

④ GUENTHE L L，GAERTHER M，ZEITZ J. Framing as a concept for health communication：a systematic review［J］. Health Communication，2022，36（2）：891 - 899.

⑤ 聂静虹. 健康传播学［M］. 广州：中山大学出版社，2019：34.

　　国内健康传播研究始于 20 世纪 90 年代。早在 1985 年，中国卫生宣传教育协会创办《中国健康教育》，这是国内第一本关注健康教育的专业期刊。1987 年在京举办的中国首届健康教育理论学习研讨会，第一次涉及传播在健康教育中的运用，学术界开始关注宣传、教育与传播的关系等问题。1989 至 1993 年，联合国儿童基金会在与中国政府合作的第四期卫生项目中增加了健康教育项目，目的是广泛传播妇幼保健知识。自此，健康信息的传播及传播技巧受到国内学者和政府的关注，健康传播概念得以确立。1993 年朱锡莹在《医学与哲学》上发表《健康传播学初探》一文，这是目前可见的国内最早探讨健康传播的论文。从 20 世纪 90 年代至 2002 年"非典"暴发前，国内健康传播研究成果主要发表于医学、卫生等专业期刊。在公共卫生领域"健康教育"统摄"健康传播"，对公众宣传和教育的研究高于对健康信息传播的研究。

　　为了应对危机管理，传播学者开始广泛介入健康传播这一跨学科领域，健康传播研究高度关注信息传播与政府公共卫生危机事件管理，2003 年"非典"暴发后，健康传播研究文献呈快速增长态势。随着中国综合国力的提升、人民物质生活水平的提高以及社交媒体的普遍应用，2010 年以来国内研究开始转向关注大众传媒对健康观念行为影响等。近年来，健康传播的效果评估以及背后的文化价值和政治现象，也成为国内学者关注的话题。

（三）健康传播研究的理论模型

　　国内外健康传播研究关注健康领域的信息传播规律、健康行为的影响因素以及与之相关的文化、政治和社会问题。围绕健康传播研究领域的核心问题，学者们在研究过程中结合认知理论和行为科学构建了多个理论模型，对健康传播过程及其中的多元关系进行理论描述。

　　健康信念理论模型（Health Belief Model，HBM）：HBM 模型是健康传播领域的经典理论模型之一，广泛应用于控烟、营养、运动、艾滋病、疾病筛查等议题的健康干预活动。该模型将人们采取健康相关行为归结为他们的心理活动（包括认知、态度和信念）的结果，当他们认为不好的健康状况可以避免、推荐的措施能改变不良健康状况、自己能成功地采取推荐的措施时，他们就会采纳并实施这些行为。健康信念模式重在分析四种认知因素（严重性、易感性、行为改变的好处和障碍）在人们采取健康行为中的作用。

　　保护动机理论模型（Protection Motivation Theory，PMT）：PMT 模型是对健康信念理论的延伸和扩展，二者都认为认知过程在态度和行为改变之间发挥着调节作用，个体的信念在行为改变中具有重要作用。保护动机理论模型侧重分析行为转变的内在机制和过程。该模型假设环境和个体中有关健康威胁的信息可能引发个体的两个认知过程——威胁评价和应对评价，而这两个认知过程又包含 7 个核心变量。个体的威胁评价和应对评价共同形成保护动机，进而促进健康行为的发生或保持。

理性行为理论模型（Theory of Reasoned Action，TRA）：TRA 模型认为人们通常以自认为合理的方式行事；他们会对现有的信息进行考量，并或多或少地思考自己行为的影响。该模型旨在预测这种受意志控制的行为，并试图解释这种行为的心理决定因素。理性行为理论模型假定一个人的行为意图是该行为的直接决定因素，而行为意图由两个基本因素决定：个人因素和社会影响因素。个人因素是个人对其行为正面或负面的评价，即态度；社会影响因素则是个人对施加在其身上的、使其采取或不采取该行为的社会压力的感知，即主观规范。理性行为理论模型提供了一条因果链，通过态度和主观规范将行为信念和规范信念与行为意图和行为联系起来，而行为的中心决定因素是个人实施行为的意图。

计划行为理论模型（Theory of Planned Behavior，TPB）：TPB 模型是当前健康传播领域最具预测性的健康行为因果模型之一，它是理性行为理论模型的拓展与延伸。两种模型均认为，个人实施某种行为的意图越强，实施该行为的可能性就越大。计划行为理论模型在意图与行为之间加入了第三个元素——感知行为控制，即人们对实施某种行为的难易程度的感知。该模型将人们的健康行为中的行为意图决定因素归结为三个：对行为的态度（个人对某种行为持有的正面或负面的评价）；主观规范（个人感知到被要求去实施或不实施某种行为的社会压力）；感知行为控制（个人感知到的实施行为的难易程度，它反映了过去的经验以及预期的困难和障碍）。

拓展平行反应理论模型（Extended Parallel Process Model，EPPM）：EPPM 模型是以平行反应模型为基础发展而来的一种解释和预测各种健康行为结果的有效框架，它源于恐惧诉求研究。恐惧诉求指通过具有威胁性和说服性的信息来促使人们遵从建议，即通过强调"如果不遵从建议就会受到危害"来促使人们产生保护行为。该模型关注风险认知在人们行为实施中的重要性，认为媒体在人们的风险认知中具有不可忽视的作用，受众会对含有恐惧诉求的两种信息进行评估，一种是感知到的威胁（perceived threat），另一种是感知到的效能（perceived efficacy）。当感知到威胁时，受众会评估感知到的效能：当受众认为推荐的预防措施有效并且自身能成功实施这些措施，就会进入"危险控制"（danger control）程序，即采取建议的预防措施；当受众的感知效能过低，比如没有获知预防措施，或者认为预防措施没有效果、自己没有能力实施预防措施时，就会进入"恐惧控制"（fear control）程序，激发防御性的动机并导致非适应性行为，如拒绝含有恐惧诉求的信息而且不会采取预防措施。目前该模型已被广泛应用于心血管疾病防控、癌症预防、降低噪音引起的听力损失、结肠镜检查促进等研究中。

二、健康传播研究的重点领域

（一）国内外健康传播研究的热潮

在国外，根据德国健康传播科学家伊丽莎白·冈瑟（Elisabeth Günther）团队对 1935—2015 年全球 19 本传播学期刊发文情况的话题分析，发现健康是排名第五的热门研究话题（见表 7 - 1），仅次于教育、营销与公关、媒介使用、比较研究与媒介刻板印象。[①] 此外，郭琦和楼旭东在《试论国外健康传播研究的现状与启示》一文中分析了 2013—2018 年国外健康传播的研究现状[②]，根据关键词共现分析，发现近年来国外健康传播研究最重要的五个话题是女性健康、艾滋病、宫颈癌、方法、社区。此外，临终关怀也是国外健康传播研究的重点，有学者对父子临终对话录音进行文本分析，将关注点从人们是否交谈转移到人们如何谈论临终健康决策上来。因为文化背景和观念等差异，临终关怀话题在国内鲜有研究。

在国内，社交媒体的广泛应用与 2014 年埃博拉病毒暴发[③]带来国内健康

表 7 - 1 1935—2015 年传播研究的高频主题

排序	数量	主题	标签（词干）
1	1 647	教育	teacher, instruct, instructor, classroom, teach, verbal, credibl, humor, skill, speech
2	1 449	营销与公关	advertis, brand, recal, creativ, placement, persuas, sale, memori, copi, repetit
3	1 106	媒介使用	emot, narr, viewer, persuas, stereotyp, immigr, fiction, drama, cultiv, enjoy
4	793	比较研究与媒介刻板印象	white, black, racial, ethnic, crime, african, welfar, victim, polic, asian
5	750	健康	risk, intervent, efficaci, patient, literaci, drug, cancer, client, advic, medic

资料来源：GÜNTHER E. What communication scholars write about: an analysis of 80 years of research in high-impact journals [J]. International Journal of Communication, 2017, 204 (11): 3051 - 3071.

---

① GÜNTHER E. What communication scholars write about: an analysis of 80 years of research in high-impact journals [J]. International Journal of Communication, 2017, 204 (11): 3051 - 3071.

② 郭琦，楼旭东. 试论国外健康传播研究的现状与启示 [J]. 新闻传播，2019 (5): 21 - 22.

③ 2014 年西非有超过 1.1 万人死于埃博拉病毒，这是一种可怕的病毒，传染性极强，往往致命。

传播研究的转折点。国内学者开始探索网络公共领域与网络媒体对埃博拉病毒传播与防控的影响，2020 年新冠病毒感染疫情暴发后，健康传播研究的热潮方兴未艾。国内健康传播研究覆盖的领域包括：药物滥用；拒绝毒品、控烟；疫苗；医患纠纷；心理健康（抑郁症）；流行病（埃博拉病毒、H1N1、新冠病毒）；艾滋病议题；过劳死；健康谣言；健康传播渠道（丁香医生、生命时报等微信公众号）研究；等等。

（二）健康传播研究的五大重点领域

综合国内外健康传播研究来看，当前健康传播研究的重点领域如下。

1. 大众传播与健康素养

学者们认为公众的疾病感知和治愈能力、健康信息可获得性以及健康行为的改变、健康知识和行为的形成程度，取决于公众获得可靠和可理解的健康信息的程度。这类研究大多使用问卷调查法，通过对研究对象健康素养的比较研究得出结论，如黑人与白人、年轻人和老年人等。其中健康行为涉及健康信念模型，在线健康信息的可感知度和可信度取决于信息源的可信度和所提供内容的准确性，对在线健康信息的感知和信任与获取、定位和理解信息的容易程度呈正相关。

2. 人际传播和群体传播与健康行为和健康运动

学者们关注人际传播和群体传播对公众健康行为和健康运动的影响。健康行为和健康运动的一个重要影响因素是交流，很多研究运用社会支持理论分析人们如何应对疾病，如癌症患者在脸书上的交流和互相支持等。医患关系仍然是居高不下的热点话题，研究者逐渐从医生角度过渡到患者角度，从患者自身原因来分析和辩证地看待医患关系，如对医疗的不信任等心理因素，以及健康素养影响医患沟通与恰当交流。研究发现，人际传播有助于强化公众的健康认知和行为，人际传播能够促进情侣之间、教练与学员之间的沟通。此外，还有研究关注代际差异对子女健康素养的影响、名人的健康信息披露与积极健康行为的关系等。还有研究使用实验法考察身份认同在戒烟中的作用，从而改进对不同群体的传播策略，加强传播效果。

3. 健康传播内容与受众接受

学者们探讨哪些信息内容更容易使受众接受，这类研究大多使用内容分析法，其中涉及的理论包括恐惧诉求（fear appeal）以及拓展平行反应理论模型等。健康传播传递的内容非常广泛，包括：对医生话语的意识形态研究，患者对卫生保健专业人员（HCP）话语的反应，以及意识形态如何影响患者的自我护理；哪些封面内容更能引起读者的阅读和行动，即正面框架信息比负面框架信息更能成功地激发预防行为；不同文字信息和图片的小册子对理解健康知识的影响，视觉与听觉产生不同的传播效果，视觉隐喻作为一种战略信息设计策略，可以有效地提高信息的吸引力和参与度，听觉信息可能激发更多的信任和合作的感觉，增加社会接触和融入的感觉，还有研究表明视听正面框架信息能够激发最大的动力去遵从健康信息中的建议。

4. 健康信息寻求行为与健康信息的信任程度

对健康信息的信任和对社会支持的感知是健康信息寻求行为（HISBs）首选信息源的影响因素。很多研究使用社会支持理论和问卷调查法，研究表明，来自家庭的较高社会支持预示着家庭成员对健康信息的信任程度更高。医疗服务传播也是国内外健康传播的一个重要范畴，国外体现为重大流行病和慢性病的研究，例如涉及艾滋病广告的文本分析、威胁性信息与感知风险的关系、糖尿病的防治与干预等。2003 年"非典"后，国内发表了大量反思媒体危机报道的研究成果。近年来，甲型 H1N1 流感、H7N9 禽流感等流行病中的信息传播都成为研究主题。

5. 健康现状的调查

调查法是健康传播研究的传统方法，也是最常用的研究方法。健康现状调查包括：对卫生信息获取现状的调查，分析存在差异的原因并给出建议；分享利用评价研究开发、实施、完善和制度化促进公共健康的计划的最佳实践；对健康交流节目的评估；对电子信息档案抵制状况的调查；对网上药店的分析及督促管理；健康传播人才的培养，高校应该如何设置卫生健康课程；健康传播学从业者和学者的在线调查；研究生卫生健康教育方面可能需要注意的事项；哪些主题可能成为该领域中最重要的主题。近年来，学科融合为健康传播研究范式的突破创造了可能性。电影等艺术形式成为分析的对象，很多学者使用定性研究考察电影等艺术形式，分析艺术如何使健康交流更人性化、更直接、效果更强。例如，在跨文化传播中电影人如何扮演健康教育工作者角色，整合健康传播、土著妇女问题和电影制作实践。有些学者批判性地分析了在新西兰孕产妇与华裔移民母亲之间的健康交流互动，以及医药消费者选择的话语、影视剧中的健康主题。

半个世纪以来，健康传播从关注少数群体的"疾病"，到关注全球公众的"健康"；推动公众从认为健康是私人的事情，转向视之为公共事务；引领公众从个体视角转向全球视角。这不仅促进了公众健康理念的改变，而且促进了社会整合在保障健康中的作用。

第二节　全球健康传播的理论与实践

　　全球传播时代，人工智能等新技术和社交媒体等深刻影响健康传播的方式和渠道，深化了传者与受众的互动，大大地提升了健康传播的效果。新技术和新媒体为各国联动应对全球健康挑战提供了组织动员的基础，使得健康促进运动在全球的开展成为可能。图 7 - 1 为推特上的全球健康行动标签。

图 7 - 1　推特上的全球健康行动标签

一、全球健康传播研究

（一）全球健康传播的概念

　　"全球健康传播"这一概念涵盖了广阔的研究和实践领域。在世卫组织的定义中，健康意指"拥有一种完整的精神、身体和社会幸福感的体验，而不仅仅是摆脱了疾病或虚弱的境况"①。从世卫组织对"健康"一词的定义可见，健康领域的研究人员和从业者面临无尽的机遇，也肩负着沉重的责任。除此之外，全球健康领域更为复杂，具有以下四个特点：一是基于数据和证据的决策（生命统计、监测和疫情调查、实验室科学）；二是关注群体而不是个人；三是以社会公正和公平为目标；四是强调预防而不是治疗。全球健康不只是关注影响中低收入国家的健康问题，也不仅仅考察那些跨越国界的传染病；它指的是"所有涉及许多国家或受跨国因素影响的健康问题"②。

　　与全球健康一样，传播也是一个广阔的、多层次的、多学科的领域。选择在全球卫生领域工作的传播学者和从业人员不仅要解决大量的健康议题，

　　①　CALLAHAN D. The WHO definition of "health" [J]. The Hastings Center Studies，1973，1（3）：77 - 87.

　　②　KOPLAN J P，BOND T C，MERSON M H，et al. Towards a common definition of global health [J]. The Lancet，2009（6），373（9679），1993 - 1995.

还必须考察并适应世界各地的群体和不同社区在环境和生活经验方面的无尽变化，这些变化影响着当地居民的整体健康状况和与之相关的传播情境。除此之外，传播学者也需要深入考察社区内部赖以提高健康水平和实现社会变革的价值观和能力，以及结构性不平等、全球化、气候变化、制度性种族主义和其他对健康结果来说具有深远影响的社会因素。[1] 全球健康传播领域一直是一个就研究与实践的手段和目的展开深入且多层次对话的舞台，这种对话对整个传播学科产生了深远影响。

全球健康传播理论在概念上来自整个传播领域的理论辩论，在经验上则来自对不同文化背景下健康项目传播效果的数百项研究。全球健康传播领域内部存在着健康传播和整个传播研究的广泛差异，具体体现为信息/媒介效应和参与/批判理论之间的理论鸿沟。尽管学者们为弥合这些理论传统之间的分歧做出了极大的努力，但这种分歧在传播研究领域及促进全球健康方面仍然根深蒂固。现有的理论和模型都建立在对立的认识论和分析的前提之下，对传播的本质和应对当代健康挑战所需的条件提出了不同的问题，阻碍了跨学科的交流。因此，对全球健康传播领域的学者而言，哪怕是找到沟通理论之间的桥梁都困难重重，更遑论去调和现有的分歧。

新兴的全球健康传播理论为人们提供了理解全球公共卫生状况的一个传播学视角。与此同时，这些方法区别于现有的健康传播策略，超越了基于健康干预的信息框架，考察健康政策对健康实践的阐释及其传播过程。[2] 传播学视角突出健康被阐释的过程，在此过程中健康的特定含义被放大，其他含义则被背景化或抹去了。在所表征的物质和象征领域的动态关系中，健康政策被引入、传播、流通和实践。正是通过传播过程，特定形式的公共健康政策在更广泛的资助者、项目规划者、政策制定者等人群中得到了扩散。因此，全球健康传播是在解释、合作和变革性政治的过程中形成的，目的是挑战和改变不健康的结构，边缘地区的健康经验也处于这种结构之中。

（二）全球健康传播的关注焦点

1. 不平等（inequity）

越来越多的健康传播学者注意到人们围绕健康的一系列体验所处的不平

---

① AIRHIHENBUWA C O, OKOROR T A, SHEFER T, et al. Stigma, culture, and HIV and AIDS in the Western Cape, South Africa: an application of the PEN-3 cultural model for community-based research [J]. Journal of Black Psychology, 2009, 35（4）: 407-432.

② AIRHIHENBUWA C O, OBREGON R. A critical assessment of theories/models used in health communication for AIDS [J]. Journal of Health Communication, 2000, 5（supplement）: 5-15.

等结构。① 对这些不平等结构的强调使人们注意到不合理政策所引致的不平等状况及其背后的政治和经济基础，也由此体现出经济因素和健康状态之间的关联。②

当今全球健康状况是在所谓所谓新自由主义逻辑中形成的，这些逻辑越来越强调资源的私有化、国家干预和监管的最小化，以及外国贸易和投资障碍的最小化，强调全球公民生活的私有化，把他们变成跨国公司所制造的商品的消费者，从而使跨国资本主义霸权得以延续。健康的商品化是由日益强调全球南方（Global South）的消费者可以购买的健康技术形成的，从而为跨国公司创造了市场。值得注意的是全球基金会（如比尔及梅琳达·盖茨基金会）和跨国公司（如葛兰素史克）之间的联系，与此相关的还有跨国公司掌握的巨大权力，因为它们占据了健康议题的决策中心，从而成为全球健康新自由化的渠道。

一些公共卫生学者指出，随着贫富差距的扩大，穷人越来越被边缘化，全球经济中的贫困阶层越来越无法享有基本的医疗保健基础设施。

2. 人权与身份政治（human rights and the politics of identity）

研究人权的健康学者将健康作为一种权利，并指出个人和集体在健康方面应该拥有特定的权利。③ 他们将健康作为一种人权框架，一方面让人们关注到威胁健康的暴力形式，如酷刑，国家支持的谋杀行为、审讯技术④，屠戮等⑤；另一方面，这一框架也关注在健康资源获取方面基本人权的缺失。曼恩（J. M. Mann）及其同事从促进、提供和缺乏人权对健康的影响，以及公共卫生政策和健康促进计划对人权的影响等方面阐述了健康和人权的关系。⑥

在全球范围内，围绕健康和传播背景下人权问题的辩论集中在个人权利和群体权利之间的矛盾上。⑦ 世卫组织在对健康的定义中指出，每个人都有权达到其能够达到的最高水平的健康标准，这一定义规定了政府在建立推动人类健康权利的结构和进程方面的角色。一国对本国公民的健康所承担的责

---

① DUTTA M. Communicating about culture and health: theorizing culture-centered and cultural sensitivity approaches [J]. Communication Theory, 2007, 17 (3): 304 - 328.

② SCAMBLER G. Beyond the income inequality hypothesis: class, neo-liberalism, and health inequalities [J]. Social Science and Medicine, 2005, 58: 41 - 46.

③ GRUSKIN S, MILLS E, TARANTOLA D. History, principles, and practices of health and human rights [J]. The Lancet, 2007, 370: 449 - 455.

④ HARGREAVES S, CUNNINGHAM A. The politics of terror [J]. The Lancet, 2004, 363: 1999 - 2000.

⑤ MILES S H. Abu Ghraib: its legacy for military medicine [J]. The Lancet, 2004, 364: 725 - 729.

⑥ MANN J M, GRUSKIN S, GRODIN M A, et al. Health and human rights [M]. New York: Routledge, 1999.

⑦ IGNATIEFF M. Human rights and politics [C] //IGNATIEFF M, GUTTMAN A. Human rights as politics and idolatry. Princeton: Princeton University Press, 2001: 3 - 52.

任也意味着它有义务向个人提供健康保障——于个体而言，这是一项权利，与服务的费用或所需服务的性质无关。除了国家的责任之外，关于个人与群体的二元论辩论在那些身份认同运作于群体层面的文化中最为突出（比如非洲、亚洲、拉丁美洲、加勒比及其在西方国家的散居者）。

3. 文化痕迹的抹去（erasure of cultures）

在健康传播和健康促进的主流话语中通常缺少结构性的考量，同时也缺少理解健康意涵的多种文化切入点。

"健康"这一概念的范围和意义由谁来确定与全球话语空间中的权力地位有着内在的联系，围绕健康干预发出者和接受者的逻辑是由主导权力结构的政治和经济议程决定的。"健康"这一概念在特定文化情境中的阐释和意涵被从健康干预的话语空间中抹去，这些干预措施通过对理性科学语言的诉求，在合法的领域内运作。正如有学者所指出的，大多数健康传播和健康促进理论都是在以西方为中心的围绕人类价值和人类行为的基本假设基础上运作的。[①] 以健康信念模型和合理行动理论为代表的传统健康促进理论基本上是个人主义的，侧重于个人和他者的行为。[②] 在实际考虑到文化的情况下，文化被概念化为一个变量，成为在目标人群中展开有效传播干预措施的障碍。

健康传播领域越来越多的文化理论试图通过强调倾听文化社区声音的方法来解决文化在健康领域知识生产空间中被抹杀的问题。此外，来自第三世界/全球南方的学者越来越多地出现在西方学术空间中，这为后殖民干预创造了机会，他们开始批判性地审视健康干预中的价值观。

4. 与健康相关的价值观（health values）

特定健康促进工作所占据的主导地位与作为进步标志的特定价值观念集合的主导地位紧密相关。值得注意的是，在某些干预中流传的健康框架是在特定的价值观念群中进行的。[③] 这些价值观念群决定了一系列健康干预措施附带的评价框架，以及人们确立目标、确定战略、采用战术和实施方案的方式。例如，与和谐、平衡和协同的价值观相比，西方生物医学所依据的征服病菌的价值观塑造了当代全球机构的大部分公共卫生议程。此外，战争的隐喻在许多围绕健康的公共讨论中占主导地位。同时，当代公共卫生行业的政治经济因素是由全球安全框架驱动的，这一框架将健康视为全球安全问题，

---

① AIRHIHENBUWA C O. Healing our differences-the crisis of global health and the politics of identity [M]. Lanham：Rowman & Littlefield，2007.

② DUTTA M. Communicating about culture and health：theorizing culture-centered and cultural sensitivity approaches [J]. Communication Theory，2007，17（3）：304-328.

③ DUTTA M. Communicating health：a culture-centered approach [M]. London：Polity Press，2008.

并将公共卫生议程定义为细菌战。由此可见，往往是某套价值观的特权决定了健康传播和健康干预的整个格局，决定了人类被概念化的方式、人类与环境的关系和人们在面临全球挑战时的解决方案。

（三）全球健康传播研究的侧重点

回顾现有的全球健康传播研究，其中涉及一系列理论模型，比如健康信念模型①、健康素养②和以文化为中心的方法（culture-centered approach）③。其他研究则侧重于特定的健康议题，如针对儿童的暴力④、营养和儿童的媒体接触⑤、常规疫苗接种的吸收等⑥。

还有一些研究集中在特定技术或渠道的使用上，如人工智能在健康信息传播中扮演的角色，在发展中国家使用短信息服务进行疾病控制的举措，社交媒体在健康领域和医药领域中的使用以及在应对埃博拉病毒暴发时扮演的角色⑦，慢性病预防，孕产妇关照和新生儿护理等⑧。也有一些研究则专注于干预方法，如娱乐教育，美洲的全球健康教育等。⑨

当前的全球健康传播研究显示，尽管研究和实践跨越了全球健康传播的诸多维度，但比较研究和理论综合依然值得关注。"全球健康传播"这一概念的界定要求人们进行跨地域、跨文化、跨民族的思考，从这些比较中吸取经验教训，进而将这些经验教训带到新的环境中进行复刻和检验。这种研究取向并不意味着忽视或淡化当地社区或文化的独特性，相反，比较研

---

① GREEN E C, MURPHY E M, GRYBOSKI K. The health belief model [C]//SWEENY K, ROBBINS M L, COHEN L M. The Wiley encyclopedia of health psychology. Hoboken: John Wiley & Sons, 2020: 211 - 214.

② ALTIN S V, FINKE I, KAUTZ-FREIMUTH S, et al. The evolution of health literacy assessment tools: a systematic review [J]. BMC Public Health, 2014, 14 (1): 1 - 13.

③ SASTRY S, STEPHENSON M, DILLON P, et al. A meta-theoretical systematic review of the culture-recentered approach to health communication: toward a refined, "nested" model [J]. Communication Theory, 2019, 16: 1 - 42.

④ SOOD S, KOSTIZAK K, MERTZ N, et al. What works to address violence against children (VAC) in and around schools [J]. Trauma, Violence, & Abuse, 2021, 23 (4): 1317 - 1329.

⑤ BORZEKOWSKI D L, PIRES P P. A six country study of young children's media exposure, logo recognition, and dietary preferences [J]. Journal of Children and Media, 2018, 12 (2): 143 - 158.

⑥ CAIRNS G, MACDONALD L, ANGUS K, et al. Systematic literature review of the evidence for effective national immunization schedule promotional communications [M]. Stockholm: ECDC, 2012.

⑦ GIUSTINI D, ALI S M, FRASER M, et al. Effective uses of social media in public health and medicine: a systematic review of systematic reviews [EB/OL]. Online Journal of Public Health Informatics, 2018, 10 (2): 1 - 46.

⑧ SONDAAL S F V, BROWNE J L, AMOAKOH-COLERNAN M, et al. Assessing the effect of health interventions in improving maternal and neonatal care in low-and middle-income countries: a systematic review [J]. PLOS ONE, 2016, 11 (5): e0154664.

⑨ MENDES I, VENTURA C, QUEIROZ A, et al. Global health education programs in the Americas: a scoping review [J]. Annals of Global Health, 2020, 86 (1): 42.

究和理论综合意味着学者在尊重这些差异的同时去寻求它们之间可能存在的共同点。

二、全球健康传播实践

健康传播不仅是一个研究领域，更是一个实践领域。在世卫组织等国际机构、国际组织的全力推动下，全球性的健康促进、健康教育和健康传播活动正在试图改变发达国家和发展中国家公众的健康观念，干预他们的健康行为。

（一）加速消除宫颈癌全球战略

据统计，每年约有超过 30 万妇女死于宫颈癌，其中有近 90％的死亡发生在中低收入国家。导致宫颈癌的重要原因是人类乳头瘤病毒（HPV），能够有效预防宫颈癌中最常见的高危类型 HPV 的疫苗早已问世，但不同国家在引进并推广 HPV 疫苗的过程中也面临着如疫苗短缺、预算不足以及疫苗犹豫等各种障碍。2020 年 11 月，世卫组织启动了一项全球战略，旨在消除宫颈癌这一公共卫生问题。该战略提出了一个建议：90％的女孩在 15 岁前完成 HPV 疫苗的接种。

为实现这一战略目标，世卫组织将与各研究机构、执行伙伴、联合国系统、专业协会、民间团体等发展持续合作的伙伴关系，国家之间应建立新的伙伴关系以便进行知识交流与技能建设，各地方需制定与当地文化相关且符合具体背景的传播内容。

JSI 是一家成立于美国的全球公共卫生组织，致力于提高健康公平和改善个人与社区的健康状况。在消除宫颈癌这一问题上，JSI 不仅向马拉维、莫桑比克、肯尼亚和喀麦隆提供了技术上的援助，还与当地教育部门协商，通过学校来开展外联活动以接触处于适合年龄段的大多数女孩，通过向该群体传播健康观念，促进对 HPV 疫苗接种有益的共同理解，提高她们对性与生殖健康保健的认知，从而使更多女孩产生主动接种 HPV 疫苗的行为。

（二）"教育＋"倡议与世界艾滋病日

联合国艾滋病规划署官方网站的信息显示，截至 2021 年底，共有 3 840 万人感染了艾滋病毒，仅 2021 年死于艾滋病毒的就有 65 万人，其中撒哈拉以南非洲地区的妇女和女童仍然是受艾滋病影响最严重的群体，2019 年，该地区新发感染人数占全球的 59％，每周有 4 500 名 15～24 岁的青春期少女和年轻女性感染艾滋病毒。一些关键的生物医学、行为、社会以及结构因素助长了该地区的艾滋病毒流行，这也反映了该地区在全球经济中的弱势地位。[①]

联合国艾滋病规划署、联合国教科文组织、联合国人口基金、联合国儿童基金会、联合国妇女署联合提出了"教育＋"（Education Plus）倡议，这项倡议是一项高级别的政治宣传运动，立足于撒哈拉以南非洲地区的文化社会背景，以中等教育为战略切入点，要求实现每个女孩的健康权和受教育权，其核心是帮助撒哈拉以南非洲地区的女孩和年轻女性在当地实现性别平等，通过传播知识来提升这部分人群的受教育程度、社会经济地位以及健康素养，以降低艾滋病毒的感染率。

每年 12 月 1 日被列为世界艾滋病日，联合国机构、政府与民间组织都会联合起来围绕与艾滋病相关的主题开展活动。各机构和组织会通过社交媒体进行大规模的艾滋病相关信息传播。为了便于宣传，有关机构每年都会为世界艾滋病日设计新颖的主题以及不同语种的主题宣传海报，通过全球性社交媒体进行传播。类似的活动还有每年 3 月 1 日的世界艾滋病零歧视日等。

（三）国际足联发布"寻求帮助、伸出援手"计划

抑郁症、焦虑症等精神健康问题逐渐成为近年来威胁当代年轻人生命健康的重要隐患，新冠病毒感染疫情暴发后，失业、居家办公和学习、缺少社交等问题影响着世界各地的人们，精神健康状况不佳者面临的挑战则更为艰巨，他们甚至会因此病情加重和中断治疗。

根据国际足联提供的数据，在足球运动员中，有 23％的人存在睡眠障碍，9％的人患有抑郁症，另有 7％的人患有焦虑症。在退役球员中，这些数字有所增加，28％的人难以入睡，抑郁和焦虑分别影响 13％和 11％的人。在世卫组织的支持下，国际足联和东盟联合发布了"寻求帮助、伸出援手"（♯ReachOut）计划，这项计划旨在增进人们对精神健康问题症状的了解和认知，鼓励人们在有需要时主动寻求身边的帮助，每天采取一定的行动以改善心理健康状态。该计划主要采取视频宣传的形式，足球传奇人物、现任球员和特邀嘉宾都为这项计划提供了支持，他们通过视频分享自己的生活经验。这些视频在国际足联数字频道进行播放宣传，且国际足联向 211 个国际足联成员协会和媒体机构提供了多媒体工具包，以促进这些视频在欧洲以及其他地区的传播。

与此同时，来自文莱、柬埔寨、印度尼西亚、老挝、马来西亚、缅甸、

---

① NICOLA B. Prescribing HIV prevention：bringing culture into global health communication［M］. Abingdon：Taylor and Francis，2016.

菲律宾、新加坡、泰国和越南的运动员也在这项计划的东盟特别版中加入了世卫组织关于如何帮助他们保持身心健康的建议等内容。

国际足联还和联合国以及世卫组织共同开展了"积极锻炼"（♯BeActive）宣传活动，以鼓励人们在新冠病毒大流行时期在家中积极锻炼，保持健康；此外，国际足联也同世卫组织携手开展了"安全之家"（♯SafeHome）活动，呼吁社会各界重视对女性的家庭暴力，这些都是全球健康传播在实践中的体现。

三、全球健康传播研究与实践的关系

健康传播的主流理论与方法为全球研究确定了方向。这些范式奠定了基本的认识论和分析前提，提出了界定该领域的理论问题。因此，全球健康传播的大部分内容都集中在行为改变和媒体影响方面，由此产生的应用性知识可以为援助计划和当地干预措施提供信息。全球健康传播认同社会心理学理论的个人主义前提，关注个人层面的行为决定和障碍。它接受了沟通的概念，即通过人际和中介渠道传播信息。

从这些角度来看，学者们对全球健康传播研究的兴趣主要归于两个层面：一方面，学者们关注的是传播干预如何帮助应对严重影响全球南方的健康挑战。大部分文献聚焦于传播与三个健康问题的联系：计划生育/生殖健康、儿童健康（包括营养和免疫）和艾滋病。20 世纪 60 年代和 70 年代，全球健康传播的议程主要集中在国际健康和被援助人口增长以及营养问题上。支持儿童健康①和计划生育行为的传播项目②的经验为全球健康传播理论建设提供了大量案例。20 世纪 80 年代以来的艾滋病毒/艾滋病危机将大量的注意力转移到传播如何影响性行为的问题上。相关研究特别关注沟通与耻辱感、社会规范和性别角色的关系，并认为这是关键的行为决定因素。

另一方面，全球健康传播实践推动研究者进一步对健康传播领域中的有关问题进行深入研究，并检验最初主要应用于美国的理论的适用性。国际案例为确定有关行为和媒体影响问题的解释力提供了大量证据。这种方法的基础是假设科学理论能够归纳和预测结果，而不考虑社会和文化环境。理论提出的普遍主张需要在不同的环境中进行探究。变化有助于我们提升理论的解释力和可预测性。这一前提推动了全球健康传播领域长达数十年的研究和理论。

---

① HORNIK R C，MCDIVITT J，ZIMICKI S，et al. Communication in support of child survival：evidence and explanation from eight countries［C］//HORNIK R C. Public health communication：evidence for behavior change. Mahwah：Lawrence Erlbaum Associates，2002：219 - 248.

② PIOTROW P T，KINCAID D L，RIMON J G I，et al. Health communication：lessons from family planning and reproductive health［M］. Westport：Praeger Publishers，1997.

第三节 全球健康传播与社交媒体

近20年来社交媒体广泛应用，为健康传播提供了新的平台。2004年脸书上线，2006年推特上线，截至2022年4月全球已有三分之二以上人口使用手机，超过46.2亿人每天使用社交媒体。[①] 社交媒体给人们的生活带来诸多便利，也深刻地影响着健康传播研究，为健康传播提供了许多新的研究主题。首先，社交媒体提供了沟通健康问题的新平台，成为公共卫生部门、公众、病患和医疗专家进行健康问题沟通的新空间，客观上促进了健康传播的无限可能。其次，社交媒体提供了患者自我呈现的新平台。很多患者在社交媒体上发布自己的故事、个人经历等，并得到相关人群的情感支持，这也给社交媒体和健康传播的研究带来新的视角。2020年中国传媒大学一位教授被确诊新冠肺炎后，拍摄了600多张照片记录确诊后的经历，病愈出院后，他在微信朋友圈发布照片并自述心路历程，引发媒体和公众关注。[②]

面向大众，社交媒体进行的健康传播主要涉及两大主题：心理健康和肥胖问题。前者主要是对抑郁症的研究，后者涉及健身、养生等。

一、社交媒体过度使用引发的问题

社交媒体对公众产生的影响不同，取决于技术条件和人的个性。过度使用社交媒体可能损害公众的生理和心理健康。这也是社交媒体时代健康传播研究的一个重要命题。

社交媒体过度使用引发的公众生理和心理问题主要体现在情绪方面，国外研究显示，社交媒体引起的焦虑情绪主要表现为烦躁、担忧、抑郁情绪，以及睡眠障碍和注意力下降。2015年美国皮尤研究中心曾就使用社交媒体究竟给受众带来压力还是减轻压力进行了调查。调查结果显示，社交媒体能"轻微地"减轻压力。然而，还有大量研究显示，社交媒体具有助长情绪蔓延的作用，无论是正面情绪还是负面情绪。有研究认为，对那些与社会隔离的人来说，社交媒体对他们的生活幸福有较多负面作用；在社交媒体上花较多时间的人可能会用社交媒体取代面对面的沟通，这可能更让人感到被隔绝。

[①] Digital 2022：Global Overview Report［EB/OL］. (2022－01－26)［2023－01－10］. https：//datareportal. com/reports/digital－2022－global－overview－report.

[②] 确诊新冠肺炎后，他用600张照片记录在ICU的九死一生［N/OL］. (2020－03－07)［2021－06－07］. https：//www. sohu. com/a/377870840_120300840.

社交媒体成瘾甚至导致心理障碍，这是网瘾研究的延伸。英国诺丁汉特伦特大学的达里亚·库斯（Daria Kuss）和马克·格里菲斯（Mark Griffiths）认为，社交媒体成瘾是一种"有可能"需要专业治疗的心理健康问题，原因与过度使用社交媒体与人际关系障碍、学习成绩下降、线下社会活动参与减少有关。容易对社交媒体成瘾者主要是酒精依赖者、高度外向者以及利用社交媒体来弥补现实生活中人际关系缺失的人。

西方学者认为，从社会变迁角度来看，社交媒体过度使用引发的生理和心理疾病，属于技术变迁的后果。以法国技术哲学家雅克·艾吕尔（Jacque Ellul）为代表的学者认为，现代社会已成为一个技术社会，技术变迁导致社会生活各方面的"系统化"。现代技术已发展成为一个独立的复杂的技术系统，按其自身的连续性和内在逻辑性，成为自主力量。技术思维已渗透到社会各个方面，成为控制一切的力量，并导致人的自主性日益减少。因此，技术有碍于人们对道德精神的追求。[1] 这种对技术的判定，是"心理牺牲综合征"的来源，包括精神错乱、酒精中毒、抑郁症、足球寡妇综合征、停用尼古丁综合征、经期前综合征等。[2]

二、社交媒体健康传播研究的重点话题

公共卫生和保健科学是社交媒体与健康传播研究的基础，都旨在通过预防和减少疾病来保障人类健康，实现社会利益，这是健康传播的立足点。随着计算机技术的迅速发展，社交媒体应用普及，医疗信息借助新媒体传播深刻地改变了健康传播的研究和实践。多个学科涉及社交媒体与健康传播研究，如医学、心理学、计算机科学和传播学等。其中最重要的三个主题分别是公共卫生、环境健康和职业健康（Public，Environmental & Occupational Health），卫生保健科学与服务（Health Care Science & Services），以及医疗信息（Medical Informatics）。

社交媒体已经成为"健康促进"（health promotion）和"健康教育"（health education）的重要工具。学者们基于公开的健康数据源模型，为公共卫生部门和卫生保健专家提供病人的健康数据。社交媒体上个人化的交流，也有助于公共卫生部门和卫生保健专家更有效地进行健康教育。

当前围绕社交媒体健康传播的研究主要包括六个话题：社交媒体中错误

① ELLUL J. The technological society［M］. trans. WILKINSON J. New York：Alfred A. Knopf，1964.

② DERSHOWITZ A M. The abuse excuse，and other cop-outs，sob stories，and evasions of responsibility［M］. Boston：Little，Brown and Company，1994.

健康信息的风险研究。社交媒体被个人和组织用来进行健康传播，导致信息鱼龙混杂，误导信息（misinformation）往往更受欢迎并会产生实际影响。这对公众和病患来说都是有风险的。

社交媒体的公众健康监测研究。在公共卫生危机中，社交媒体可以用于监测公众对卫生危机的反应，追踪和监测疾病暴发情况，发布健康信息，有效减少公众的恐慌和担忧。在对特定疾病的日常监测中，卫生保健专家和公共卫生部门可以通过社交媒体积累相关疾病的病患数据，监测公众的健康意识和健康行为。2020 年 1 月 22 日约翰斯·霍普金斯大学的疫情数据更新图在推特上发布，一张黑底、红点，且左右两侧列有各国确诊、死亡和恢复病例的地图，成为一段时期全球主流媒体在报道新冠病毒感染疫情时普遍采用的背景图。美国副总统彭斯去卫生部视察时，美国卫生部就用这张图监测全国病例，意大利、德国内阁开会时身后电子屏幕也是通过这张图展示疫情实时情况。[①]

社交媒体的青少年健康传播研究。青少年是社交媒体的主要使用者，面向青少年的健康传播往往离不开社交媒体。研究者发现，虽然社交媒体使用者成分多元，从学校的学生到 65 岁的老人，甚至有年纪更大者，但是多集中在 11～34 岁，这决定了健康信息的到达率极高。

社交媒体对行为的"健康干预"研究。主要研究社交媒体如何提供社会支持来促进戒烟行为。另有研究显示社交媒体能为一些被污名化的疾病正名，如癫痫、糖尿病等。

社交媒体上病患的自我书写研究。社交媒体给病患提供了分享自己的患病故事和个人经历的平台，病人由于生理和心理两方面压力，希望通过在社交媒体上分享经历来获得病友和公众在情感上的支持。

病患的隐私保护研究。社交媒体给医疗专家和病人提供了更加便利的沟通平台，方便病患远距离随时咨询和问诊。同时，病患信息的泄露成为一种风险。有研究者设计了保护病患隐私的原则框架。

第四节　健康传播与新冠病毒感染疫情

新冠病毒感染疫情是一种严重的全球大流行病。疫情在中国武汉暴发，随后在 2020 年初迅速扩散至全球多国，逐渐演变成一场全球性大瘟疫（见图 7-2）。截至 2022 年 7 月，新冠病毒感染疫情全球病死率约为 1.12%，是人

---

① 全球最流行新冠肺炎疫情图，竟由两名中国博士生制作！[N/OL].（2020 - 04 - 09）[2021 - 04 - 20]. https://www. sohu. com/a/386809538 _ 99949452.

图 7-2　《人民日报》发布的新冠肺炎全球疫情形势图（2020 年 3 月 3 日）

类历史上大规模流行病之一。新冠病毒感染疫情导致严重的全球性社会和经济混乱，并使全球经济陷入自从 20 世纪 30 年代大萧条以来最大的衰退。许多教育机构停止线下教学，公共场所被部分或完全关闭，很多活动被取消或推迟。疫情扩散对全球航空业、旅游业、娱乐业、体育业、石油市场、金融市场等也造成巨大影响。疫情暴发初期，全球医疗与民生用品因恐慌性消费而供应不足，假新闻传播与针对不同族裔产生的种族或地域等歧视问题频发。

一、"信息疫情" 研究高涨

虚假信息，包括故意发布的虚假信息，通过社交媒体、短信和大众媒体广泛传播。有关疫情规模以及新冠病毒起源、预防、诊断和治疗的错误信息和阴谋论出现。世卫组织宣布，有关该病毒的不正确信息的"信息疫情"，对全球健康构成了风险。

"信息疫情"（infodemic）这一合成词是由信息（information）和流行病（epidemic）组合而成，德籍加拿大学者、国际医学信息学协会消费者健康信息学工作组主席冈瑟·艾森巴赫（Gunther Eysenbach）早在 2002 年就提出"信息疫情学"（infodemiology）的概念，他在电子健康（e-health）主题下关注网络社会中的健康信息质量，研究互联网中健康信息与虚假信息的决定因素和分布规律。[①] 对于"信息疫情"，世卫组织将其定义为在疫情期间，海量信息中存在着大量虚假信息和不实信息，真假信息混杂使人们难以辨别信息的真实性进而获得指导的一种现象。虽然新冠病毒感染疫情被《麻省理工科技评论》认为是第一个真正意义上的社交媒体"信息疫情"，但在以往的突发公共卫生事件中，已经出现"信息疫情"的端倪。例如，H7N9 禽流感疫情中的"吃大盘鸡感染 H7N9 病毒导致死亡"，"非典"时期的"板蓝根可以防治病毒"，韩国中东呼吸综合征（MERS）疫情暴发时的"空气净化器可杀灭MERS 病毒"，巴西 ZIKA 疫情"与该国投放转基因蚊子相关"等，突发公共卫生事件仿佛始终与"信息疫情"相伴相生。

虽然信息阴谋论并不是一种新现象，但在新冠病毒感染疫情大流行的背景下，这可能会导致不利的健康影响。认知偏误，例如妄下结论和确认偏误，可能与阴谋信念的产生有关，据报道它还因受到国家支持的秘密行动而蔓延，在其他国家引起恐慌和播下不信任的种子。有记者因涉嫌散布有关疫情大流行的假新闻而被捕。它也由政客和其他知名公众人物传播。

---

① EYSENBACH G. Infodemiology：the epidemiology of（mis）information［J］. American Journal of Medicine，2002，113（9）：763-765.

商业诈骗者声称可提供家庭测试、假设的预防措施和"奇迹"疗法。几个宗教团体声称他们的信仰会保护他们免受病毒感染。还有人声称这种病毒是人口控制方案、间谍活动的结果，或 5G 升级到蜂窝网络导致的意外副作用。

自《2021 年爱德曼信任度调查中国报告》首次提出"信息之'疫'"概念以来，民众对虚假新闻的担忧创历史新高，80% 的受访者担心虚假信息或假新闻被作为武器使用。这一趋势的形成，与全球范围内特别是西方国家政府与媒体互不信任，为获得选票和关注度制造分歧和虚假信息有很大关系。

伊斯拉姆等（Islam，et al.）学者对"信息疫情"在全球范围内产生的影响进行研究时发现，由于"饮用高度酒精可以对身体进行消毒并杀死病毒"的错误信息，约有 800 人因饮用乙醇死亡，5 876 人住院治疗，60 人完全失明。① 在印度，有 12 人因为社交媒体上传播的"曼陀罗种子可以提高免疫力"的不实信息饮用曼陀罗种子制成的酒，导致住院治疗。此外，研究者还发现，印度、美国、中国、西班牙、印度尼西亚和巴西等国是"信息疫情"的高发区。

新冠病毒感染疫情在国内暴发时，武汉多日新增确诊病例过万，感染患者不能及时得到医治，尚未找到有效的治疗方法，新冠病毒传染性比"非典"更高……在疫情早期，疫情形势的严峻加剧了公众的恐慌，也给"信息疫情"的滋生提供了空间。据《南方都市报》调查，2020 年 1 月 20 日至 3 月底各辟谣平台日均辟谣非重合谣言 67 条，2 月证伪谣言数量占比为 54.7%。国家信息中心与南京大学网络传播研究院 2 月发布的《"新型冠状病毒肺炎"公众认知与信息传播调研》指出，对 2020 年 1 月 20 日以来的微博数据进行抓取，发现与疫情不实信息或谣言相关的词频多达 647 万。腾讯新闻推出的较真查证平台"新型冠状肺炎特别版"，自 2020 年 1 月 24 日上线到 2 月 15 日下午，为用户提供了 5.36 亿次服务。"信息疫情"在全球演化成一种看不见的公共危机，也成为学者关注的热点。

国内外关于"信息疫情"的研究主要包括四个议题：一是对"信息疫情"定义或者特点的研究②；二是从传播的角度对信息传播特征的研究③；三是对

① ISLAM S, SARKAR T, KHAN S H, et al. Covid - 19 - related infodemic and its impact on public health: a global social media analysis [J]. The American Journal of Tropical Medicine and Hygiene, 2020, 103 (4): 1 - 9.

② 徐剑，钱烨夫. "信息疫情"的定义、传播及治理 [J]. 上海交通大学学报（哲学社会科学版），2020 (5)：121 - 134；王世伟. 略论"信息疫情"十大特征 [J]. 图书馆杂志，2020 (3)：19 - 23.

③ CHAO M, XUE D, LIU T, et al. Media use and acute psychological outcomes during covid - 19 outbreak in China [J]. Journal of Anxiety Disorders, 2020, 74 (3): 1 - 6；张帅，刘运梅，司湘云. 信息疫情下网络虚假信息的传播特征及演化规律 [J]. 情报理论与实践，2021 (8)：112 - 118.

"信息疫情"产生的影响的研究[①]；四是对策研究，如如何对"信息疫情"进行治理以及如何提高公众媒介素养等[②]。

例如，伊斯拉姆等学者将"信息疫情"分为谣言、阴谋论和污名化三个维度，他们根据对 2019 年 12 月 31 日到 2020 年 4 月 5 日期间对社交媒体上87 个国家的 2 311 条不实信息的研究，指出 2 049 条（89%）被归类为谣言，182 条（7.8%）被归类为阴谋论，另有 82 条（3.5%）被归类为污名化。从信息内容来看，24% 为疾病传播和死亡率相关信息，21% 为控制干预相关信息，19% 为治疗相关信息。[③] 而"信息疫情"不仅对受众认知和情绪产生影响[④]，也会加剧社会恐慌，不利于疾病防治，还可能影响国际交流合作[⑤]。

二、疫情与心理健康研究成为热点

2020 年新冠病毒感染疫情大暴发后，世界上大部分国家都采取了较为严格的社交距离限制甚至封城等措施，以降低病毒的传播速度。虽然这些措施有效遏制了病毒的快速传播，但也有公共卫生专家和医疗专业人士表达了对这些措施可能带来的个人心理和情绪问题的担忧。[⑥]在此背景下，疫情中的心理健康问题和干预策略成为过去三年全球健康传播研究的重点之一。

情绪倦怠被认为是最显著的心理压力反应之一，指一种情绪和情感资源枯竭的状态。[⑦] 在中国和意大利进行的两项研究结果显示，参与新冠肺炎患

---

① ISLAM S, SARKAR T, KHAN S H, et al. Covid - 19 - related infodemic and its impact on public health: a global social media analysis [J]. The American Journal of Tropical Medicine and Hygiene, 2020, 103 (4): 1 - 9; 王琳，朱可欣. "新型冠状肺炎"信息疫情对大学生社交媒体用户信息行为的影响 [J]. 图书馆杂志, 2020 (7): 83 - 94, 123; 赵峻，黄明金，吴俊林，等. 新型冠状病毒肺炎疫情下信息疫情对人群睡眠影响的调查 [J]. 临床精神医学杂志, 2020 (6): 438 - 441.

② EYSENBACH G. How to fight an infodemic: the four pillars of infodemic management [J]. Journal of Medical Internet Research, 2020, 22 (6): e21820; 郑智斌，周丽. 社交媒体中"信息疫情"及强治理实践 [J]. 传媒观察, 2020 (9): 32 - 37.

③ ISLAM S, SARKAR T, KHAN S H, et al. Covid - 19 - related infodemic and its impact on public health: a global social media analysis [J]. The American Journal of Tropical Medicine and Hygiene, 2020: 103 (4): 1 - 9.

④ 王琳，朱可欣. "新型冠状肺炎"信息疫情对大学生社交媒体用户信息行为的影响 [J]. 图书馆杂志, 2020 (7): 83 - 94, 123.

⑤ 王玲宁. 警惕全球传播时代"信息疫情"的危害 [EB/OL]. (2020-03-16)[2022-08-27]. https://theory. gmw. cn/2020 - 03/16/content_33654793. htm.

⑥ QUEEN D, HARDING K. Societal pandemic burnout: a COVID legacy [J]. International Wound Journal, 2020, 17 (4): 873 - 874.

⑦ MASLACH C. Burnout: the cost of caring. [M]. Englewood Cliffs: Prentice Hall, 1982; HALBESLEBEN J R B, BOWLER W M. Emotional exhaustion and job performance: the mediating role of motivation [J]. Journal of Applied Psychology, 2007, 92 (1): 93 - 106; FIGLEY C R. compassion fatigue: coping with secondary traumatic stress disorder in those who treat the traumatized [M]. London: Brunner-Routledge, 1995; 高金萍. 重大突发性公共事件报道中的情感策略应用探析 [J]. 教育传媒研究, 2021 (6): 76 - 81.

者急救相关工作的医护人员出现了中度到重度的情绪倦怠。[①] 除了医护人员，公众在传染病暴发时也会产生情绪倦怠。2003 年，大学生在"非典"疫情中出现了严重的情绪困扰和心理倦怠。[②] 在新冠病毒感染疫情中，多个国家的公众也出现了类似的情绪困扰问题（如焦虑、压力、恐惧和抑郁症状等）。[③] 霍孟可等人在疫情早期对湖北省两地武汉和黄冈与云南省两地昆明和玉溪共四地居民的心理健康状况进行调查时发现，四地居民普遍存在焦虑、抑郁等心理问题，其中武汉居民的焦虑检出率最高，为 31.4％。[④] 疫情大流行期间的海量疫情信息不仅使受众产生信息过载，还有可能对受众的情绪产生影响，使他们出现情绪倦怠甚至影响心理健康。尤江东认为海量疫情信息涌现、交织、博弈、反转，牵引着公众的情绪，容易引发公众恐慌和敌意媒体效应，甚至引发社会失序或社会动荡。[⑤]克拉普（O. E. Klapp）从社会心理学角度出发，提出信息的嘈杂使得受众难以从泛滥的信息中提取意义或者兴趣，个人可能会感到杂乱、不满、孤独、无聊或者心烦意乱。[⑥]

在灾难背景下，信息对受众的情绪影响更为显著。普费福姆等（Pfefferbaum, et al.）在一项回顾性研究中发现，媒体的灾难报道与受众的负面心理结果相关。[⑦] 刘环宇等人在研究中发现，与"非典"相比，在新冠病毒感染疫情时期公众获取信息的方式发生了较大变化，信息良莠不齐，网络上充斥着不实信息和矛盾信息，公众难以辨别信息真实性，容易引发恐慌与焦虑。[⑧] 高俊玲等（Gao，et al.）在对新冠病毒感染疫情期间受众的社交媒体曝光和

---

① GIUSTI E M, PEDROLI E, D'ANIELLD G E, et al. The psychological impact of the covid – 19 outbreak on health professionals：a cross-sectional study [J]. Frontiers in Psychology, 2020, 11; WAN Z, LIAN M, MA H, et al. Factors associated with burnout among chinese nurses during COVID – 19 epidemic：a cross-sectional study [J]. BMC Nursing, 2022, 21.

② MAIN A, ZHOU Q, MA Y, et al. Relations of SARS-related stressors and coping to Chinese college students' psychological adjustment during the 2003 Beijing SARS epidemic [J]. Journal of Counseling Psychology, 2011, 58 (3)：410 – 423.

③ PRIKHIDKO A, LONG H, WHEATON M G. The effect of concerns about COVID – 19 on anxiety, stress, parental burnout, and emotion regulation：the role of susceptibility to digital emotion contagion [J]. Frontiers in Public Health, 2020 – 12 – 18. http://doi：10.3389/fpubh.2020.567250. e Collection 202; YE Y, LONG T, LIU C, et al. The effect of emotion on prosocial tendency：the moderating effect of epidemic severity under the outbreak of COVID – 19. Frontiers in Psychology, 2020 – 12 – 21. https://doi. org/10.3389/fpsyg.

④ 霍孟可，殷燕，蒋丽珠，等. COVID – 19 疫情早期武汉、黄冈、昆明、玉溪四地居民心理健康状况调查 [J]. 国际精神病学杂志, 2020 (2)：197 – 200.

⑤ 尤江东，夏素敏. 信息素养："信息疫情"现象下的反思 [J]. 竞争情报, 2020 (6)：41 – 44.

⑥ KLAPP O E. Overload and boredom：essays on the quality of life in the information society [M]. New York, NY：Greenwood Press, 1986.

⑦ PFEFFERBAUM B, NEWMAN E, NELSON S D, et al. Disaster media coverage and psychological outcomes：descriptive findings in the extant research [J]. Current Psychiatry Reports, 2014, 16 (9)：464 – 461.

⑧ 刘环宇，谭芳，邓丽丽. 新型冠状病毒肺炎疫情期间公众焦虑现状及影响因素分析 [J]. 护理研究, 2020 (9)：1646 – 1648.

心理健康之间关系的研究中发现，过度接触健康信息会增加焦虑和抑郁的可能性。[①] 兰吉特等（Ranjit et al.）的研究表明，新冠病毒感染疫情暴发初期，媒体上充斥的大量负面消息，如疾病的高发率和死亡率、预防和治疗的不确定性等，可能会引发各种情绪反应。[②] 王琳和朱可欣在研究中发现过量的疫情信息对用户的倦怠和抗拒情绪有显著的正向影响，并将其解释为用户面对大量疫情信息可能会出现被迫阅读的情况，扰乱用户自身的计划，从而产生倦怠情绪。[③]

显然，新冠病毒感染疫情不仅带来了全球格局的巨大改变，而且深刻地影响了全球传播生态，以及全球公众的心理健康。后疫情时代，人们必将面临重建对美好生活的追求及其实现过程中可能出现的心理调适等诸多问题。

———————— ◀ 拓展阅读 ▶ ————————

陈梁. 健康传播：理论、方法与实证研究［M］. 北京：知识产权出版社，2020.

聂静虹. 健康传播学［M］. 广州：中山大学出版社，2019.

周军. 健康传播概论［M］. 杭州：浙江大学出版社，2019.

HSIEH E，KRAMER E M. Rethinking culture in health communication：social interactions as intercultural encounters［M］. Oxford：Wiley-Blackwell，2021.

PLOUGH A L. Culture of health in practice：innovations in research，community engagement，and action［M］. New York：Oxford University Press，2020.

THOMPSON T L，PARROTT R，NUSSBAUM J F. The Routledge handbook of health communication［M］. 2nd ed. New York：Routledge，2011.

THOMPSON T L，DORSEY A，MILLER K I，et al. Handbook of health communication［M］. London：Lawrence Erlbaum Associates，2003.

---

① GAO J，ZHENG P，JIA Y，et al. Mental health problems and social media exposure during COVID-19 outbreak［C］. PLOS ONE，2020：15.

② RANJIT Y S，LACHLANA K A，BASARAN A，et al. Needing to know about the crisis back home：disaster information seeking and disaster media effects following the 2015 Nepal earthquake among Nepalis living outside of Nepal［J］. International Journal of Disaster Risk Reduction，2020，50：101725. https://doi.org/10.1016/j.ijdrr.2020.101725.

③ 王琳，朱可欣. "新型冠状肺炎"信息疫情对大学生社交媒体用户信息行为的影响［J］. 图书馆杂志，2020（7）：83-94，123.

◀ 思 考 题 ▶

第一节

1. 健康传播研究对象包括哪些?

2. 健康传播研究是如何兴起的?

第二节

1. 全球健康传播的含义是什么?

2. 全球健康传播的主要研究问题是哪些?

第三节

1. 社交媒体带来了哪些健康风险?

2. 当前全球健康传播研究者关注的与社交媒体相关的健康传播问题包括哪些?

第四节

1. 什么是"信息疫情"? 它有哪些特点?

2. 新冠病毒感染疫情给全球带来哪些心理健康问题?

3. 新冠病毒感染疫情带来的心理健康问题是什么原因导致的?

第八章

全球环境传播

　　20 世纪中期以来，伴随着全球经济飞速发展和人口急剧增长，环境变化引发的负面效应日益凸显。全球气候变暖、极端灾害天气、空气污染、生物种类锐减等生态危机事件频发。面对人类社会普遍遭受的生态危机等现代风险，环境传播（environmental communication）作为人类回应风险的思考而兴起，在国际学术界颇受重视。环境变化是风险社会中人类面临的最典型、也最突出的全球性风险，与科技、政治、经济、文化等多个领域相互渗透、交织，环境变化不仅仅是环境科学议题，还是一个被赋予了复杂内涵，参与国际关系重组以及国际政治经济秩序重构的全球性公共议题，它既是一种生产性话语元素，也是影响国家形象建构和对外话语权博弈的阵地。

第一节　环境传播的兴起

　　人类社会进入工业文明后，环境污染不断出现、生态环境不断恶化，引发人们对自然环境、生态系统与社会发展的广泛关注。1962 年，蕾切尔·卡逊《寂静的春天》一书出版，首次揭示了人类同大气、海洋、河流、土壤、动植物的密切关系，指出了工业化以来人类对生态系统的破坏。卡逊认为能够杀死蚊子、虱子、跳蚤以及免疫力较强的农作物害虫的现代科技成果 DDT（敌敌畏），也能给环境和人类带来风险，DDT 对环境和生态的破坏实质上首次引发了人们对现代科技滥用的质疑。《寂静的春天》开创了对科学技术应用的个体化反思，以及对规范的环境报道的伦理考量，也推动现代环保主义等社会理念的发展。[①] 1968 年保罗·艾里奇（Paul Ehrlich）的《人口爆炸》（*The Population Explosion*）、1971 年巴里·康芒纳（Barry Commoner）的《封闭的循环》（*The Closing Circle*）等著作推动了生态学和环境传播的发展，也为 20 世纪 70 年代环保运动在世界各地兴起提供了启示。此后，环境科学不断完善、环境意识不断提升，在新闻传播领域也出现了环境记者。

一、国内外环境传播研究的兴起

（一）国外环境传播研究的萌芽

环境传播关注的对象"环境"，既包括自然环境又包括社会环境（或人工环境），2015 年开始实施的《中华人民共和国环境保护法》第二条规定环境"是指影响人类生存和发展的各种天然的和经过人工改造的自然因素的总体，包括大气、水、海洋、土地、矿藏、森林、草原、湿地、野生生物、自然遗迹、人文遗迹、自然保护区、风景名胜区、城市和乡村等"。联合国《人类环境会议宣言》（又称《斯德哥尔摩宣言》）强调"人类既是环境的使用物，又是环境的塑造者，环境给予人以维持生存的东西，并给人提供了在智力、道德、社会和精神等方面获得发展的机会"。由此可知，在环境的变化中，人类处于中心地位，对环境的恶化和保护负有主要责任。

1972 年，凯斯·R. 斯塔姆（Keith R. Stamm）在《大众传播研究的前沿视角》中提出"环境与传播"（environment and communication），这一新兴领域迅速引发关注。[②] 围绕这一新兴学术领域，先后出现了一系列具有内在关联性的学术概念——环境传播、生态传播、环保传播、绿色传播、气候传播、环境信息传播、生态文明传播、环境风险传播、环境素养传播等。在

---

① "寂静春天事件""拉夫运河事件""绿色政党事件"等环保主义运动，不断促使知识产出主体进行反身性思考，形式合理性的功能效率被主体不断推进至极端，人类的知识利用行为偏重功利化的考察与预算，把原来作为工具和手段的形式合理性本末颠倒，进而掩盖价值合理性这一目的本身。

② STAMM K R. Environment and communication [C]//KLINE F G. TICHENOR P J. Current perspectives in mass communication research. Beverly Hills：Sage，1972，1：265 - 294.

这些丰富的概念形态中,"环境传播"一词最终成为学术史上沉淀下来的一个常用概念。① 同年,联合国人类环境会议召开,113 个国家与会,这次会议首次将环境问题确定为紧迫的全球性问题,通过了《人类环境会议宣言》和《人类环境行动计划》,并决定成立联合国环境规划署,统筹全球环保工作。这些举措极大地促进了环保的全球统一步伐。1979 年第一次世界气候大会在瑞士日内瓦召开,提出了气候变化议题。至此,国际社会开始高度关注全球气候变化议题。

1989 年德国社会学家尼克拉斯·卢曼((Niklas Luhmann) 在《环境传播》(*Environment Communication*) 一书中最早提出"环境传播"这一概念,他将"环境传播"定义为"旨在改变社会传播结构与话语系统的有关环境议题表达的传播实践与方式"。卢曼从认知论与现象学的角度出发将环境危机 (environmental danger) 定位为"社会"与"自然"产生深度关联或裂变的中间纽带,因此,环境传播探讨的核心是联结环境安全与社会变革的符号解释行为和话语建构行为。1991 年乔治·迈尔森(George Myerson) 和伊冯娜·里丁 (Yvonne Rydin) 从参与主体的复杂性和特殊性出发提出"环境"之外的六种构成要素——公民与社区组织、环保组织、科技专家、企业及其商业公关、反环保主义组织、媒介与环境新闻,通过考察这六种社会力量搭建的网状结构背后的话语关系和传播关系,进一步认识环境传播的内在特性。

21 世纪以来,全球最有影响力的四大传播学会国际传播学会(ICA)、国际媒介与传播研究学会(IAMCR)、美国新闻与大众传播教育学会(AE-JMC)、美国全国传播学会(NCA)都在其年会上设立环境传播主题分会场,环境传播已经成为应用传播学科门类下一个重要的分支学科。近年来,随着全球环境危机频繁出现,解决环境问题日益紧迫,快速提高人们的环境意识并开展行动已成为全球重要议题之一。国外研究者针对全球化时代全球环境问题频现下人类社会发展的客观需要,将环境传播与危机管理和应对结合起来。2006 年美国学者罗伯特·考克斯(Robert Cox) 在新著《假如自然不沉默:环境传播与公共领域》中将环境传播界定为"一套构建公众对环境信息的接受与认知,以及揭示人与自然之间内在关系的实用主义工具(pragmatic vehicle) 和建构主义工具(constitutive vehicle),是我们用以建构环境问题以及呈现不同社会主体之间环境争议的一种符号化的媒介途径。"② 就实用主义维度而言,环境传播旨在探索种种涉及环境议题和公共辩论的信息包装、

---

① 刘涛."传播环境"还是"环境传播":环境传播的学术起源与意义框架 [J]. 新闻与传播研究,2016(7):110-125.

② COX R. Environmental communication and public sphere [M]. London:Sage,2006:12.

传递、接受与反馈；就建构主义维度而言，环境传播强调借助特定的叙述、话语和修辞等表达方式，进一步表征或者建构环境问题背后所涉及的政治命题、文化命题和哲学命题。前者强调的是回应环境问题的行动方式，后者强调的是环境议题深层的符号世界与意义体系。考克斯还针对"环境传播是否应该承载构建社会共同体、维护良性生态系统的责任"这一伦理命题，指出"环境传播是旨在构建良性环境系统和培育健康伦理观念的危机学科"。也就是说，环境传播可以在环境危机管理与传播领域"大做文章"，进而有效地找到属于自己的学科定位。在《假如自然不沉默：环境传播与公共领域》（第二版）中，考克斯将环境传播的定义修改为"环境传播是我们理解环境本身以及理解我们与自然世界关系的一种实用和建构的手段。它是我们用来建构环境问题和协调社会不同反应的一种象征性的中介"①。

2009 年，美国学者斯蒂芬·李特约翰（Stephen Littlejohn）和凯伦·福斯（Karen Foss）在《传播学理论百科全书》中收录了"环境传播"词条，认为"环境传播是传播学科的一个分支领域，同时也是一个跨学科的元领域（mata-field）"。在此书中，澳大利亚新南威尔士大学的提玛·米尔斯坦（Tema Milstein）指出："环境传播是美国 20 世纪 80 年代以来逐渐形成的一个具有明显特点的研究领域，其理论基础源自传播学经典的修辞学传统。"②

（二）国内环境传播研究的发展

任何环境、生态问题都会经过长时间的潜伏期，公众对这种潜伏期的环境质量的敏感度并不高，大多数情况下只有问题爆发了才会感受到切肤之痛。早在 20 世纪 70 年代末 80 年代初，国内就出现了关于生态环境恶化的报道，媒体通过连续报道环境危机、跟踪绿色行动、呼吁治理环境污染，来传播环境知识、环保理念。环境报道叙事结构往往表现为两种：其一，企业污染—受害者抗议—政府治理—媒体报道；其二，政府默许、企业污染—媒体揭露、受害者抗议—媒体报道—政府治理。从这两种叙事结构来看，抗议成为关键的报道由头，并且这些抗议环境污染的报道内容都以负面新闻的形式出现。

近十年来，以社区环境抗争为特征的社会现象越来越多，基于西方理论的国内环境传播研究也逐渐出现，重点关注的议题包括雾霾、癌症村、邻避运动等。

雾霾问题凸显当前环境问题特别是气候变化的全球性和跨代性、气候变

---

① COX R. Environmental communication and public sphere. ［M］. 2nd ed. Los Angeles：Sage，2010：20.

② MILSTEIN T. Environmental communication theories ［C］//LITTLEJOHN S W，FOSS K A. Encyclopedia of communication theory. Thousand Oaks：Sage，2009：345.

化原因的不明确性及难以把握性、全球变暖速度和严重程度的不确定性、全球范围内气候治理行动效果的不确定性。这些因素共同构成了环境风险的根源，使环境污染问题演变为典型的全球性风险。环境污染问题与传统安全问题联系密切，其影响范围之广、规模之大、发生频率之高、破坏程度之严重不容小觑，极易激发原本存在的政治、经济和社会矛盾，影响区域稳定和国家安全。

癌症村现象在改革开放后开始集中迸发，它是现代化转向农村的产物。随着中国经济高速发展，工业化、城市化、全球化进程不断加快，以前以资源环境消耗型出口导向性为主的增长方式对环境造成了严重的污染和破坏，也使得癌症村现象越来越严重。2013 年，中国疾病预防控制中心副主任杨功焕及其团队发布淮河流域癌症研究的结果，证实了癌症村与地方污染的相关性。在空间分布上，癌症村呈现从东部地区慢慢向中西部地区转移，由东到西逐级递减的趋势。"癌症村"大多处在区位条件优越、水资源比较丰富、工业发展相对发达但医疗设施水平相对落后的平原或者丘陵地区，多为人口密度较大、县辖区下、气候适宜、四季分明并以沿海地区居多的乡村地区。[①]癌症村被冠以污名化话语。近年来，随着我国生态治理的加强和环境的好转，关于癌症村的研究逐步减少。

环境污染特别是气候变化议题的复杂程度远远高于其他全球性议题和跨国性议题，气候变化（图 8－1 展示了 1880—2020 年全球气温的变化）已经由人类自然生态风险逐渐演变为全球性政治议题、外交议题和经济议题。其中，新闻媒体发挥着重要的推动作用。媒体关于气候变化议题的报道逐渐超越传播学科范畴，从单一的自然生态报道和科学争议性问题讨论，逐步上升为社会议题、环境议题以及外交议题[②]，其中呈现出各个国家、权力主体、组织机构关于气候变化议题的立场和话语博弈。"气候变化是全球性挑战，任何一个国家都无法置身事外。"[③] 随着气候变化议题的媒介化，气候变化由原本的环境问题变得越来越政治化、复杂化。

随着全球环境危机凸显，环境污染和气候变化成为关涉国家形象塑造的重大国际政治问题。其一，环境污染和气候变化问题关系到全球和全人类的利益，在国际社会高度关注环境污染、气候变化议题的舆论压力下，各国都希望在该领域树立良好的国家形象，由此使环境变化成为当前影响国家形象

---

① 吴梦. 中国"癌症村"的空间分布及影响因素研究［D］. 开封：河南大学，2016.

② 郭小平. 西方媒体对中国的环境形象建构：《纽约时报》"气候变化"风险报道（2000—2009）为例［J］. 新闻与传播研究，2010（4）：25－28.

③ 中共中央文献研究室. 习近平关于社会主义文明生态建设论述摘编［M］. 北京：中央文献出版社，2017：132.

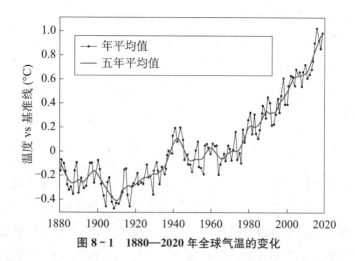

图 8 - 1 1880—2020 年全球气温的变化

建设的突出领域之一。其二，国家应对环境污染的立场、理念及行动成为国际社会评估一国国家形象的重要因素，直接影响该国的政治、经济和外交。从全球气候治理角度来说，某国应对气候问题的立场和行动可能对其他国家产生"外溢效应"。[①] 其三，环境污染问题对内关乎国计民生，影响着一国公众能否拥有生命健康。国家政府在应对环境污染方面的政策主张也是受众密切关注的话题。

二、环境传播的目标

环境传播所关注的环境，是自然环境和社会环境的融合体。自然环境指对人类的生存和发展产生直接或间接影响的天然形成的各种物质和能量的总体，如大气、水、日光、土壤、生物等。社会环境包括政治环境、经济环境和文化环境。自然环境与社会环境共同构成人类生活的物质结构，无论是自然环境还是社会环境出现污染或风险，都将超越局部，辐射全球。媒体、公众、政府/非政府组织在环境传播中扮演着不同的角色，成为环境传播的三个元素。

（一）帮助公众形成对自然环境的客观认知

环境传播具有传播环境信息、建构公众环境感知的功能，揭示环境与媒介的关系。美国政治学者沃尔特·李普曼提出，媒介构建的拟态现实取代了客观现实，成为公众对客观世界的认知来源。人类已进入媒介化社会，媒介

---

① 张丽君．"弃用核能"的政策选择与德国国家形象的塑造［J］．河南师范大学学报（哲学社会科学版），2012（2）：47-50．

渗透到人们日常生活的各个方面，成为人们理解社会和认识社会的主要工具。媒介作为建构和传播环境议题的主要社会机制，是人们面对影响身体健康和公共安全的环境风险时获取环境知识、形成环境认知的主要途径，能够帮助公众认识和理解人类所处的自然环境，形成对自然环境的客观、准确的认知。

（二）促进公众参与环境保护

环境传播具有教育公众、说服动员的功能，能够促进公众对环境风险的认知，提高公众的环保意识，揭示环境与公众的关系。在传统媒体时代，公众依赖媒介获取环境信息、了解环境问题、学习环保知识。在互联网时代，公众成为积极的环境传播参与主体，依赖互联网生产和传播环境信息。平台媒体和社交媒体构成了环保舆论场，在这里公众既是环境风险的承担者又是环境议题的建构者。公众的参与和讨论极大地影响着环境问题的治理和解决。

（三）推动环境危机传播与治理

环境传播具有警示风险、督促治理的功能，揭示着环境与社会的关系。近年来，全球环境危机频繁出现，乌尔里希·贝克所指称的"风险社会"成为全球关注的话题。任何一个全球性环境问题或风险，都不是某个群体或某个国家能够单独解决的，需要全球各国共同努力、协作，以促进环境危机的预警和治理。随着公众环保意识的觉醒，邻避运动也此起彼伏，形成了公众与政府在环境问题上的博弈，客观上影响着环境危机的决策与处理。

（四）构建公众参与环境保护的社会机制

环境传播能够推动政府和公众共同参与环境保护，并通过社会协商构建公众参与环境保护的社会机制。公众参与是实现民主和善治的必要环节。从政府治理角度来说，政府需要公众支持以提升环境治理能力；从公民维权角度来说，公民需要获取环境信息来维护权利；从社会工具角度来说，参与能够促进公众进行社会学习、化解社会冲突。公众参与有助于促进实质性的环境公平，即最终结果的公平。

环境传播建构了人们对自然界的认识和理解，使人们形成对自然界的感知。环境传播通过传播、教育、警示、说服、动员的功能，也成为人类解决环境问题的工具。

第二节　环境传播研究的内容

随着全球化趋势的加剧，包括气候变化、自然和生物多样性丧失、污染和废弃物在内的三大全球性环境危机也在加速恶化。日益突出的环境问题成为每个国家都必须认真对待的重大问题。与此同时，环境传播研究也越来越受到社会各界关注。

一、国外环境传播研究的内容

环境传播的核心问题是如何认识和表述环境。美国环境传播学学者罗伯特·考克斯指出："我们就环境问题与另一个人的交流方式极大地影响着我们如何认识环境和自己，因此也影响着我们如何界定自身与自然世界的关系。"

国外环境传播研究贯穿始终的三个元素是话语、权力与政治。[①] 国外研究者认为，环境问题是人类社会经济制度运作的负面效应，其产生后又对人类社会的发展模式、人类的行为方式产生反作用，推动国内、国际制度变迁，促使人类自省。美国世界观察研究所所长莱斯特·布朗（Lester Brown）指出，"生态危机不仅仅是自然环境的恶化，它也是引起和加快经济衰退和社会解体的一个决定性因素"[②]。环境危机事件并非个别的异常现象，实质上是一种全球现象的指示。生态环境保护对一国政治合法性越来越重要，使得一国的政治合法性与政治民主化发展愈来愈以尊重自然、创造更加美好的人类生存发展环境条件为前提。因此，环境传播中不同话语主体的文本表征和话语实践，不仅建构和重塑着人们对环境问题的认知，而且在公共议题构建中，运用符号修辞机制，在环境话语争夺中体现着政治和经济权力的运作。

罗伯特·考克斯在《假如自然不沉默：环境传播与公共领域》中将环境传播研究划分为七大领域：环境修辞和话语（environmental rhetoric and discourse）、媒介与环境新闻（media and environmental journalism）、环境决策的公共参与（public partitipication in environmental decision making）、社会营销与环境动员（social marketing and advocacy campaigns）、环境合作与冲突应对（environmental collaboration and conflict resolution）、环境风险沟通

---

① 刘涛. 环境传播的九大研究领域（1938—2007）：话语、权力与政治的解读视角［J］. 新闻大学，2009（4）：97 - 104，82.

② 张海滨，艾锦姬. 美国：环境外交新动向［J］. 世界知识，1997（12）：26 - 27.

（environmental risk communication）、流行文化表征与绿色营销（representation of nature in popular culture and green marketing）。

安德斯·汉森（Anders Hansen）概括了环境传播关注对象的演变过程："最初关注的是环境作为一个问题或议题的相关信念和知识，后来进一步延伸到个体、文化和社会范畴，深刻地指向我们认识、感知、评价、解释环境的方式。"[①] 早期的环境传播强调"环境"和"传播"的简单结合，如今则强调将环境视为一种认知方式，经由它抵达对由环境问题所引发的一系列深刻的社会矛盾与生存困境的认知。

二、国内环境传播研究的内容

2010 年以来，国内学术界从多个视角关注环境传播。国内环境传播的研究内容主要包括三类：

其一，媒介与环境新闻，研究大众媒介如何呈现环境议题以及如何建构环境信息框架。如李淑文认为，环境传播首先是传播环境信息的行为或过程，广义的环境传播是指通过人际、群体、组织、大众传媒等方式对环境信息进行的传播，狭义的环境传播是指通过大众传媒对环境信息进行的传播。[②]

其二，社会动员与环境促进，涉及多种促进模式，如政治推介模式、法律诉讼模式、政治选举模式、公共教育模式、公民行动模式、媒介事件模式、社区宣传模式、绿色消费引导模式、企业抗议模式等。如刘涛认为环境传播是以生态环境为基本话语，不同社会主体围绕环境议题展开的文本表征、话语生产与意义争夺实践。[③] 郭小平认为环境传播是关于生态环境的信息传递、议题建构与意义分享的过程，因此环境传播不仅包含生态环境信息的传递与交流，还包括以大众传媒为中心的自然、人与社会关系的建构，如环境议题建构、环境话语归寻、生态政治等。[④]

其三，环境危机传播与管理，包括各类主体在遭遇环境危机时采取的自救行为及信息传播方式。如戴佳和曾繁旭通过考察媒体环境话语特征及其框架演化，揭示了公众、企业、公民组织等传播主体在环境议题探讨中的互动，分析了谣言在环境危机事件中的生成与传播，认为媒介在促成良性的环境风

① HANSEN A. Communication, media and environment: towards reconnecting research on the production, content and social implications of environmental communication [J]. International Communication Gazette, 2011, 72 (1/2): 1-18.

② 李淑文. 环境哲学：哲学视阈中的环境问题研究 [M]. 北京：中国传媒大学出版社，2010.

③ 刘涛. 环境传播：话语、修辞与政治 [M]. 北京：北京大学出版社，2011.

④ 郭小平. 环境传播：话语变迁、风险议题建构与路径选择 [M]. 武汉：华中科技大学，2013.

险评估、舆论形成以及政策成果方面具有重要作用。[1]

环境传播具有鲜明的交叉性和跨学科性，它与科学传播、健康传播、风险传播、危机传播等紧密相关，共同构成了全球传播时代重要的传播研究领域。

第三节　全球化时代环境传播的主题与策略

环境与每个人和生物的生存与发展密切相关，环境具有公共性。环境问题的产生是"人类的生产与活动不断破坏自然资源的良性循环和自然环境的自净能力的结果"[2]，换言之，环境问题是人类社会发展进程中经济和社会制度使然。全球化把全球联成一体，污染无国界，一个地方出现环境问题，其影响会超越地方覆盖更广阔的范围，一个地方制造的环境问题，可能累及全球。有些环境问题不是通过单一国家和地区的努力就能够解决的，需要全球性的协作，进行跨国家、跨地区的协商监管。

一、全球性环境传播

全球性环境传播最重要的话题是全球气候变暖（全球气候变暖现象及其应对见图8-2）。全球气候变暖是指温室效应所造成的地球温度上升的一种气候变化。台湾学者杨惟任认为，气候变化与恐怖主义、大规模武器扩散是21世纪全球面临的三大安全问题。[3] 近年来，气候变暖给自然界和人类社会带来严重危害，具体表现在十大方面：过敏症加剧、动物逃亡、北极圈内湖泊逐渐干涸、雾霾天气增多、永久冻结带解冻、鸟类迁徙改变、人造卫星运行速度加快、山脉反弹增高、文化遗产遭到破坏、森林野火猖獗。气候变暖引发的危害令全球公众深感不安。这些危害影响的不只是某几个国家，而是全球；要遏制这些危害，也不是某几个国家能够完成的，需要全球性协作。

20世纪80年代以来，每个十年都比前一个十年更暖。1981—1990年全球平均气温比100年前上升了0.48℃。2019年全球气候变暖加速，全球平均气温较工业化前水平高出约1.1℃，是有完整气象观测记录以来第二暖的年份，物候期提前、冰川消融、海平面上升……多项历史纪录被刷新，气候极

---

① 戴佳，曾繁旭. 环境传播：议题、风险与行动［M］. 北京：清华大学出版社，2016.

② 王义桅. 环境问题对国际关系的影响［J］. 世界经济与政治论坛，2000（4）：46-49.

③ 杨惟任. 气候变化、政治与国际关系［M］. 台北：五南图书出版股份有限公司，2015；自序1-3.

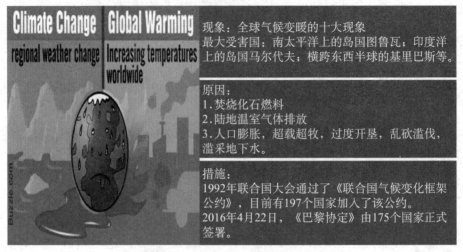

现象：全球气候变暖的十大现象
最大受害国：南太平洋上的岛国图鲁瓦；印度洋上的岛国马尔代夫；横跨东西半球的基里巴斯等。

原因：
1.焚烧化石燃料
2.陆地温室气体排放
3.人口膨胀，超载超牧，过度开垦，乱砍滥伐，滥采地下水。

措施：
1992年联合国大会通过了《联合国气候变化框架公约》，目前有197个国家加入了该公约。
2016年4月22日，《巴黎协定》由175个国家正式签署。

图 8 - 2　全球气候变暖现象及其应对

端性增强。导致全球气候变暖的主要原因是人类在近一个世纪以来大量使用化石燃料（如煤炭、石油等），排放大量的二氧化碳等多种温室气体。由于海洋存在"热惯性"，对温室气体等外界影响的反应有所滞后，因此 21 世纪全球气候变暖的趋势是过去排放温室气体的结果。一方面，由于人们焚烧化石燃料时会产生大量的二氧化碳等温室气体，这些温室气体对来自太阳辐射的可见光具有高度透过性，而对地球发出的长波辐射具有高度吸收性，能强烈吸收地面辐射中的红外线，从而导致地球温度上升，即温室效应。全球气候变暖会使全球降水量重新分配、冰川和冻土消融、海平面上升等，不仅危害自然生态系统的平衡，而且威胁人类的生存。另一方面，由于陆地温室气体排放造成陆地气温升高，与海洋的温差变小，进而造成空气流动减慢，雾霾无法在短时间内被吹散，造成很多城市雾霾天气增多，影响人类健康。汽车限行、暂停生产等措施只能带来短期和局部效果，并不能从根本上改变气候变暖和雾霾污染。

解决或缓和全球气候变暖的现实问题，需要全球各国的协作。1992 年联合国大会通过了《联合国气候变化框架公约》，依据该公约，发达国家同意在 2000 年之前将它们释放到大气层的二氧化碳及其他温室气体的排放量降至 1990 年时的水平，目前有 197 个国家加入了该公约。2016 年 4 月 22 日，175 个国家签署《巴黎协定》，该协定的长期目标是将全球平均气温上升幅度相较于工业化前控制在 2℃之内，并努力将平均气温上升幅度控制在 1.5℃之内。

媒体对气候变暖等全球性问题的报道，其重要性不言而喻。一方面，它可以使人们的认知和行动产生积极的变化，可以让不发达地区了解全球性问题带来的潜在影响，通过推广减排活动来控制地球变暖的速度。另一方面，它可以让大众和政策制定者更好地获知信息，以促进更有效政策的制定，为社会可持续发展提供保障。媒体高质量的气候变化报道可以促使政府间进行有效的气候谈判。

二、国家间环境传播

近年来，国家间因为环境问题发生矛盾、斗争或博弈以及相互合作的案例越来越多。媒体在这些国家间环境问题报道中具有不可小觑的作用。

例如，湄公河跨境水资源治理问题，已经由环境治理问题转化为国家协作问题。湄公河是东南亚第一长河，被誉为"东方多瑙河"。湄公河发源于中国青藏高原唐古拉山脉东北麓，在青海和西藏被称为"扎曲"，意为"岩石之水"；流至昌都后被称为"澜沧江"，意为"碧水洪波"，出中国后被称为"湄公河"，意为"众水之母"，流经缅甸、泰国、老挝、柬埔寨及越南等五国，最后从越南南部流入南海。澜沧江-湄公河是东南亚各国人民的母亲河，流域内水文地貌特殊，生态环境也十分丰富。湄公河流域被誉为"亚洲谷仓"，流域内盛产稻米，泰国和越南是世界排名第二和第三的稻米出口国，是世界粮食的主要出口地。除了盛产稻米，湄公河流域也是世界上最大的淡水鱼场，全球 25％的淡水鱼在此捕获，是流域内居民获取蛋白质的主要来源。流域内 85％的居民依靠河流维持生计，从事捕鱼、水产养殖、稻米和农作物种植。

近年来湄公河三角洲的灌溉水量持续减少，水质问题日益严重，土壤盐化及病虫害也日益严重，当地农民深感担忧；湄公河渔业资源减少，影响了渔民的生计。究其原因，首先是流域内的人口快速增长以及环境过度开发，环境开发与沿岸国家的工业化息息相关。其次，干旱以及三角洲海水倒灌和土壤盐化等问题与全球气候变暖相关。人类活动导致温室气体排放增加，以至于流域内的年均温度呈显著上升趋势，北部高海拔地区温度上升幅度明显大于南部平原地区，而气温的剧烈变化导致湄公河的水源——高山融雪增加；另外海洋升温和区域多重季风环流所带来的降雨问题，使得流域内的全年降雨量差异极大，雨季降雨量占全年的 85％，旱季降雨量则只占剩下的 15％，因此湄公河在雨季容易遭遇雨水泛滥、在旱季则会出现严重干涸问题。由于流域内国家缺乏合作治理的共识，湄公河流域的环境每况愈下，不仅森林、水源和许多珍稀物种消失，流域内民众的日常生活也深受影响，湄公河成为"不和之水"。湄公河跨境水资源治理，特别是进行水资源分配需要多国协作，不仅要立足本国，而且要超越本国。

水资源分配是国际河流跨国合作治理面临的核心问题。根据国际水法的基本原则，国际河流的跨国合作治理必须以"公平原则"为基础进行，流域内各国拥有平等的水权。而要解决公平问题，就需要综合考虑河流各段的水文特征、经济发展水平和实际用水需要，实现水权的公平分配。

2005年以来湄公河中下游地区旱涝灾害不断加剧。湄公河中下游的旱涝现象是自古以来就有的，由于沿线其他各国缺乏协调管理机制，对流域无节制开发破坏次区域内生态环境而加剧。受强厄尔尼诺现象影响，湄公河下游国家如越南、泰国等自2016年以来频频遭受严重旱灾，在越南的请求下，中国国家防总提高了上游水坝下泄流量，有效地缓解了该国旱情。然而，湄公河下游各国对中国的善意并非全是感激，中国所采取的善意措施也不能从根本上改善水资源分配。

在中国做出巨大牺牲的情况下，一些国际媒体依旧将下游国家遭遇的旱情归咎于中国筑坝拦水以及破坏生态环境等因素，扭曲了中国的国家形象，激化下游各国与中国的矛盾。通过媒体传播客观公正地介绍流域内各国的水权分配，积极与下游民众沟通，在开发项目上寻求妥协和共识，通过国际组织的协调打破国境限制，加强各国对流域开发的责任感，从根本上改变无节制开发的现状，是提升湄公河各国生态环境治理水平的关键。

中国和其他五国在合作治理湄公河问题上不仅涉及水资源分配问题，更关乎次区域的生态环境和社会发展，这有关各方的共同利益。中国虽然不是湄公河委员会成员（2012年四国建立了综合治理、利益共享长效机制），但一直都本着积极真诚的态度同下游有关各国开展合作。目前，各方除了在技术层面上加强合作，还需要提升政治互信，需要有关各方增进互信，树立命运共同体和利益共同体的精神，释放善意，合理公平地分配水资源，治理、改善流域内的生态环境。要实现澜沧江-湄公河流域的合作治理和水资源更加公平的分配，作为区域内大国和技术相对先进的国家，中国无疑可以发挥更重要的作用。

联合国开发计划署主张"发展的基本目的，就是创建一种能够使人长期地享受健康和有创造性的生活"。湄公河作为联结中国与东南亚各国的国际河流，是构建"湄公河命运共同体"的重要自然资源。在国家间环境传播中，需要充分考虑经济利益、政治利益和环境利益三者的关系，以保护环境和实现可持续发展、共同繁荣为传播目标，是实现政治、经济和环境利益最大化的选择。

三、区域性环境传播

（一）邻避运动的消极意义和积极意义

近年来区域性环境传播的主要实践是与环境保护密切相关的邻避运动

（又称"邻避效应"）。邻避运动表面上是社会公众为了保护居住环境或安全，反对在自己周边安装或建设某种有害健康的设施或工厂等，实质上是社会与政府或国家的一种对抗，公众或抗争者通过资源动员与框架策略，组织各种反对性的活动，以抵制权力部门或利益集团的某项行动与政策安排。其发生背景往往是社会不公、贫富差距扩大等，导致政府与社会公众之间的断裂。邻避运动强调保护地方民众的小环境而不是人类或整个社会的大环境。

20 世纪 80 年代英国环境事务大臣尼古拉斯·雷德利创造了"不要建在我家后院"（not in my back yard，英文简称为 NIMBY，即"邻避"）这一概念，意指居民为了保护自身生活环境免受具有负面效应的公共或工业设施的干扰，而发起的社会反抗活动。20 世纪末期，我国台湾邻避运动中的"鸡屎拉在我家后院，鸡蛋却下在别人家里"，充分反映出这种环境保护的地方主义色彩。

在中国的城市化进程中，邻避运动正成为一个潜在的冲突源。民众或当地单位因担心建设项目（如垃圾场、核电厂、殡仪馆等邻避设施）给身体健康、环境质量和资产价值等带来诸多负面影响，滋生"不要建在我家后院"的心理，对邻避设施产生嫌恶情结，因此采取强烈和坚决的、有时高度情绪化的集体反对甚至抗争行为。将"以邻为壑"的典故[①]演绎出另一个版本：当地群众由于不甘承受"以邻为壑"的污染成本，衍生出对政府引进项目的集体抵制。

邻避运动也具有积极意义，民众的集体抗争行动有助于推动政府的科学决策和民主决策，促进社会和谐。其一，普通民众在利益集团和政府面前处于弱势地位，一些企业巨头在某地修建影响当地环境的化工厂、发电厂等，获利的是企业，而承担环境污染成本或生活代价的是当地民众。这种成本付出与利益收获的不对称，有悖于社会的公平正义原则。从这个意义上说，邻避运动是民众对自身合法利益和公平正义的追求，政府应予以重视。其二，无论是公共还是工业设施，都有投入成本和代价。这种成本和代价不仅包括各种要素的投入，还包括可能对当地居民、环境产生的影响。在民众来看，他们为这个项目承担代价，诸如噪声污染、空气质量下降、安全风险等，理应获得相应的补偿。从这个意义上说，邻避运动具有一定的合理性，政府简单压制或简单放弃都只能埋下对抗冲突的隐患，无助于问题的解决。图 8-3 反映的是邻避运动在物理空间、信息空间、社会空间这三元空间中形成的传播场域。

---

① 成语"以邻为壑"出自《孟子·告子下》，意思是拿邻国当作大水坑，把本国的洪水排泄到那里去。比喻只图自己一方的利益，把困难或祸害转嫁给别人。

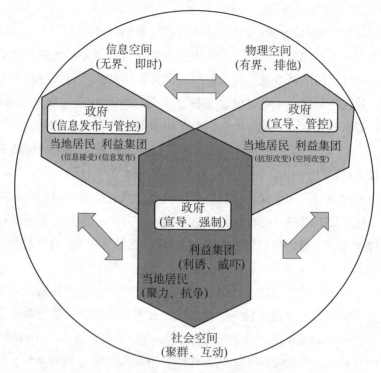

图8-3 邻避运动在三元空间中的传播场域图

简言之，邻避运动是一种利益博弈，民主协商才是解决问题的根本之道。在社会参与日益发达的时代，民众、政府和利益集团应从理性出发，以整体利益、多数群体为核心，平衡各方需求，这样邻避运动涉及的各方利益才能找到最佳解决方案。

（二）区域性邻避运动

邻避运动的发生原因比较复杂，一般包括如下几点：其一，对政府的一般性信任缺失，或者认为其决策过程缺乏透明度，或者受到与政府或社区交往时遭遇失败或负面经历的影响，社会公众容易产生不安全感与不公平感。一旦政府的经济性补偿方案明显不公，极易导致过度的自我保护行为。其二，利益相关者对公益性邻避设施的近期与远期后果缺乏充分了解，容易接受一些不准确或错误的概念，在主观上削弱邻避设施的正面效应，夸大其负面后果。其三，部分公众出于对环境问题、风险和成本的狭隘和局部认识，缺乏社会责任感或风险规避倾向过高，由此片面强调"只要不建在我家后院就行""凭什么由我们来承担应该由整个社会承担的后果"。

例如21世纪初北京的六里屯垃圾焚烧发电厂事件，国内主流媒体对该事件的报道历时五年。2006年底，六里屯周边居民在海淀区政府发布的海淀区"十一五"规划和海淀北部新区规划展上了解到，根据海淀区总体规划，政府拟在六里屯垃圾填埋场的南侧新建一座投资超过 8 亿元的垃圾焚烧发电厂，并计划在 2007 年 3 月动工。该垃圾焚烧发电厂同时也入选了北京市"十一五"规划重点项目。此规划触发了周边居民的反对声浪，他们担心二噁英等污染，认为此举不但不能从根本上解决六里屯垃圾场臭味扰民的问题，还有可能导致周边乃至更远地区环境的进一步恶化。

2006 年 12 月 29 日《百旺新城社区居民反对在六里屯建垃圾焚烧厂投诉信》出炉，得到众多周边居民的支持。2007 年 1 月，北京主流媒体发布了 16 篇报道，包括《新京报》2 篇、《京华时报》2 篇、《中华工商时报》5 篇、中央电视台 7 篇。由于中央级媒体的报道，话题受到大量关注和讨论。

此后两年多的时间里，居民先后组织万人签名支持"反烧"。与此同时，媒体持续关注此事。2011 年 1 月，备受争议的六里屯垃圾焚烧发电项目确定被"废弃"，海淀区将在苏家坨镇大工村建立垃圾焚烧发电厂。大工村选址距六里屯约 20 千米。其间《人民日报》、新华网、《中国青年报》、《第一财经日报》、《财经》、《21 世纪经济报道》等全国性媒体发布 37 篇报道，始终关注这一事件的进展。

社交媒体兴起后迅速成为邻避运动参与者吸引舆论关注的平台。2011 年六里屯垃圾焚烧发电项目废弃在微博上广泛流传。2017 年广东清远垃圾焚烧厂事件也以微信、微博传播为主。

除了邻避运动以外，区域性环境传播还包括沙尘暴报道、雾霾报道等环境议题。近年来，在这些事件中，社交媒体构建了双重话语空间——民众形塑的民间舆论与政府和机构媒体形塑的官方舆论。社交媒体公开性、平等性、集成性的传播特质，使之成为民间舆论与官方舆论相互竞争的场域，在这个场域中，民间舆论的观点极化和情绪化现象极为严重。突发性公共事件出现后，民间舆论从沉默聆听转变为众声喧哗，官方舆论的引导力和主导信息传播模式面临严重挑战。

社交媒体打破了自上而下、单向传播的垄断格局。它是热点信息报道的第一引爆点，逐渐成为热点新闻曝光、发酵和消解的主要信息源，从而对舆论议程设置的主导作用也日益凸显。公众积极利用互联网、使用媒体资源，与政府争夺话语权。

四、环境传播的新平台

随着人们对环境问题的认知和感受逐渐加深，以及非政府组织发起环保倡议，21 世纪以来，联合国及环保组织、各国政府积极开展全球性的环境保护活动，这些活动极大地增强了人们的环保意识。媒体发挥环境监督、教育宣传、整合沟通、社会动员的功能，吸引更多的公众参与到环境保护中来，促进环境传播，提升社会公众的公共环保意识，实现生态环境发展目标。

（一）全球性环保运动

全球性环保运动成为环境传播的新平台，"地球一小时""世界地球日""世界环境日"等，都成为公众获取环境信息、增长环保知识的契机。

"地球一小时"，2007年由世界自然基金会（WWF）为应对全球气候变化发起，呼吁公众在每年3月最后一个星期六的20：30至21：30熄灯一小时，共同表达呵护地球家园的决心。2020年3月28日晚，在新冠病毒感染疫情肆虐全球的背景下，该活动凸显"数字化"特色，也更显示出保护自然的重要性。2022年"地球一小时"的关键词是"行动！共创未来"，希望大家能够共同应对挑战。

"世界地球日"，2009年联合国确定每年4月22日为"世界地球日"，50多个国家联署支持。"地球及其生态系统是人类的家园，人类今后和未来要在经济、社会和环境三方面的需求之间实现平衡，必须与自然界和地球和谐共处。"目前每年有192个国家和地区的约10亿人在"世界地球日"当天举行各种环保活动。

"世界环境日"，1972年6月在斯德哥尔摩举行的联合国人类环境会议通过了将每年的6月5日作为"世界环境日"的建议，自1973年以来，"世界环境日"已经成为全球100多个国家的利益相关者积极采取环保行动的重要平台。联合国环境规划署每年选择一个成员国主办"世界环境日"纪念活动，发布环境现状报告及表彰"全球500佳"，并根据当年的世界主要环境问题及环境热点，有针对性地制定"世界环境日"主题。2019年"世界环境日"纪念活动由中国主办，主场活动设在杭州，主题是"蓝天保卫战，我是行动者"。

除此之外，联合国环境署组织召开的各类会议，也吸引了媒体的关注。如2022年举办的"斯德哥尔摩＋50"会议，以纪念1972年在斯德哥尔摩召开的历史性的联合国人类环境会议，各国首次正视并承担起环境责任。在"斯德哥尔摩＋50"会议上，数百名发言人呼吁各界做出真正承诺，紧急解决全球环境问题，携手推动全球公正地过渡到让所有人共享繁荣的可持续经济。在《巴黎协定》通过两周年之际，由法国倡议、联合国和世界银行共同举办的"同一个地球"峰会（The One Planet Summit）2017年首次召开，这一峰会被纳入国际气候谈判议程中，旨在加快落实《巴黎协定》并将其目标融入各类环保项目。新冠病毒感染疫情暴发后，2021年1月11日召开第二次峰会，这次峰会以"保护生物多样性"为主题，推动国际社会在保护自然和应对气候变化方面采取行动，筹集资金，共同致力于保护陆地和海洋生态系统、促进农业生态发展。

这些全球性环保活动及全球性环境会议是促进全球公众提高环保意识和采取环保行动的主要方式，在传统媒体和社交媒体的呼吁下，公众采取积极的环保行动，以集小溪而成江海的力量共同保护地球。

（二）垃圾分类

垃圾分类是指按照一定的规则或标准将垃圾分类储存、分类投放和分类搬运，分类的目的是提高垃圾的资源价值和经济价值，力争物尽其用。垃圾在分类储存阶段属于公众的私有品；经公众分类投放后，成为公众所在小区或社区的区域性准公共资源；垃圾分类搬运到垃圾集中点或转运站后，成为没有排除性的公共资源。从国内外各城市对生活垃圾分类的方法来看，大致都是根据垃圾的成分、产生量，结合本地垃圾的资源利用和处理方式来进行分类的。进行垃圾分类可以减少垃圾处理量和处理设备需求，降低处理成本，减少土地资源的消耗，具有社会、经济、生态等多方面效益。

欧美国家自 20 世纪六七十年代开始出现垃圾分类，美国和德国的垃圾分类都是由废弃物回收经济推动、再由政府引导的。1965 年，美国制定了《固体废弃物处置法》，1976 年修订更名为《资源保护和回收法》，1990 年又推出了《污染预防法》。这些法律不仅确定了资源回收的"4R 原则"，即恢复（recovery）、回收（recycle）、再用（reuse）、减量（reduction），而且将处理废弃物上升到事先预防、减少污染的高度。美国 50 个州在遵循联邦立法的前提下，各自形成了适合本州的地方立法，形成了有法可依、社区管理和居民自觉维护环境相结合的垃圾处理机制。1991 年，德国通过了《包装条例》，要求生产厂家和分销商对其产品包装全面负责，即包括负责回收废弃包装，再利用或再循环其有用部分。1996 年颁布实施的《循环经济与废弃物管理法》，奠定了德国垃圾回收的总体基调，即谁污染谁治理。在法律的支持下，德国建立了"双向回收系统"。该系统"一收一送"，一方面由制造商、包装商、分销商和垃圾回收部门多方投资成立专业回收中介公司，建立统一的回收系统；另一方面，公司组织垃圾收运者集中回收消费者废弃的包装，分类送到相应的资源再利用厂家进行循环利用，能直接回收的则送返制造商。日本 1995 年实施《促进包装容器的分类收集与循环利用法》，并于 2006 年修订。这一法律通过增加金属、玻璃、塑料容器、宝特瓶、玻璃瓶、纸等分类以促进分类回收。

中国 2017 年 3 月 18 日发布《生活垃圾分类制度实施方案》，稳步推进生活垃圾分类投放。2019 年 7 月 1 日起，《上海市生活垃圾管理条例》正式实施，上海开始普遍推行强制垃圾分类。住房和城乡建设部公布，将在全国 46

个重点城市推行垃圾分类。2020 年 5 月 1 日起，《北京市生活垃圾管理条例》实施。

做好垃圾分类，是实现垃圾回收及处理的前提。多数发达国家已广泛实行垃圾分类处理，为实现全社会的绿色发展、循环发展、可持续发展提供了典范；发展中国家从做好垃圾分类起步，逐步提升资源利用率，最终实现节约资源、低碳发展的目标，解决全球环境问题，维护地球生态环境，推动全球公平进入让所有人共享繁荣的可持续经济，促进人类共同繁荣。

五、应对全球环境问题的实践策略

（一）公众对环境问题的认知状况及原因

当前，各国公众对环境问题的认知状况还有较大的差距，专业环境网站或相关广播电视节目涉及的环境报道内容还有不少错误，有的环境报道还被划归为国际新闻，显得与当地民众生活完全无关。从全球来看，公众的环保意识也许在提高，但在很多国家，大众对气候变化、土壤污染等重大环境问题的原因和后果所知甚少。英国广播公司下属的世界新闻信托机构针对 10 个非洲国家的一项调查显示："即使是最有资格来带领社区开展适应和减缓气候变化工作的当地舆论领袖，对气候变化的认识也极其有限。"[①] 美国环境智库——未来能源（Resources for the Future，RFF）于 2021 年 2 月发布了针对中国、美国和瑞典三国公众对气候变化和全球变暖的认知态度报告，研究团队对比了 2009 年和 2019 年三国每个国家 1 000～1 500 名普通民众的问卷调查结果，共涉及 8 000 名各国受访者。就中国、美国、瑞典三国公众对气候变化、环境问题参与意愿的态度来看，在为了环境可牺牲个人利益等选项中，中国人的积极程度远高于瑞典人和美国人；7％的瑞典人和 16％的美国人不相信全球变暖和气候变化，而仅有 3％的中国人不相信气候变化。[②] 各国公众对环境问题认知状况的巨大差异，不仅制约了全球性的环保有效行动和必要措施的采取，同时还影响了相关政策的制定。

除了国家政府引导，媒体在环境传播中能否发挥积极作用，提供准确、及时和相关的环境报道，也是重要因素之一。在一些发展中国家，由于缺乏培训和编辑的支持，加上环境政策制定者不易接近，很多报道者在进行气候

①   NEVILLE L，LEROUX-RUTLEDGE L，GODFREY A. South Africa talks climate: the public understanding of climate change [EB/OL]. (2010-01-21)[2022-08-15]. https://www. researchgate. net/publication/281861207_South_Africa_Talks_Climate_The_public_understanding_of_climate_change.

②   美智库最新调查，相比瑞典人和美国人，中国人更愿意为气候变化牺牲个人利益 [EB/OL]. (2021-03-29)[2022-08-15]. https://m. 21jingji. com/article/20210329/herald/c2ba4ae33678295a7f8bf9987d237beb. html.

变化等全球性环境问题的报道时重重困难。应当充分认识到无论是在个体、家庭层面上还是在全球层面上，人们都只有及时获取准确的环境信息，才能做出决策并采取有效的环保行动，而媒体是大多数人获得环境信息的途径。因此，应对全球环境问题，需要媒体从唤醒民众的环保意识入手。

（二）加强环境传播实践的策略

提升公众的环保意识不是一朝一夕之事，需要社会各界和媒体共同努力，持之以恒。从政策制定者的角度来看，政策制定者是影响环境改变的主导性力量。成立于 1972 年的非政府组织国际环境与发展研究所（International Institute for Environment and Development，IIED）提出，政策制定者可以通过加强媒体能力建设、扩大联络和鼓励边缘化社区的参与来促进媒体提升公众的环境认知。具体做法包括：为媒体提供便利以获取当地相关的环境政策信息；支持报道者到农村地区和国际会议现场采访报道；邀请媒体参与或观察环境政策制定和规划过程；积极提高政府官员的媒体素养和能力，以便清晰、有效地交流气候变化问题。

从非政府组织及社会公众的角度来看，他们是改变环境的重要参与者。世界各地的学术机构和学者们也积极投入环境传播和气候变化等全球性问题的研究中，如美国乔治梅森大学气候变化传播中心（Center for Climate Change Communication），致力于探索有效促进公众与政策制定者在气候变化问题上积极应对的方法；美国耶鲁大学的气候变化传播项目（Yale Project on Climate Change Communication）连续多年开展公众气候变化认知调查；美国哥伦比亚大学环境决策研究中心（Center for Research on Environmental Decisions）、加拿大维多利亚大学心理学系、英国卡迪夫大学心理学院等主要从心理学出发，研究公众认知环境问题和气候变化的心理过程，以探索有效的方式提升公众的环保意识，促使其参与应对行动。[①]

非政府组织等可以从多个层面提升全球公众的环保意识，除了开展公众对环境问题和气候变化的认知和行为的调查，为环境政策制定和开展环境问题研究提供支持，还可以通过举办各种环保活动及国际会议，推动公众从自己做起展开环保行动。成立于 2012 年的世界绿色组织推动成立亚洲应对气候变化企业联盟（Asian Corporate Coalition for Climate Change Resilience，A4CR），主办的第八届"社会创新发明：'疫'市创建概念空间设计大赛"（见图 8-4），以"概念空间"为主题，鼓励学生就推行街市现代化计划提出

---

① 王振红. 国外促进公众气候参与及传播实践经验［N/OL］. (2015-07-24)［2022-08-15］. http://cn. chinagate. cn/news/2015-07/24/content_36138127. htm.

创新的设计及想法，建设环境健康、绿色及多元化的街市及市政大厦，改善公共设施环境、回应基层市民需求、响应公众对公共卫生的期望。这些活动鼓励公众发挥创造性，为公共服务设施发展和绿色建筑建行建造注入新思维。

图 8-4 社会创新发明："疫'市'创建"概念空间设计大赛

资料来源：社会创新发明："疫'市'创建"概念空间设计大赛.（2012-03-18）[2022-09-20]. https://thewgo.org/website/chi/inventor2020-2021-intro/.

从环境新闻报道者的角度来看，新闻报道者是影响环境改变的重要力量之一，媒体肩负着帮助政策制定者与社会公众沟通的重任，"良好的沟通……就像润滑剂一样，可以帮助整个气候引擎调头并继续运转"。环境新闻报道者应具备三个方面的职业素养：其一，要具备环境领域的相关知识，能够阐释复杂的环境政策，辨析和强调可行的环境危机应对策略。其二，要对极端气候事件发出预警，监督机构努力保护公众利益。其三，应当通过正面报道和批评性报道，推动消费者、企业和政府采取必要的行动来发展绿色经济。

只有一个地球。为了创造一个气候适应型、低排放、可持续发展的世界，政策制定者、社会组织和公众、媒体需要共同努力。习近平总书记在党的十九大报告中指出："各国人民同心协力，构建人类命运共同体，建设持久和平、普遍安全、共同繁荣、开放包容、清洁美丽的世界。"这一宣示体现了中国共产党面对当今世界形势和人类面临的各种挑战，对国际关系和人类前景的基本主张。自 2019 年以来，生态环境部环境与经济政策研究中心每年向社会公开发布《公民生态环境行为调查报告》，跟踪调查评估公民生态环境行为状况，通过开展系统科学、有针对性和代表性的调查，全面深入了解公民生态环境行为状况、人群特征及影响因素，促进公民践行绿色生活方式和开展全民绿色行动，为环境管理决策提供支撑。从环境传播角度出发，呵护自然生态、坚持绿色低碳、节约资源能源、建设一个清洁美丽的世界，这不仅是中国梦，而且是全球梦。

◢ **拓展阅读** ◣

高芳芳. 环境传播：媒介、公众与社会 [M]. 杭州：浙江大学出版社，2016.

戴佳. 环境传播 [M]. 北京：清华大学出版社，2015.

郭小平. 环境传播 [M]. 武汉：华中科技大学出版社，2013.

刘涛. 环境传播 [M]. 北京：北京大学出版社. 2012.

薛国林. 绿色传播与生态文明 [M]. 广州：暨南大学出版社，2011.

王莉丽. 绿媒体 [M]. 北京：清华大学出版社，2005.

HANSEN A，COX R. The Routledge handbook of environment and communication [M]. New York：Sage，2015.

◢ **思 考 题** ◣

第一节

1. 国外环境传播经历了哪几个发展阶段？

2. 国内环境传播实践的特点是什么？

3. 全球环境传播的目标是什么？

第二节

1. 国外环境传播研究的三个关键词是什么？

2. 国内环境传播主要聚力于哪几个方面？

第三节

1. 全球化时代的环境传播覆盖哪些层面？

2. 如何在全球性环境保护活动中发挥媒体的作用？

3. 全球化时代的环境传播面临的问题与挑战有哪些？

4. 全球化时代的环境传播应从哪些方面入手？

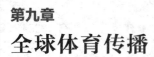

第九章
全球体育传播

  全球化使全球联系不断增强的特性让体育与媒体成为"天作之合",因此全球体育传播超越了传统意义上的国际体育传播,成为体育传播研究的热点。21 世纪初杰弗雷·劳伦斯(Geoffrey Lawrence)等澳大利亚学者对"G 字头"的全球化(globalization)和"S 字头"的体育(sport)之间的关系进行研究,认为二者是水乳交融、相互利用、互相成就的。[①] 20 世纪 90 年代,体育传播进入高速发展期,这与全球化浪潮同步。当代社会,体育的特殊意义和重要价值凸显,正如理查德·格鲁诺(Richard Gruneau)等加拿大学者提出的,全球体育传播"为(全球范围内)的公共讨论提供了一个超越民族和国家边界的跨国社会和政治空间,这有助于从全球公正、后殖民主义愿景和

---

  ① LAWRENCE G,MCKAY J,ROWE D. Globalization and sport:playing the world [M]. London:Sage,2001:6-30.

我们这个时代的伦理、社会、政治和生态等其他重要问题的多元角度来思考它"①。一方面全球体育传播从形态、内容以及影响力等层面，呈现出与全球传播其他类型截然不同的样态；另一方面全球体育传播的外延远远超越国际体育传播，承载着无所不在、无处可逃和全球可达的特性，这些特性极大地侵蚀了本土化带来的特殊性。② 美国学者乔治·H. 萨奇（George H. Sage）认为，正是全球化让体育组织、公司、媒体和政治都发生了变化，这些变化共同推动体育的本质变革。③

第一节　全球体育传播的发展状况

从媒介化的发展形态来看，全球体育传播经历了从早期媒介报道围绕体育赛事的"体育媒介"形态逐渐演变为媒介引领体育赛事、两者互相成就的"媒介体育"形态，再到体育媒介化的高级形态——体育重大事件，直到新冠病毒感染疫情暴发后的后深度体育媒介化时代。在体育新闻（传播）研究肇始时，对体育报纸和杂志等平面媒体的研究自然而然成为核心。当代体育是职业体育、群众体育、学校体育、军队体育等多轨并行的，其中职业体育和奥林匹克运动被认为是当代体育发展的"两驾马车"。19 世纪末，新兴的奥林匹克运动和职业体育为当时的平面媒体提高发行量和提升影响力提供了重要内容。相应地，媒体也扩大了体育赛事的传播范围，彰显其社会地位。职业体育和奥林匹克运动的传播模式存在巨大差异，后者诉诸价值观和意识形态对全球化、民族主义以及全球本土化等产生重大影响，并通过商品化和消费主义文化实现全球化扩张。这两种已有百年历史的体育传播模式均在 20 世纪 90 年代初，即全球化席卷世界各地之后，迎来了发展高峰。

一、雏形阶段的体育媒介形态

（一）奥林匹克运动模式

奥林匹克运动的复兴和现代奥运会的举办让全球共享同一盛事成为可能。

---

① GRUNEAU R，HORNE J. Mega - events and globalization：an introduction［C］//GRUNEAU R，HORNE J. Mega-events and globalization：capital and spectacle in a changing world order. Abingdon：Routledge，2016：6.

② ROWE D. Global media sport：flows，forms and futures［M］. London：Bloomsbury，2011：1.

③ SAGE G H. Globalizing sport：how organizations，corporations，media，and politics are changing sports［M］. Boulder：Paradigm，2010.

19 世纪末，法国人顾拜旦和少数西方体育教育精英开创了现代奥林匹克运动会这一具有浓郁西方中心主义情结、被法语系国家和法兰西文化主宰的运动模式。直到今天，法语仍然是国际奥林匹克委员会（简称"国际奥委会"）的第一官方语言。但最早几届奥运会基本上是同时同地举办的世界博览会的附属品。由于当时体育业余主义和去商业化的特性，奥林匹克运动既没有足够的全球影响力，也缺少必要的"看点"和"卖点"。

现代奥运会从创办伊始就成为媒体的宠儿，一些媒体也因为对奥运会的报道扩大了影响力。1895 年底法国卢米埃尔兄弟研发的电影技术为几个月后举行的首届奥运会留下了活动影像，这是 1896 年首届奥运会传播中为数不多的亮点之一。当时国际奥委会认证的全球记者只有 11 位，而实际参与报道的记者远不止这个数字。国际奥委会公布的报道奥运会的平面媒体超过 70 个，这还没有包括上海的英文报纸《字林西报》，该报在奥运会结束后刊载了相关报道。世界上第一份真正意义上的体育日报《米兰体育报》诞生于 1896 年 4 月 3 日，时值首届奥运会开幕的前三天。尽管意大利官方没有参加首届奥运会，却有一个业余跑者埃罗尔蒂以个人身份参加了马拉松比赛。埃罗尔蒂参赛的传奇故事就出现在《米兰体育报》的奥运会报道中。"国际奥林匹克委员会"的现用名来自 1897 年法国报纸《小勒阿弗尔报》，该报以之代替冗长的"奥林匹克运动会国际委员会"，1901 年这一称谓被正式采纳。

20 世纪 20 年代商业广播诞生，当时的报业极度排斥无线电介入体育报道，而在 1924 巴黎奥运会上法国无线电玩家坐上热气球，通过广播直播足球比赛（直播因热气球爆炸而告终）。1936 年柏林奥运会号称首届由"电视转播"的奥运会，但那时所谓的电视技术不过是让本地受众到电影院里欣赏正在通过摄影机拍摄的实时比赛画面。德国人在半年前举办的加米施-帕滕基兴冬奥会上已经做过尝试，但用于拍摄的器材被付之一炬，此后他们不再提起此事。不过，柏林奥运会的无线电广播采用了当时领先的短波技术，通过 28 种语言向全球 40 多个国家和地区传播，其中也包含国民党中央社特派记者冯有真对中国听众的广播。这可能是真正意义上的第一次全球体育传播。

20 世纪 60 年代初，美国三大电视网 NBC、ABC 和 CBS 的激烈竞争，敦促它们开始考虑将奥运会作为提升节目竞争力的策略。长期入不敷出的国际奥委会也希望将奥运会作为可能带来利益的商品出售，其直接形式就是电视转播权。1960 年斯阔谷冬奥会转播权以 5 万美元的价格被 CBS 购买，同年夏天举行的罗马奥运会转播权售价为 39.4 万美元。2022 年北京冬奥会转播权费用是斯阔谷冬奥会的 3 万多倍。转播权费用令人震惊的增长幅度成为越来越多城市申办奥运会的基本保障。

1964 年东京奥运会，日本观众已经能够通过 NHK 收看比赛。远在万里之外的美国观众也通过两年前发射的辛康姆 3 号通信卫星看到了部分比赛转播。实际上，当年 1 月 29 日开幕的因斯布鲁克冬奥会已经通过"电星 1 号"通信卫星向美国 ABC 的电视观众直播了 15 分钟的开幕式。麦克卢汉正好在这个月初出版了不朽名作《理解媒介：论人的延伸》，其"地球村"的概念通过卫星直播的奥运会得到了初步实现。

20 世纪 50 年代中期至 70 年代末，中华人民共和国成立后长期被排除在国际奥委会和多个主要世界单项体育组织之外，中国公众无缘目睹奥运会、足球世界杯和篮球、排球等重要国际体育赛事。1979 年国际奥委会名古屋全会之后，中国重返奥林匹克大家庭，在此前后也重返各个世界单项体育组织。由于冷战时期意识形态的对立，1980 年莫斯科奥运会和 1984 年洛杉矶奥运会分别被数十个国家和地区抵制，直到 1988 年卡尔加里冬奥会和汉城奥运会，全世界绝大多数国家和地区才实现真正意义上的全球体育传播。

虽然全球体育传播让世界能够共襄盛举，但事实上，即便技术条件完全允许，全球公众也无法实现同一时间目睹同样的奥运会。部分西方国家尤其是美国媒体遵循商业逻辑，1992 年后垄断奥运会在美转播权的 NBC 为了实现收视率和广告效益的最大化，尽量把开闭幕式和重要赛事都安排在黄金时段播出，为此不惜让美国公众只能通过延播的方式看到开闭幕式。例如，2008 年北京奥运会在美国被延迟 12 小时播出，2012 年伦敦奥运会被延迟 3 小时播出，与美国东部时区只有 1 小时差的里约热内卢举办的 2016 年里约奥运会竟然也被延播 1 小时。为此，NBC 给出的理由是可以在后期插入一些直播中遗漏的精美画面和字幕，但这引起了广大美国公众的极大不满，不少美国网民尝试通过互联网"提前"目睹其他国家和地区已经播出的奥运会。

在 20 世纪 80 年代初，电视转播权费用占到国际奥委会收入的 95％，其中美国电视转播权费用占到全球转播权费用的 95％左右，因此美国可以从这种垄断中获得体育赛事的隐性话语权。1988 年卡尔加里冬奥会，美国公众喜爱的冰球和花样滑冰比赛的时间首次被安排在美国电视黄金时段，赛期也增加了四天，横跨两个周末。

与全球化时代起步几乎同步，国际奥委会在 20 世纪 90 年代初摒弃了近百年来的奥运会业余主义主张，允许就部分项目派出职业运动员参赛，这使奥运会的竞技水平较之以往得到了大幅度的飙升，作为商品的价值也得到了提升。参加 1992 年巴塞罗那奥运会的美国篮球"梦之队"掀起了奥运会历史上从未有过的追星狂潮，参加 1998 年长野冬奥会的 NHL 职业球员让奥运会项目真正成为最高水平运动员之间的较量。自此，业余体育与职业体育之间的"灰色地带"变得更加模糊。[①] 奥运会的职业化让奥运会的商业价值得到飙升，同时也进一步促进了全球体育传播的发展。但是，职业体育竞争的残酷性和商品化带来的趋利性让奥运会的发展进入了另一个极端，围绕奥运会申办的丑闻和为了获胜不择手段开始成为常态。

为了保证部分西方国家尤其是美国电视网的巨大利益，国际奥委会不得不牺牲新兴媒体的利益。20 世纪 90 年代初，互联网行业就开始关注奥运会。1995 年，国际奥委会已经拥有自己的官方网站。但直到 2008 年北京奥运会，网络媒体才被国际奥委会"有限度地"允许介入奥运会的转播和报道，因此 2008 年北京奥运会被誉为首届"网络奥运会"。从此，奥运会传播进入技术迭代"超常"发展的阶段。每隔两年，一批新媒体技术都会在夏奥会或者冬奥会上"首发"。2010 年温哥华冬奥会被誉为"双屏奥运会"；2012 年伦敦奥运会被称为"社交媒体奥运会"；2014 年索契冬奥会被誉为"数字奥运会"；2016 年里约奥运会是 VR 和 8K 技术率先亮相的奥运会；2018 年平昌冬奥会被称为"5G 时代"的首届奥运会；2020 年东京奥运会让云端转播奥运会成为现实；2022 年北京冬奥会是流媒体短视频大放异彩的奥运会，实现了 5G＋8K 直播。仅中国中央广播电视总台一家的全媒体播放量就达到 628.14 亿次，甚至超过了 2020 年东京奥运会的全球播放量，让北京冬奥会成为传播影响力空前的冬奥会。随着转播权费用的逐渐提升，中国中央广播电视总台在近年来的奥运会转播中也开始享有"特权"，在 2020 年东京奥运会和 2022 年北京冬奥会闭幕式以及部分重要场次的比赛中，可以目睹总台专属机位带来的中国体育代表团的独家镜头。

虽然奥林匹克转播服务公司 OBS 致力于为全球受众提供统一的服务，但由于 NBC 等重要转播机构付出的天价转播权费用，它们享有与 OBS 平等的报道权，所以美国观众看到的奥运会跟其他国家和地区观众看到的并不一样，是全球体育传播异质化（heterogenization）的经典案例。真正实现全球体育传播同质化（homogenization）、"同一个世界同享一场比赛"的是国际足联男足世界杯的决赛阶段比赛。从 2002 年韩日世界杯开始，瑞士盈方（后来被中国万达集团收购）旗下的 HBS 开始制作统一的世界杯比赛信号。20 年以来，转播团队没有显著的变化，只是在四年一届的世界杯电视转播中增加现场转播的机位数量，同时更新换代转播技术，这使得世界杯比赛无论在哪里举行，全球受众看到的几乎都是同样画质的赛事转播。当然，部分国家在转播世界杯比赛时会做"技术"处理。例如，在 2010 年南非世界杯期间，当地

---

① MCPHAIL T. Global communication：theories，stakeholders，and trends. ［M］. 2nd ed. Malden：Blackwell，2006：116.

民众吹奏的"呜呜祖拉"影响了比赛同期声的流畅度，法国等部分国家和地区在转播决赛时"技术"处理掉了"呜呜祖拉"的声音，但这一处理方式被部分非洲学者和媒体认为"歪曲"了非洲大陆的体育重大事件。

（二）职业体育模式

职业体育模式相对于奥林匹克运动模式而言更多元、更复杂，其主要特点是多中心和"杂糅"化，在全球化时代有一套完整的体系。它的最高竞技目标并非"世界冠军"[①]，而是在职业体育体系中的特殊定位。例如，国际职业网球赛按照赛事重要性分成若干个等级，每项赛事有对应的积分。积分最高、最核心的赛事是四大满贯赛事——澳大利亚网球公开赛、法国网球公开赛、温布尔登网球球锦标赛和美国网球公开赛。国际职业高尔夫球有美巡赛、欧巡赛和亚巡赛等不同区域的赛事，最核心的也是四大满贯赛事——英国公开赛、美国公开赛、PGA 锦标赛和美国名人赛。显而易见，这些赛事的分布有着浓郁的西方中心主义色彩，尤其是盎格鲁-撒克逊中心主义。与奥林匹克运动的法兰西文化中心主义不同，网球和高尔夫球运动是当代英语帝国主义的忠实执行者，全世界林林总总的职业网球赛事基本上都使用英语作为官方语言[②]，所有职业运动员在职业运动生涯开始之前被要求运用英语逻辑思维，熟练地用英语回答全世界媒体的问题，他们需要接受英美式的文化和礼仪培训。

早期职业体育同样受到了体育媒体的垂青。体育媒体甚至"塑造"了一些具有早期媒介化特性的职业体育赛事。1903 年，法国《队报》的前身《汽车报》为了提升自身的影响力和专业性创立了环法自行车赛，并建立了较为成熟的媒体与体育赛事的联动机制。今天，环法自行车赛成为全球影响力最大的职业自行车赛事。受到这一启发，1909 年，《米兰体育报》创办了环意大利自行车赛。20 世纪 50 年代，《队报》聘请法国国家足球队前主教练加布里埃尔·阿诺担任专栏评论员，在阿诺的推动和《队报》的直接影响下，法国足球甲级联赛和欧洲冠军杯足球赛（欧洲冠军联赛的前身）相继诞生。

从 20 世纪 90 年代开始，许多具有全球影响力的职业体育联赛和俱乐部都有浓郁的媒体背景。时代华纳公司不仅拥有《体育画报》《时代周刊》《人物》和《财富》等顶级平面媒体，以及 CNN、HBO、TNT、TBS 等有线电视台和超级电视台，还控股 MLB 亚特兰大勇士队并拥有纳斯卡车赛的部分

---

① 北美四大职业体育联盟中 NBA、MLB 和 NHL 的年度总冠军自称"世界冠军"，是美国例外主义的典型案例。

② 唯一的例外是四大网球公开赛中的法国网球公开赛，至今坚持只使用法语。

股份。迪士尼集团收购了 ESPN 这个世界体育媒体的领军者，同时还拥有 MLB 洛杉矶天使队和 NHL 阿纳海姆巨鸭队。德国出版集团贝塔斯曼收购了意大利足球俱乐部桑普多利亚。曾多次出任意大利总理的媒体巨头贝卢斯科尼，拥有意大利最大的私营传媒集团菲宁维斯特集团，该集团旗下有意大利 5 频道，意大利电视 1 台、4 台，蒙达多利出版集团，此外贝卢斯科尼还长期担任 AC 米兰足球俱乐部的主席。法国媒体 Canal＋不仅在法国本土和非洲部分法语国家拥有多家电视体育频道，还收购了巴黎圣日耳曼足球俱乐部以及 F－1 欧洲大奖赛的部分股份。澳大利亚媒体巨头默多克对媒体和体育的投资远超上述各家机构，默多克不仅控股多家澳大利亚媒体，还在 20 世纪 90 年代重组了英国天空电视台，该电视台是英超联赛的重要发起者和转播商，同时默多克在英国还控股《太阳报》和《泰晤士报》，《太阳报》能够在短时间内成为英国销量最大的报纸，与默多克重视体育报道有很大的关系。此后，默多克还控股加拿大 CTV 体育网。在进军美国市场的过程中，他不仅收购了福克斯旗下的多家地方体育台，享有 NFL 和 NBA 的各个地方电视台转播权，还组建了福克斯西班牙语体育频道和 NCAA 十大联盟体育网。在亚洲，他所控股的 STAR 与 ESPN 联合组建了 ESS，成为亚洲范围内影响力最大的电视体育媒体。在默多克的商业王国中，体育媒体是不可或缺的。

全球体育传播的繁荣，不仅体现着体育与媒体之间剪不断的关系，而且媒体对跨国联赛的报道大大加强了国与国、地区与地区之间的融合，全球体育传播的影响力不断扩大。媒体对跨国联赛这种全球职业体育的传播模式可以分为两种。

1. 美国中心化模式

美国中心化模式主要是指北美四大职业体育联盟的全球传播模式。为了提升全球影响力，北美四大职业体育联盟采用了不同的发展模式，目的是通过职业赛事在全球范围内的推广，达成"美国中心化"，实现"美国体育梦"。为了实现这一目标，NFL 的常规赛放在了墨西哥城和伦敦，NBA 在姚明时代多次在中国举办季前赛，后来常规赛又放在了有多名球员加盟的日本、墨西哥和英国。MLB 的全球扩展之路最广，东京、伦敦、蒙特雷和波多黎各都承办过常规赛，表演赛更是几乎遍布全球各地。[①] 目前北美四大职业体育联盟都很重视在美国之外市场的推广。在"莫雷事件"发生之前，中国是 NBA 美国本土以外的第一大市场，仅腾讯每年用于购买 NBA 转播权的费用就超过 3 亿美元，这提升了 NBA 所有球队的"工资帽"。

---

① ROWE D. The challenges of sport and globalization［C］//MAGUIRE J，LISTON K，FALCOUS M. The Palgrave handbook of globalization and sport. London：Palgrave Macmillan，2021：111－132.

美国中心化模式的另一个特点就是高度商业化。由于美国体育市场的商业化属性，美国职业体育向全球推广的过程中，与之相关的商业品牌和价值观也一并输出。美国运动品牌耐克、美国快餐品牌麦当劳、好莱坞电影文化和美国社交媒体通过职业体育一道被传播到世界各地，成为影响全球的消费文化模式。与此同时，以黑人运动员为主的 NBA 所裹挟的文身文化和嘻哈文化也通过职业体育的全球化被世界范围内的青年人接纳。

北美四大职业体育联盟之首的 NFL 一直希望在中国能找到类似姚明这样的符号人物，从而彻底打开进军中国市场的大门。它多年来在中国寻找身体素质出众的学生，把这些学生带到美国进行培训，但由于美式橄榄球在美国本土之外的影响力并没有那么大，加上项目对运动员身体素质的要求过高，因此一直收效甚微。

美国职业体育中心化模式紧密融入美国的价值观和意识形态、商品化以及英语帝国主义等要素，在短短 20 多年里快速成为全球主流模式。澳大利亚学者大卫·罗维（David Rowe）在《全球媒介体育：潮流、趋势与未来》（Global media sport：flows，forms and futures）一书中对不同国家和地区的体育影响力展开研究，在样本 1 澳大利亚福克斯电视一台的节目中，38% 是美国体育内容，28% 是澳大利亚本地内容，除去英国以外的欧洲内容占比是 15%，英国内容占比为 13%，亚洲内容占比为 3%，中东、新西兰和南非内容占比都在 1% 左右；在样本 2 中国台湾地区 ESPNSTAR 的节目中，美国体育内容占到 48%，亚洲内容占比为 35%，除去英国以外的欧洲和英国内容各占 8%，中东地区内容占 0.5%，澳大利亚和新西兰内容各占 0.25%。在样本 3 印度 ESPNSTAR 的节目中，亚洲内容占 40%（主要是本国板球赛事），除去英国以外的欧洲内容占 17%，澳大利亚内容占 15%，英国内容占 14%，美国内容占 11%，南非内容占 1.5%，西印度群岛内容占 1%，南非和中美洲内容各占 0.25%。[①] 由此可见，职业体育美国中心化模式的全球影响力是不容小觑的。

2. 欧洲中心化模式

欧洲中心化模式主要指足球项目的模式。足球是当代第一职业体育运动。虽然活跃在欧洲各地的优秀球员几乎来自全世界，尤以来自南美的球员居多，但足球市场的基本逻辑就是欧洲中心化。欧洲五大足球联赛——英超、西甲、意甲、德甲和法甲集中了全世界优秀的足球天才，五大联赛以各不相同的方式吸引着全球足球迷，全世界最优秀的足球俱乐部在同一项赛事中竞争。欧

---

① ROWE D. Global media sport：flows，forms and futures ［M］. London：Bloomsbury，2011：45-50.

足联欧洲冠军联赛是欧洲中心化的核心所在。

与美国中心化模式不同的是，欧洲中心化模式是通过早期殖民主义的形式发展起来的。作为现代足球的发源地，英国享有其他国家没有的重要权力。它不仅在国际足球理事会中拥有重要的赛事规则制定和修改的话语权，而且还被允许由英格兰、苏格兰、北爱尔兰和威尔士四个协会参与国际足联和欧足联的国家级赛事。比足球更典型的殖民主义和"后西方化"的案例是板球①，这项由英国人发明的项目基本上只在英联邦国家开展，打上了显著的大英帝国烙印，是包括印度、巴基斯坦、澳大利亚、特立尼达和多巴哥共和国等多个英联邦国家的"国球"。今天全世界影响力最大的板球联赛是印度板球超级联赛，它的国际影响力在全世界所有职业体育联赛中名列前茅。

欧洲中心化模式也重视商业化发展，这一点与美国中心化模式相似。以各个足球俱乐部为核心的品牌建设已经发展到相当高的水平。运动服饰和运动鞋等配套商品和周边商品远销全球，而且足球资本与足球文化的全球渗透性也不可小觑。英超远不只是英国本国媒体和企业竞争的舞台，之所以能够成为"世界第一联赛"品牌，与美国、俄罗斯、中东和中国等资本市场参与竞争有着密切的关联。为了吸引更多市场的拥趸和消费者，英超把开球时间放在从正午到晚间的各个时段，方便全球观众收看。英超结束后，各支英超豪门俱乐部还会到远东和美国参加各种表演赛和季前赛，吸引大量当地球迷观赛，提升其全球影响力。后来这一模式被欧洲其他四大足球联赛效仿。

欧洲五大足球联赛的文化发展各异。英超突出多级中心主义，争夺冠军的球队已经超出了传统六强。英超的转播是唯一牢固占据全球市场的，美国NBC近年来的转播让这项赛事在北美大陆也有很高的知名度。西甲主打民族主义牌，卡斯蒂利亚民族、加泰罗尼亚民族和巴斯克民族特殊的"民族性"通过足球得以彰显，皇马与巴萨之间的"欧洲德比"也是亮点，此外大部分南美球员登陆欧洲的第一站就是没有语言差异的西甲。此外，西班牙各地足球媒体的高度"本土性"也是其特色之一。意甲重视各类区域"德比"，AC米兰与国际米兰、尤文图斯与都灵、罗马与拉齐奥等各种"德比大战"让联赛始终存在各种悬念，《米兰体育报》《都灵体育报》和《罗马体育报》的报道也具有悠久的历史和传统。德甲虽然常年是拜仁慕尼黑俱乐部一家独大，但联赛的媒介化发展模式也具有鲜明的特色。法甲主打"种族"牌，球员中

---

① RUMFORD C. More than a game：globalization and the post-westernization of world cricket ［C］// GIULIANOTTI R，ROBERTSON R. Globalization and sport. Oxford：Blackwell，2007：94－106.

来自非洲国家和地区的移民比例是五大足球联赛中最高的，同时他们由国际足联世界杯转播机构 HBS 进行的电视转播水平也是五大足球联赛中最高的。当足球与各种类型的文化深度融合，足球的文化向心力就不断得到提升。因此，梅西、内马尔、孙兴慜等拉美和亚洲球员即便踢得再优秀，也不过是为足球欧洲中心化的影响力添砖加瓦。

二、初度体育媒介化的媒介体育形态

初度体育媒化指体育与媒介融合的初级阶段。"媒介体育"（mediasport）这一概念是 1998 年劳伦斯·文内尔（Lawrence Wenner）在其编撰的论文集《媒介体育》中提出的。这个合成词深刻诠释了媒体与体育之间密不可分的关联，在较长时间内成为体育媒体发展的关键词。伴随媒介技术与组织的不断发展及市场演进，媒介体育也被学者们添加了各种元素，成为形态各异的"变体"。早在 1984 年美国传播学者萨特·贾利（Sut Jhally）就提出了"体育/媒介复合体"（sports/media complex）的概念，这个概念更明确地指出了体育与媒介之间的融合关系。20 世纪末和 21 世纪初，报业集团、广播电视和新媒体巨头的合并浪潮同时带来的还有媒介资本与职业体育的深度融合，以及近年来全球体育与媒体的融合形式逐渐向新媒体发展的倾向。

贾利提出的"体育/媒介复合体"概念还有很多变体。英国体育学者约瑟夫·马奎尔（Joseph Maguire）根据其商品属性将"体育/媒介复合体"改称为"媒介-体育产品复合体"（media-sport production complex），这种复合体着重经济效益和社会效益的扩大化。澳大利亚学者大卫·罗维（David Rowe）根据其文化属性将"体育/媒介复合体"改称为"媒介体育文化复合体"（media sports cultural complex），这种复合体从体育当中获取物质和文化双重资本。罗维后来又把这个概念改为另一个合成词"媒介体育景观"（mediasportscape），指进入 21 世纪头十年前夕媒介体育呈现的一系列新景观：西方体育媒介市场饱和后开发东方市场、依靠东方运动员的加盟来改变欧美职业体育赛事传统格局的"文化劳动力的新国际分区"，以及体育迷群文化的重要变化等。

按照英国学者罗杰·多梅内盖蒂（Roger Domeneghetti）的提法，21 世纪 20 年代起全球体育传播已经进入了"体育新闻 3.0"时代。[①] 在这个时代，

① DOMENEGHETTI R. Sports journalism 3.0, beyond transition [C] //DOMENEGHETTI R. Insights on reporting sports in the digital age: ethical and practical considerations in a changing media landscape. London: Routledge, 2022: 1-13.

全球体育传播在发展形态和表现形式上都与 2.0 时代截然不同。今天，英超和美国 NBA 最大的球迷群体并不在英国和美国，而是在东亚和东南亚，因此它们不得不在赛程设置、广告商选取等层面迁就远东市场的广大受众群体。新冠病毒感染疫情暴发让 2020 年东京奥运会及其他体育赛事都不得不面对没有现场观众参与、只有线上观众关注的现实，这也催生了"数字体育迷群"①的发展。

全球体育传播格局中的体育劳动力移民现象更加普遍。中东地区的卡塔尔、阿曼等国通过大量引入拥有天赋的非洲运动员，在短时间内成为田径项目的世界强国。2018 年国际足联俄罗斯世界杯的冠军球队法国队，绝大部分球员是非裔移民。参加 2022 年北京冬奥会的中国男女冰球队队员中，转换国籍的运动员占了相当大的比例，其中既有拥有中国血统的加拿大运动员（如图 9-1 中的周嘉鹰）、美国运动员等，也有无中国血统的运动员。无缘 2022 年国际足联卡塔尔世界杯决赛阶段比赛的中国男子足球队中，已经有多名通过正常途径加入中国国籍的中超外国球员。正如萨奇所言，"世界范围内的体育劳动力移民正成为全球体育传播的常态现象"②。

图 9-1　2022 年北京冬奥会中国女子冰球队归化运动员周嘉鹰

资料来源：周嘉鹰：颜值实力皆备的学霸 投对金领重逐冰球梦．（2022-02-06）［2022-09-20］．https：//www.sohu.com/na/520764572_114977.

---

① KENNEDY H，GONZALES J，PEGORARO A. Digital sport fandom ［C］//COOMBS D，OSBORNE A. Routledge handbook of sport fans and fandom. London：Routledge，2022：261-272.

② SAGE G H. Globalizing sport：how organizations，corporations，media，and politics are changing sports ［M］. Boulder：Paradigm，2010：63-99.

三、深度体育媒介化的体育重大事件形态

从体育媒介到媒介体育，体育媒介化的发展凸显结构上与功能上的双重递进。但媒介体育这个次级发展形态似乎已经无法解释新千年之后出现的诸多理论和实践问题。体育媒介化进入深度发展阶段，其表现形态就是体育重大事件。虽然体育重大事件与媒介体育不存在逻辑上天然的承继关系，但体育重大事件显然是媒介体育发展到一定阶段后呈现的更高级形态。

"重大事件"这一概念并不只针对体育事件，在当代全球重大事件中，世界博览会、APEC 峰会等都属于非体育事件。体育重大事件很可能是"重大事件"概念中最核心的部分。它是全球化、商业化、体育专业主义和新闻专业主义等元素成熟之后呈现的形态。全球化是推动 20 世纪末到 21 世纪初体育高速发展的重要动力。那时体育全球化的表征还没有呈现当下的电子化、社交化、移动化、人工智能化等技术特征。澳大利亚学者托比·米勒（Toby Miller）等在论述体育与全球化的问题时，谈到了一个概念 GGATaC，指体育全球化呈现出的特点主要有全球化（globalization）、政府化（governmentalization）、美国化（Americanization）、电视化（televisualization）和商品化（commodification）。[①] 体育媒介化在运行到上半场时，密集呈现与上述特征紧密相关的元素。体现在当代体育媒介生态中，即体育重大事件。

关于重大事件的定义，学者们存在不少争论。这一概念最早见于英国学者史蒂芬·维特（Stephen Witt）在 1988 年卡尔加里冬奥会前的一个国际学术会议上提出的"重大事件和重大吸引力"概念。[②] 美国学者莫里斯罗切（Maurice Roche）在《重大事件与现代性》中对"重大事件"的定义得到了广泛的认同，他认为重大事件最好被理解为"大规模的文化（包括经济和体育）事件，具有戏剧性的特点、大众吸引力和国际影响力"。[③]

在此基础上，瑞士学者马丁·穆勒（Martin Müller）提出了一个重大事件区分表。他运用了一系列复杂的指数来区分媒介事件，依照媒介事件是否达到百亿美元和十亿美元的影响力进行阐释。媒介事件按照访客吸引力、媒介化到达率、成本和变革性影响力四个变量的大小，被分为巨型事件（giga event）、重大事件（mega event）和主要事件（major event）。通过

① MILLER T, LAWRENCE G A, McKay J, et al. Globalization and sport: playing the world [M]. London: Sage Publications, 2001: 1-3.

② WITT S. Mega-events and mega-attractions [J]. Tourism Management, 1988, 9 (1): 76-77.

③ ROCHE M. Mega-event and modernity [M]. London: Routledge, 2000: 1.

加权分数来计算，11 分以上的为巨型事件，7～10 分的为重大事件，1～6 分的为主要事件。夏季奥运会是唯一的巨型事件；欧洲杯足球赛、世界杯足球赛、世博会、亚运会和冬季奥运会属于第二层级即重大事件；英联邦运动会、世界大学生运动会、泛美运动会、APEC 峰会、欧洲文化之都项目、英式橄榄球世界杯、美式橄榄球超级碗属于第三层级即主要事件，其中 APEC 峰会、欧洲文化之都项目等政治经济文化事件虽然在某一方面具有非凡的影响力，但无法在至少三个指标上具有重要影响力，因此只能列为第三层级事件。[①]

在厘清"重大事件"之后，学者们开始尝试界定体育重大事件的内涵和外延。美国学者肯尼斯·罗伯茨（Kenneth Roberts）在罗切的研究基础上提出，某些体育项目之所以被定义为"重大"是因为其具有"非延续性"，是不同寻常的、国际性的，而且只是组成成分比较庞大。他强调的体育"重大事件"是能够吸引数以亿计的国际受众的体育事件。加拿大学者理查德·格鲁诺（Richard Grunauer）和英国学者约翰·霍尔内（John Horne）提出，体育重大事件"已经常态化，似乎成为当代生活节奏的自然化特征，是现代性节日视野的开拓，正如季节的变化所预料的那样"[②]。

夏季奥运会毫无疑问是当代世界最具影响力的、层级最高的体育重大事件之一。英国学者艾伦·汤姆林森（Alan Tomlinson）指出，数以万计参与报道夏季奥运会的记者"全力推动一种全球媒体机器，使奥运会本身在国际奇观舞台上成为与媒体平等的合作伙伴。从这个意义上说，最大的国家和国际体育重大事件已经被媒介化了，它与媒体机构一道为跨国、全球体育日程的升级做出贡献"[③]。冬季奥运会在与夏奥会实现切割后，通过体育媒介化的不断升级，借力多届奥运会"打包"的电视转播权费用和奥林匹克 TOP 计划从默默无闻的小卒跻身豪华奢侈的全球重大事件。与之相对应的是，世界杯足球赛因为只有 32 个国家和地区（2022 年卡塔尔世界杯之后增加到 48 个）参与决赛阶段比赛，因此没有被穆勒列为巨型事件，但这并不影响其难以匹敌的媒介化进程。媒介化特性突出从而导致消费主义和文化霸权的"旋涡式"媒介事件甚至加剧了全球的媒介化进程，因此也越发凸显媒体在全球占据的中心地位及发挥的中心作用。

①　MÜLLERM. What makes an event a mega-event? Definitions and sizes［J］. Leisure Studies，2015（1）：627－642.

②　GRUNEAUR R，HORNE J. Mega-events and globalization：an introduction［M］//GRUNEAU R，HORNE J. Mega-events and globalization：capital and spectacle in a changing world order. Abingdon：Routledge，2016：1.

③　TOMLINSON A. Twenty-eight Olympic summers：historical and methodological reflections on understanding the Olympic mega-event［M］//WENNER L，BILLINGS A. Sport，media and mega-events. Abingdon：Routledge，2017：51－68.

体育重大事件的媒介化进程也呈现相同的样态和发展路径。网球四大满贯赛事中历史最悠久的温布尔顿网球锦标赛有着相对保守和陈旧的一面，但无论是现场的还是被媒介化的，它呈现的绝大部分都是当代媒介化的逻辑而不是"温网逻辑"。高尔夫球四大满贯赛事中的美国名人赛则罹患"奥古斯塔国家高尔夫球场综合征"，让近乎"完美"的球场与全球性的媒介明显脱节，它实际上是深度媒介化的真实表征。有着"美国春晚"之称的 NFL 超级碗，是"超级语境"下经过"超级炒作"的、符合超商品化的"超级逻辑"的和具有当代神话色彩的"超级景观"，它所呈现出的一切几乎都服膺深度媒介化的特性。MLB 总决赛"世界系列赛"是美国例外主义的表征，它是被贴上"美国国球""国家消遣""美式爱国主义"等诸多标签的媒体仪式的另一种深度媒介化形式。美国 NCAA 大学生篮球联赛"疯狂三月"的全球化扩张实质上展示的是一种以实现"美国梦"为隐喻的软实力策略，但它巧妙地利用全球化带来的世界各地学生球员资源，以美国大学为单位实现了身份认同和深度媒介化。由 ESPN 一手打造的极限运动会更是一种纯粹的媒介化商品，它吸引的是具有高消费潜力的年轻群体，以搜索和创造"X 世代"来服膺它的全球化战略，从一开始少有人问津到全球众多大城市竞相申办、盛况空前，这是传统亚文化靠近主流文化的体育化再现，是深度体育媒介化的另一种表征。

基于全球联系的不断深化，深度体育媒介化实际上是体育全球化、商业化、市场化、城市化、体育专业主义和新闻专业主义高度融合和相互渗透的产物，并以体育重大事件的形式呈现和再现当代体育媒介景观。欧足联欧洲联赛和美国 NBA、MLB 等职业赛事不仅充斥着来自世界各国和地区的运动员、教练员、比赛官员，俱乐部的资本运作方式也日益呈现多元化，驰名欧美的足球队拥有来自世界各地边缘群体的球迷，麦克卢汉的"地球村"概念在职业体育领域中真实存在。

第二节　全球体育传播与国际话语权和软实力

全球体育传播与国际话语权和软实力有着密不可分的关系，全球体育传播已成为影响国际话语权和软实力的重要因素之一。国际话语权是大国博弈的重要方面，体育国际话语权是体育大国之间博弈的场域，因此，在国际话语权研究中体育国际话语权一直是相当重要的一部分。当代社会，体育国际话语权是被全球体育传播所操控的。

一、全球体育传播与国际话语权的关系

（一）体育国际话语权的内涵

国际话语权有着多种不同的阐释路径，符号学和权力话语相互依存的跨学科解读是其中一种重要的方式。意义不在场才会有符号过程；符号表意之所以有必要，是因为意义不在场，解释意义不在场是符号过程的前提。这种在场和不在场的辩证关系恰如其分地对应了敏感性和脆弱性的关系。在一个存在不对称权力的国际组织中，处于强势地位的主体不会提出，甚至会刻意回避提出所谓的国际话语权。反之，处于弱势地位的主体在被霸凌的过程中，可以清晰地感知并且有意识地突出这种不对称性。换句话说，国际话语权大多数时候是一种隐含力量，它决定了处在强势地位的主体沉默不语、处在弱势地位的主体大声疾呼的站位。在国际奥委会、国际足联等国际体育组织机构中，美、英、法等传统意义上的体育强国不太能感知到甚至提出争夺国际话语权，而在传统上处于"第二"甚至"第三"阶层的国家对此会相当敏感，对于急需在各个组织中提升地位、获得更多权力份额的新兴国家而言，国际话语权自然会成为争夺的焦点。

（二）全球体育传播操控体育国际话语权的路径和方式

全球体育传播是夏奥会和冬奥会切割的决定性力量。20 世纪 80 年代，随着国际奥委会主席萨马兰奇开启国际奥委会的商业化时代，西方媒体意识到作为商品的奥运会可以带来巨大的商业利益，过去并不被看好的奥运会电视转播也成为广播电视网竞争的焦点。由于经营不善，20 世纪 80 年代曾转播多届奥运会的美国 ABC 入不敷出，在 1988 年卡尔加里冬奥会的创收远远低于转播权费用支出，因此在 1992 年奥运会电视转播权的竞争中败给 CBS，这引发了当时国际奥委会对电视转播权收入无法得到保障的长期担忧。在竞争中失利的 ABC 提出一项倡议，要求国际奥委会改变夏奥会和冬奥会同年举行的惯例，规避美国广播电视网同年承担两次奥运会巨额电视转播权费用的巨大风险，也让"四年一届"的奥运会变为"两年一届"，以实现盈利的最大化。国际奥委会同意了这一倡议，1994 年利勒哈默尔冬奥会在 1992 年阿尔贝维尔冬奥会后两年举行，自此，冬奥会与夏奥会在举办时间上完成了切割，夏奥会与冬奥会的电视转播权开始被国际奥委会"打包"售卖，竞价也不断攀升。

国际奥委会 2001 年成立了奥林匹克转播服务公司（OBS），统一制作奥

运会比赛电视转播信号。但是，由于美国转播商NBC支出的转播权费用达到近半数，因此享受独立派出制作团队和独立制作电视转播信号的特权。不仅如此，国际奥委会为了保护这种特权的长期性，还给予NBC在许多赛事中优先挑选比赛时间的权力。因此，在远东举行的2008年北京奥运会和2020年东京奥运会中，受众看到的游泳、体操等多数美国观众青睐的比赛项目决赛，被安排在比赛地当地时间上午进行，也就是美国广播电视网的晚间黄金时段。这种时间安排实际上并不利于运动员发挥出最佳竞技水平。也就是说，这种核心"话语权"实际上被媒体巨头掌控，进而会对运动成绩、判罚和仲裁等产生潜移默化的影响。拳王刘易斯与迈克尔之间的重量级拳王争霸赛被安排在伦敦当地时间凌晨2点进行，完全忽略现场观众的感受，却深度满足赛事的主要金主——美国HBO频道数千万付费电视观众的需求。2016年里约奥运会女子4×100米接力半决赛中美国队要求重赛的请求被允许，2018年平昌冬奥会上东道主的多项赛事权益得到"令人震惊"的保障，这些在一定程度上也是全球体育传播带来的结果。

2020年肆虐全球的新冠病毒感染疫情对当代体育的影响也是深远的。国际奥委会破天荒决定东京奥运会推迟一年举行，但到2021年东京仍然无法摆脱新冠病毒感染疫情带来的风险。然而，如果奥运会取消或者继续推迟，国际奥委会和东京奥组委将面临以NBC为首的世界多个电视转播商的巨额赔偿要求，这可是关系国际奥委会生死存亡的重要问题。在国际奥委会与日本政府、东京奥组委多次商议之后，做出了继续举办奥运会、赛事空场举行的决定。这一决定的做出，实际上违背了全面保障参赛运动员和其他工作人员健康的初衷，但却是各方不得不采取的。全球体育传播的媒介化很可能对此具有极大影响。

全球体育传播媒介化还决定着各类体育项目能否进入奥运会等大型综合性运动会，以及体育竞赛的规则修改等诸多领域。萨马兰奇曾经提出，当代体育项目本质上只有适合电视转播与不适合电视转播两种类型，不适合电视转播的项目将会逐渐被奥运会取消，反之，适合电视转播的非奥运项目将会进入。于是，深度符合电视转播诸元素和青年人喜好的沙滩排球、滑板、冲浪、竞技攀岩等项目逐渐进入奥运会并且同时获取了社会效益和经济效益。电子竞技虽然在根本理念上与传统奥运项目存在较大差异，但由于项目本身已经形成较为成熟的转播体系，有着不可小觑的产业驱动力和产业链，深度符合青年人的喜好，不仅成功进入亚运会等大型综合性运动会，而且在新冠感染病毒疫情尚未完全结束之际也开始受到国际奥委会的密切关注。反之，由于转播耗时长、无法让观众始终保持收视热情的男子50千米竞走项目被"请出"2024年巴黎奥运会。根据德国学者霍尔基的研究，滑板、竞技攀岩等项目不仅革新了传统奥运项目的模式，代表了奥运会数字发展的未来，而且为国际奥委会带来了新的赞助商和媒体关注。

近20多年来，体育竞赛的规则修改几乎都以能否更好地满足电视转播的需求和体育媒介化为标准。乒乓球、羽毛球、排球等项目每局比分的变化和取消发球得分制都是为了更有效地控制比赛时间，吸引球迷自始至终观看。绝大部分体育项目增加暂停时段，是为了商业广告能够在比赛间隙播出。体操、花样滑冰等项目摒弃了过往封闭式的打分系统，让难度分与完成分结合起来，使项目得分的"世界纪录"不断被刷新，激发受众的持续观看热情。F-1、NBA、NFL等职业赛事在裁判员、教练员甚至运动员的身上安装微型摄像头和口红式话筒，是为了让球迷能够深度"卷入"比赛收视，犹如身临其境。足球比赛的中场休息时间从20分钟缩减为15分钟，是为了让上下半场都在电视可控的整点时间播出；换人次数的增多是为了提升比赛的精彩程度和不确定性；门线技术和VAR（视频助理裁判）技术（见图9-2）等的使用是为了使比赛在更加公正的环境中展开；板球、网球、羽毛球和排球等项目中的鹰眼技术使用、NBA比赛的多机位视频回放系统也是出于对公正的考量。值得注意的是，口红式话筒、微型摄像机、鹰眼技术、VAR技术和多机位视频回放系统等都是电视转播技术反哺体育赛事规则修改，这从一个侧面证明了全球体育传播对当代体育赛事规则修改的重大影响力。当然，这一系列的规则变化也引发了人们对当代体育赛事具身性与离身性、赛博格的人本主义的思考和担忧，但全球体育传播将会持续改变赛事规则的总体趋势并不会受到影响，其对体育国际话语权的影响力仍会持续提升。

图9-2 2018年俄罗斯世界杯开始使用的VAR（视频助理裁判）技术

资料来源：iWeekly. 世界杯上的VAR，怎么就上升到救赎人性的高度了？(2018-06-20)〔2022-09-20〕. http://cms. iweek. ly/index. php?/article/index/200067718.

二、全球体育传播与软实力的关系

　　全球各国积极参与全球体育传播，力图通过全球体育传播构建全新的国家形象，以争取国际话语权、提升国家地位，进而增强文化软实力（见图9-3）。

图9-3　2022北京冬奥会赛场上的吉祥物冰墩墩

资料来源：北京冬奥赛场内外那些努力卖萌的"冰墩墩"们.（2022-02-10）[2022-09-20]. https://news.163.com/photoview/00AN0001/2313368.html♯p=GVR651IV00AN0001NOS.

　　近几届夏奥会奖牌榜恰恰与国际政治、经济、文化和军事格局大致匹配，成为各国民众心目中国家硬实力、软实力强大与否的一种隐喻。英国文化研究学者乔纳森·格里克斯（Jonathan Grix）等认为，21世纪以来软实力策略受到各国极大重视的主要原因之一是硬实力策略既不可靠也缺少吸引力（包括军事实力、战争和经济制裁）。新兴国家更趋于认为，提升国家形象进而赢得国际吸引力是增强文化和政治吸引力这类软实力的重要途径。其中，通过主办体育重大事件可以同时展现国家软实力和硬实力，因而越来越受到新兴国家的重视。①

　　2008年北京奥运会之前，印度学者保罗·克罗斯（Paul Crose）等就提出东京、首尔和北京奥运会是所谓的"社交舞台"，打破了西方世界对奥运会乃至体育世界的垄断，形成了所谓的"亚洲奥运话语"。美国学者尼古拉斯·

---

① GRIX J，BRANNAGAN P，LEE D. Entering the global arena：emerging states，soft power strategies and sports mega-events [M]. Singapore：Palgrave Macmillan，2019.

库尔（Nicholas Cull）认为中国首次举办夏奥会有助于国家软实力的提升。美国体育学者鲍苏珊（Susan Brownell）在谈到 2008 年北京奥运会对中国的意义时，提出即便中国已经获得奥运会举办权，依然被西方媒体使用"冷战话语"来对待，因此很难说获得了真正的国际话语权。美国学者帕米拉·拉特利奇（Pamela Rutledge）在北京奥运会前后分别进行的实证研究印证了鲍苏珊的论断，在多数中国人觉得那时的中美关系因为"9·11"事件后的反恐合作而升温时，绝大多数美国媒体采用的却是中美冲突和意识形态相悖的"敌对"框架，多数被调查者也对号入座接受了这些话语，这导致中美受众在面对"同一个世界"时却不能分享"同一个梦想"。同样提到这一点的还有奥地利学者沃尔弗拉姆·曼岑莱特（Wolfram Manzenreiter），他通过批判性研究得出了不同的结论：体育重大事件能够提升国家形象言过其实；中国在西方媒体语境中并没有获得胜利的机会，2008 年北京奥运会留给中国的遗产只是中国人自己认为的"伟大"。

举办体育重大事件需要国家硬实力、软实力和国家话语权层面互相配合，才能相得益彰。部分新兴国家在硬实力层面存在明显短板的情况下，通过各种方式和手段获得体育重大事件的主办权，不仅无法提升软实力，反而可能面临软实力"失权"的风险。英国学者保罗·布兰那根（Paul Brannagan）和理查德·朱利亚诺蒂（Richard Giulianotti）提出，卡塔尔在获得 2022 年世界杯主办权之后，因为贿选丑闻、气温过高带来日程变更以及工程建设中各种事故迭出，软实力不升反降。

多次举办体育巨型事件和重大事件是同时展示国家硬实力和软实力的重要方式。与世界上其他国家的对比不难发现，中国举办体育重大事件的次数不是太多，而是太少。伦敦是首个三度举办奥运会的城市，成为名副其实的"奥运之城"，巴黎和洛杉矶也即将成为三度举办奥运会的"奥运之城"。澳大利亚再次获得奥运会主办权之后，也改变话语模式，提出它是有三座城市举办奥运会的"体育大国"，2032 年布里斯班奥运会的申办成功既是澳大利亚体育国际话语权的集中体现，也会继续提升澳大利亚在国际奥委会和部分国际体育组织中的国际话语权。

尽管主办体育重大事件有可能给主办城市和国家带来一定的经济负担，有时甚至成为累赘，但它也能够带来不少意料之外的无形资产，例如旅游遗产、健康条件的改善，以及给主办城市和国家民众带来的"使其自我感觉良好的因素"，这是许多城市和国家明明知道主办体育重大事件不会在短期内获得直接经济利益却仍对申办趋之若鹜的主要原因。即便是举办低层级的体育事件也能在很多层面提升城市的软硬实力。2010 年之后，举办世界大学生运动会的深圳、青奥会的南京、世界军人运动会的武汉、全运会的西安和即将举办世界大学生运动会的成都、亚运会的杭州都因为体育重大事件和主要事件的举办在城市建设方面取得长足的进步。人们认为,主办体育重大事件可以提升对东道国及主办城市社会价值、文化、政治意识形态的理解。加拿大学者理查德·格鲁诺和英国学者约翰·霍尔内认为,中国不断追求举办重大体育事件和主要体育事件,是与更深层次的国家战略密切相关和相互配合的,是国家外交政策与内需的双重需求。可以预想,在较长时间里,国内一些超大城市和特大城市仍然需要通过举办亚运会、世界大学生运动会、青年奥运会这样的体育主要事件来提升城市形象和定位,需要通过举办更低层次的国际单项体育赛事在全球公众面前展示"经济发展""国家形象"和"政治抱负"。① 根据权威机构 Brand Finance 提供的数据,2021 年日本举办东京奥运会后在软实力上超越中国,位列亚洲第一、世界第二。但是 2022 年 3 月 15 日公布的数据显示,举办 2022 年北京冬奥会的中国已经重新超越日本,位列亚洲第一、世界第四(见图 9-4)。② 这是中国在世界软实力指数排行榜上的历史最高排名,也再一次佐证了 2022 年北京冬奥会的成功举办对国家软实力提升的正面影响。

图 9-4 2022 年北京冬奥会之后的全球国家软实力排名

资料来源:Brand Finance. Global Soft Power Index 2022:USA bounces back better to top of nation brand ranking. (2022-03-15)[2022-09-20]. https://brandfinance. com/press-releases/global-soft-power-index-2022-usa-bounces-back-better-to-top-of-nation-brand-ranking.

---

① CHU M. Sporting events in China as economic development,national image,and political ambition [M]. Cham:Palgrave Macmillan,2021.

② Brand Finance. Global soft power index 2022:USA bounce back better to top of nation brand ranking [R/OL]. (2022-03-15)[2022-06-30]. https://brandfinance. com/press-releases/global-soft-power-index-2022-usa-bounces-back-better-to-top-of-nation-brand-ranking.

第三节　全球体育传播的发展趋势

2020 年暴发的新冠病毒感染疫情对全球体育产业的影响是巨大的，也对全球体育传播格局产生了重大的影响，同时还会对未来全球体育传播的走向产生不可估量的作用。如果说以体育重大事件为代表的深度体育媒介化是全球化高级阶段的产物，那么 2020 年新冠病毒感染疫情的暴发将对整个世界格局产生深远的影响。英国学者霍尔内根据政治社会学学者帕尔金的三层意义系统理论和斯图亚特·霍尔的编码解码理论提出，对体育重大事件的解读有相信自己可以从体育重大事件中获利的主导性解读、怀疑体育重大事件的商榷性解读和挑战体育重大事件意识形态修辞的对抗性解读三种方式。[①] 学者们在完成了表层现象的前两阶段解读后，会不由自主地进入第三阶段——对抗性解读。

一、新冠病毒感染疫情与全球体育传播格局的重构

西方占据主导地位的当代世界体育格局和全球体育传播格局，在整体发生重大变化的情况下，可能会相应地产生重大变革。具体来说，新冠病毒感染疫情后深度体育媒介化可能呈现去全球化、去人格化、高度数字化、去商品化和部分媒介化等一系列特征。

（一）去全球化

以政治经济学的视角来考察，新冠病毒感染疫情对世界的影响会更加清晰。针对 20 世纪 90 年代被认为是这一轮全球化的起点，英国政治经济学家约翰·格雷（John Gray）提出，全球化的巅峰已经结束，自由资本主义已经破产，过去几十年的超级全球化不会卷土重来。去全球化将是深度体育媒介化在疫情之后一段时间内的必然走向，甚至在局部可能出现反全球化的极端趋势。

去全球化的特征当然具有一定的偶然性，但在偶然的背后也隐藏着必然。世界范围内的贫富加剧，民族主义的抬头是去全球化发生的重要背景。突如其来的疫情让全球化进程遭到了前所未有的重大打击。更为致命的是，体育

---

① HORNE J. Sports mega-events：mass media and symbolic contestation ［C］//WENNER L，BILLINGS A. Sport，media and mega-events. Abingdon：Routledge，2017：19 - 32.

在新冠病毒感染疫情期间被与政治做了深度"捆绑"。中国体育学者鲍明晓提出，自此全球体育事务、体育议题将被纳入大国战略竞争范畴和选边站队，国际奥委会、国际足联等国际体育组织过去轻易掌控全球体育事务的局面将不复存在。美国体育学者鲍苏珊对此提出了不同的观点，她认为在疫情发生之后，国际奥委会的权力可能比以前更大，能够在与国际体育体系、企业赞助商和供应商以及非政府组织的关系中寻求更加微妙的权力平衡，因此，国际奥委会在挑战政府的"抵制"方面比冷战时期更加大胆。

目前体育重大事件的全球化和媒介化进程已经接近顶峰。随着新冠病毒感染疫情期间各个国家和地区在应对措施和信息沟通方面产生各种"误会"甚至"对抗"，"西方文明的面纱正被无情地掀开"，高度融合和杂糅的体育媒介化进程也难免受到冲击。譬如，由多个国家精英组成的奥运会电视转播团队和男足世界杯转播团队因为成员国之间的断航，以及信任度和依存度降低而变成极少数甚至单一国家组成的团队。已经签订的巨额电视转播权合同可能由于赞助商的业绩下滑遭受沉重打击。从美国部分职业联盟在疫情期间降低运动员薪金这一事实已经可以看出事态前景。网球巨星费德勒和 WTA 的创始人金在 2020 年 4 月提出将 ATP 和 WTA 合并为一个统一的网球组织，响应者寥寥；以德约科维奇为首的部分球员还伺机成立了新的球员工会组织。这一系列行为并没有让网球世界在短期内复苏，反而加剧了分裂。不少学者分析认为，德约科维奇在 2020 年美国网球公开赛期间因将球击中司线被直接判负，就与他的"叛逆"行为有直接关联。有意思的是，2022 年澳大利亚网球公开赛前发生的德约科维奇被禁止入境澳大利亚的戏剧性事件可能混杂了这种"叛逆"身份和"疫苗"政策，以及德约科维奇的"全球客场"的特殊认同，是一个比较极端的个案。但这种个案在去全球化时代可能会越来越常见。国际奥委会 2021 年在其沿用了 120 多年的口号"更快、更快、更强"上添加了"更团结"（见图 9-5），但这种被添加的"在场"符码其实折射的是现实中对分裂的无奈和尴尬。去全球化的趋势毫无疑问将会对过去全球体育市场一荣共荣、一损俱损的格局构成严重挑战。

（二）去人格化

去人格化并不是新冠病毒感染疫情之后出现的新格局，而是随着新媒体技术和媒介融合的深化不断提升的"赋魅"景观。去人格化的出现实际上是体育赛事本身追求公平、公正的结果。但技术取代人来执法，甚至参与比赛，却超出公正的本意。

裁判员、运动员、教练员和体育迷之间的传统关系由于电子技术的介入发生了深刻的改变，人格化和人本主义越来越淡化。随着 VAR 技术在 2018

图9-5 奥林匹克运动新口号

资料来源：乔金斯｜当"四叶草"遇上奥运会｜Faster, Higher, Stronger, Together. (2021-07-29) [2022-09-20]. https://www.cnzhengmu.com/news/qiye/112113.html.

年俄罗斯世界杯的全面启用，电子技术尤其是电视转播技术反哺体育赛事已司空见惯，并日益成为当代体育赛事中不可或缺的一部分。人们习惯于接受鹰眼、门线技术和VAR技术带来的"上帝"式审判，甚至反过来将其用于评判裁判员和司线员的表现。过去比赛中裁判员享有的"绝对"权威早已被电子技术所取代，这几乎成为当代媒介体育赛事的一个终极神话。

与此同时，随着媒介化不断深入，体育赛事本身也在发生质变。网球迷有节奏地鼓掌来等待鹰眼判罚的结果，排球比赛中冗长的鹰眼判罚时间可能让随后的发球和攻防都受到影响，VAR技术的使用基本上摧毁了传统足球比赛在时间上的线性发展，比赛被切割为各种情绪弥漫和节奏失控的碎片。媒介化技术的运用让体育赛事去人格化的特征益发明显。在利益驱使下，运动员和教练员不惜以身试法，这使得兴奋剂检测和性别检测成为过去半个世纪以来国际重大体育比赛中不得不面对的重要部分。在后深度体育媒介化时代，佩戴电子表和通话耳机的裁判员已经率先成为半人半机器的"赛博人"，植入各种医疗器材和辅助提升运动成绩的装置或设备让部分运动员也成为事实上的"赛博人"。今后，对运动员的"赛博人"检测有可能成为现实。去人格化可能使体育赛事本身和媒介体育都面临主体模糊甚至主体沦丧的风险，传统体育比赛意义上绝对主体的人和人格化都将面临前所未有的挑战。

（三）高度数字化

数字化不断加深是深度体育媒介化的另一个重要特征。在后新冠病毒感染疫情时代，数字化程度将会不断提高，算法、大数据、全息化甚至人机合一等技术的运用会渐渐主宰原有的体育媒介化进程，深度影响体育重大事件的形态。人工智能技术的不断升级使得人机之间的学习从人向机器流动变为双向甚至反向流动。AlphaGo 先后击败李世石和柯洁两位世界顶级棋手，此后其进阶产品 AlphaGo Zero 不再学习人类下棋的思维，而是直接通过研究围棋基本规则，创造了大量职业棋手无法想象的棋路，指导棋手对弈，但职业棋手普遍很难理解它的棋路，因为它"已经完全超越了人类的知识和想象"。这种趋势在人工智能技术日新月异的时代可能会越来越普遍。

一方面，深度体育媒介化令受众的体育观看体验不断得到提升。以波德里亚"超真实"和"内爆"的理论来考察，媒介和真实都发生了"内爆"，虚拟现实的广告板甚至可以根据不同国家和地区显示不同语言文字的版本，游泳、田径等项目的世界纪录实时动态线、VR 转播中的 360 度视角沉浸式体验，云端转播甚至让部分转播人员不必亲临现场。以跳远比赛的转播为例，媒介技术可以让观众看到运动员是否踩线、起跳脚与踏板的距离，听到运动员进入沙坑后与沙接触的声音。这是现场观看比赛的观众甚至记者都无法体验的"超真实感"。深度体育媒介化让这种体验不断升级。另一方面，深度体育媒介化也会加深体育受众对电子化和数字化的依赖感。这种"依赖感"出自当代媒介体育赛事的终极神话，但这层神话其实是脆弱的。世界杯主转播商——瑞士盈方公司旗下的 HBS，在转播中不断增加的反向机位提供了越来越多与过去转播"同轴"原则下截然不同的结果，位于新泽西的 NBA 视频回放中心经常要在数十台机位提供的画面中反复选择，因为不同机位提供的画面有可能是相互矛盾的。这从一个侧面证明了电子技术本身的无力和"无能"，深度依赖解读的特性其实折射出的是电子化和数字化"神话"的脆弱。

（四）去商品化

新冠病毒感染疫情使职业体育赛事受到巨大打击，从 2020 年东京奥运会到世界各地的体育馆赛事，运动员大都有在气泡（bubble）里比赛的特殊经历。疫情带来的并非只是短期效应，也有一些长期影响。德国学者的研究显示，新冠病毒感染疫情永久性地改变了职业体育的内核。它带来的短期效应和长期效应将视疫情持续的时间而定。无论如何，职业足球赛事可能永远也无法再回到疫情之前的状态。

新冠病毒感染疫情带来的不确定性也让原本相对固定的媒介事件成为赛程不确定、随时有比赛延迟或取消的非媒介事件。例如，2021 年 11 月以来奥密克戎及系列变异株出现，再次冲击了美国职业体育联赛。NBA 和 NHL 等体育联盟为了避免再次出现停摆导致巨额转播权费用赔偿，没有选择停摆，而是通过允许俱乐部临时签约球员来满足比赛的最低要求。在这种背景下，一些已经长时间无法在高水平联赛中效力的球员甚至退役球员重回赛场，一些职业素养不高的运动员也在比赛中频频亮相。核心球员一旦进入疫情观察期，球队的成绩就会受到很大影响。因此，球队的排名在相当程度上受疫情影响。一方面，比赛的胜负悬念因为不确定性有所提升；另一方面，比赛的精彩程度大打折扣，有些比赛甚至成为球迷的"笑柄"。

（五）部分媒介化

新冠病毒感染疫情暴发后，世界各国的体育媒体也遭到沉重打击。以西方媒体的价值观和伦理为核心出发点的新闻专业主义在其他地区开始重新受到审视，传统意义的体育传播和危机传播某种意义上成为政治传播的附属品，已经成为业内"行规"的体育媒介专业导向受到空前的挑战。

由于部分职业比赛的封闭或半封闭式管理，体育媒体记者直接采访运动员、教练员和团队成员的机会变少，甚至没有去现场报道训练和比赛的机会。视频会议、集体采访等取代了面对面的个人采访，让具有个性的体育报道几乎遁形。在体育赛事停办的疫情严重时期，不少体育媒体记者被转移到其他部门，暂时离开自己的工作岗位。

一些体育媒体开始大量使用社交媒体、自媒体，甚至是运动员和教练员手机拍摄的比赛和采访素材，导致体育媒体的专业性受到质疑。英国学者西蒙·麦克恩尼斯（Simon McEnnis）认为，退役运动员担任体育媒体工作者不太可能做到客观公正，因为他们难以抹去运动员生涯的烙印；现役运动员担任体育媒体工作者则可称为媒介传播的灾难，但是这在新冠病毒感染疫情期间不可避免的。[①]

在疫情背景下假消息也比过去更容易被传播、更快获得传播。一些传统的体育媒体为了提升新闻的时效性，在未能反复核实信息源的情况下，就授权记者在自己的社交媒体上发布信息，导致体育新闻的真实性和客观性无法得到有效的保障。

一些过去禁止向公众揭示的内容在很难被管控的运动员社交媒体上被揭开"神秘的面纱"。2021年3月18日，在美国NCAA男子篮球赛的赛前准备期，俄勒冈大学球员普林斯在自己的TikTok账号上发布了圣安东尼奥比赛地男女运动员休息区（称重室）设施巨大差异的38秒短视频，短时间内就吸引了数以千万计的关注和点赞，这一严重违背传统禁忌的做法让球队教练极度震怒，而多个赞助商却争先恐后地声明要捐赠改善女运动员休息区的设

① MCENNIS S. Distrupting sports journalism [M]. London：Routledge，2022：61-68.

施，NCAA 总裁也不得不迅速回应要改变这一现状。[①] 这些问题在新冠病毒感染疫情暴发前是很难出现的，但疫情让运动员、教练员、体育组织和媒体之间的关系发生了微妙的变化，在全球性社交媒体尤其是短视频媒体上，各种博取"眼球效应"的内容已不足为奇。

新冠病毒感染疫情暴发让之前已经出现的"超级体育记者"更加"超级"，体育消息垄断的格局越发明显。有关 NBA 运动员转会、伤病，甚至运动员之间、运动员与俱乐部之间关系的各种信息越来越集中在沃神（Adrian Wojnarowski）和山姆斯·查拉尼亚（Shams Charania）等少数"超级体育记者"手中，他们具有发布信息的"超级"权力。还有些"超级体育记者"拥有自己的社交媒体营销团队，甚至本人还是部分运动员的经纪人。这种格局带来了体育信息的高度垄断化，导致了体育与权力、经济、信息等各种利益的缠绕和分化，造成了信息的不对称，事实上降低了传统意义上的体育媒体专业主义。这些现象虽然并不是在疫情开始后才出现的，却在疫情期间得到了强化。

《2021 年普华永道体育行业调查报告》的数据显示，后疫情时代体育行业关键市场力量中排名前三的分别是媒体行业格局改变、人们期望体育发挥更大的社会作用，以及粉丝不断发声，影响力也不断提升（见图 9-6）。

媒体行业关键市场力量	百分比
媒体行业格局改变	82.1%
人们期望体育发挥更大的社会作用	81.8%
粉丝不断发声，影响力也不断提升	77.8%
粉丝的偏好和行为发生变化	73.4%
技术加持体育运动	69.7%
财务资源的集中影响竞争均势	67.7%
游戏和电子竞技赢得更多粉丝关注	67.1%
私人投资者的兴趣和作用日益增加	66.5%

图 9-6 体育行业关键市场力量

资料来源：2021 年普华永道体育行业调查报告.（2021-12-22）[2022-09-20]. https://www.pwccn.com/zh/industries/government/sports-survey-2021.pdf.

针对媒体行业格局发生变化引领变革，受访者表示，媒体行业的格局从

---

① ANTUNOVIC D. Social media, digital technology, and sport media [C] //SANDERSON J. Sport, social media, and digital technology: sociological approaches. Bingley: Emerald Publishing, 2022: 1-7.

有线电视向流媒体的转变以及数字媒体催生的生态系统碎片化，是驱动体育行业变革的主要因素，并且影响内容访问和媒体版权收入等多个方面。考察全球体育市场的预期恢复状况，欧洲和澳大利亚也许相对低迷，美洲地区因为美国经济的强劲增长和现场赛事的回归可能更加乐观。① 与新冠病毒感染疫情共存，并且找到更加合适的应对举措，可能是接下来三年甚至十年内全世界体育行业不得不面对的现实。面对冷战之后第一次真正意义上的去全球化浪潮，全球体育传播似乎完全不是想象中的那么不堪一击。

二、后深度体育媒介化时代全球体育传播的走向

在新冠病毒感染疫情这个"黑天鹅事件"发生后，全球体育传播进入后深度体育媒介化时代。尤其是在2022年2月俄乌冲突发生后，俄罗斯和亲俄罗斯的白俄罗斯两国在体育领域遭受了前所未见的被针对行为，这两个国家计划主办和参与的体育赛事被取消，两国运动员失去了参加国际体育比赛的机会。俄乌冲突的影响一度波及2022年北京冬残奥会，但在国际残疾人奥林匹克委员会、2022年北京冬奥组委和中方的积极斡旋下，北京冬残奥会的举办基本上没有受到太大的影响。

俄罗斯以举国之力先后举办了2014年索契冬奥会和2018年国际足联男足世界杯两项体育重大事件，并取得圆满成功。但是索契冬奥会后，俄罗斯运动员"大规模有计划"地使用兴奋剂以提高成绩的做法被西方媒体曝出。国际奥委会随即与世界反兴奋剂机构WADA协作，通过一系列操作对俄罗斯运动员做出了"以中立身份参加国际赛事，不播放俄罗斯国歌、升俄罗斯国旗"的处罚，处罚为期四年。后来处罚期被延长至今。

很多俄罗斯及白俄罗斯运动员在训练中付出的努力无法得到展现，这对运动生涯有限的职业运动员而言是相当残酷的。部分体育组织也意识到了这一点。2022年位列网球大满贯赛事之首的温网禁止俄罗斯和白俄罗斯运动员（包括俄罗斯著名男子网球运动员梅德韦杰夫和白俄罗斯女子网球运动员萨巴伦卡等）参赛。对此，男子职业网球组织ATP和国际女子职业网球组织WTA反应强烈，它们用剥夺职业积分的方式，让2022年的温网成为没有积分的表演赛，这也让部分运动员直接退出这一历史最为悠久的职业网球赛事。这一事件深刻地诠释了部分西方体育组织试图将体育政治化、工具化的意图；

---

① 普华永道.2021年普华永道体育行业调查报告——体育行业复苏大考：全线备战［R/OL］.（2021-12-18）［2022-06-30］.https://www.pwccn.com/zh/industries/government-and-public-services/publications/sports-survey-2021.html.

诠释了当代职业体育的"伪民主";同时也显示了以西方国家为核心的各个体育组织在维护运动员权益、商业利益的平衡和与政治利益的博弈等很多问题上并没有达成共识。在很长时间内,这种互相矛盾、相互处罚的乱象可能还会反复出现,包括奥运会在内的国际体育重大事件的申办和举办也难免会在各种政治、军事、经济和文化的角力中艰难前行。

疫情结束后中国终会回到世界体育大家庭。举办各种国际体育重大事件是建设体育强国不可或缺的条件,同时也是提升中国体育国际话语权、增强国家软实力的重要路径和方式。

在外部环境和内部条件允许的前提下,积极推动这些体育重大事件的申办和举办,仍然具有重要的意义。

◀ 拓展阅读 ▶

GRIX J,BRANNAGAN P,LEE D. Entering the global arena:emerging states,soft power strategies and sports mega-events [M]. Singapore:Palgrave Macmillan,2019.

ROWE D. Global media sport:flows,forms and futures [M]. London:Bloomsbury,2011.

肖焕禹. 体育传播学 [M]. 北京:人民体育出版社,2011.

许正林. 体育传播学 [M]. 上海:上海交通大学出版社,2010.

◀ 思 考 题 ▶

第一节

1. 全球体育传播经历了哪几个发展阶段?

2. 职业体育的美国中心化模式与欧洲中心化模式的特点分别是什么?

3. 体育重大事件的呈现形态是怎样的?

第二节

1. 全球体育媒介化操控体育国际话语权的路径和方式是什么?

2. 全球体育传播如何影响国家软实力?

第三节

1. 新冠病毒感染疫情后全球体育传播高度数字化体现在哪些方面?

2. 后深度体育媒介化时代的全球体育传播有哪些发展趋势?

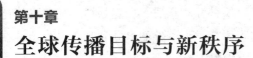

第十章

全球传播目标与新秩序

21世纪以来，人类社会进入新的发展阶段，国际形势风云变幻、全球格局急剧变化。世界怎么了？我们怎么办？如何回答这些重大现实问题，中西方都在探索、在研究。西方学者提出过构建理想社会、共同体等主张，中国提出了构建人类命运共同体的方案。前者基于西方文明，是其在新历史条件下的一种延伸；后者凝聚东方智慧，是顺应历史潮流、基于发展实践、体现大国担当的"中国之道"。人类即将跨入多极世界和多元秩序体系（multi-order system），在新的世界秩序中，全球传播将成为维护和传播和平、发展、公平、正义、民主、自由的全人类共同价值的结构性力量，通过聚合多元传播主体之力共同推动全球发展。显然，亟须构建更加平等、均衡、公正的全球传播秩序，以创建符合人类共同利益的美好未来——人类命运共同体。

第一节　西方的理想社会愿景

对未来理想社会的憧憬和追求，是人类生存和发展的精神动力，也是社会滚滚前行的希望之光。[①] 从古希腊到 20 世纪末期的西方理想社会愿景，经历了从维护国家治理到反思和批判国家的演变。马克思主义认为，人类社会发展的总趋势是从必然王国走向自由王国。仰赖传播，人们从口耳相传、纸笔记录到电子传播、互联网交互，生动记录了东西方先哲对人类社会未来前景的思考和探索；寄予传播，通过分享和实践人类共同价值，推动人类打破隔阂与偏见，消除冲突与斗争，倡导和形塑共识，共同走向自由王国。

一、古希腊和古罗马时期的自由社会

（一）古希腊神话中的理想社会图景

古希腊神话被称为西方文明的源头，古希腊人在希腊神话中构建了一个理想的社会——奥林匹斯山。这个神的世界是按照父系氏族社会的形式构筑的，这里的神与人一样有着七情六欲，有欢喜、悲痛或愤怒，神与人之间不存在无法跨越的鸿沟。这个神的世界根据诸神之间的分工得以维持良好运转，虽然也有神与神的冲突、神与人的战斗。

古希腊神话蕴含的价值理念深刻影响西方文明，这种价值理念主要表现为三个方面：一是奥林匹斯山的精神特质是尊重独立人格、追求自我价值、推崇个性自由，人格化的神也具有世俗化特征，把幸福快乐视为追求的至善。二是蕴含着以自我否定为动力维系更新和发展的社会进化思想，形成了自我否定、自我超越的世界观。希腊神的更迭是通过自我否定的暴力方式实现的，其背后决定诸神兴衰否泰的是"命运"。这种自我否定、进而自我超越的形而上的动力，一如现代社会的发展规律。三是推崇能够掠夺资源的英雄，形成了"强者即正义"的价值观。古希腊神话形成于人类文明初期，这种价值观是由当时的社会生产力发展水平决定的，但在今天仍然存在于一些西方政客和学者头脑之中。

（二）古希腊和古罗马哲学中的理想国

古希腊三大哲学家苏格拉底、柏拉图和亚里士多德共同创立了西方哲学，

---

① 彭朝花．西方马克思主义未来社会构想及其当代价值［D］．北京：中共中央党校，2019.

他们也从不同角度阐释了一个具有现实意味的平等与宽容的理想社会，即文化多元主义（cultural pluralism）的社会。柏拉图在《理想国》一书中，通过苏格拉底与他人的对话，展现了一个完美优越的城邦。其核心思想是从人的政治生活起源问题出发，讨论了共同体对于人的意义：人们因为生存而聚集在一起，在共同生活中交换物资、满足生活需要。共同生活需要秩序，这种秩序即政治制度。围绕政治制度，柏拉图借苏格拉底之口，在辩论中解答了什么是"个人正义"和"城邦正义"的问题，以公平正义作为理想国的准则。当三个等级的人们——拥有欲望的体力劳动者、拥有意志的护卫者以及拥有理智的统治者——按照理性的指引，分工合作、协调一致时，就是理想化的和谐社会，每个人得到最大的幸福和快乐。所谓正义，就是三个等级所代表的节制、勇敢、智慧的和谐统一。

亚里士多德在《政治学》一书中对其老师柏拉图的理想国进行了现实主义的阐释，他提出理想城邦是"自由和平等的公民在一个合法界定的法律体系之下结成的伦理-政治共同体"，或曰"市民社会（civil society）"。在这个社会里，只有公民（自由民）和非公民（非自由民）。公民是有产者，他们有政治权利，在此基础上使"城邦实现善德"。

公元前 1 世纪，古罗马政治理论家西塞罗将"市民社会"转译为拉丁文，"不仅指单个国家，而且指业已发达到出现城市的文明政治共同体的生活状况"，在保留"政治社会"含义的同时，更多地带有"文明社会"的含义。此后，一直到近代之前，包括中世纪的奥古斯丁、托马斯·阿奎那等基督教神学家在内的西方思想家，都是在亚里士多德和西塞罗的意义上使用这一概念的，即以"政治-市民社会"为二元分析单位探讨社会的构成，即二元论范式（the society-state dichotomous model）。

总的来看，古希腊和古罗马先哲对理想社会的构想诞生于生产力水平较低的社会环境中，带着鲜明的时代和阶级烙印，甚至具有一定的神秘色彩和幻想性质。从亚里士多德、西塞罗到 17 世纪洛克、卢梭等的古典"市民社会"概念，与政治社会、政治国家相同，反映了西方文明从古希腊和古罗马时期到 17 世纪前这一阶段的社会状况，即国家与社会并未分离或者并未完全分离，整个社会表现为高度政治化的一元结构。这一状况在中世纪达到顶峰，正如马克思所指出的，"中世纪的精神可以表述如下：市民社会的等级和政治意义上的等级是同一的，因为市民社会就是政治社会，因为市民社会的有机原则就是国家的原则"[①]，"市民等级和政治等级的同一就是市

---

① 马克思恩格斯全集：第 3 卷 ［M］．北京：人民出版社，1995：90．

民社会和政治社会同一的表现"①。

二、文艺复兴和启蒙运动时期的乌托邦

1561 年英国空想社会主义学者托马斯·莫尔（Thomas More）的《乌托邦》（*Utopia*）出版，该书深受《理想国》影响，以莫尔与一位虚构人物拉斐尔·希斯拉德的对话，描绘了作者自己的社会理想。在彻底否定私有制的基础上，莫尔设计出一个空想社会主义的岛国"乌托邦"，构建了公有制社会模式的雏形。莫尔首次批判了资本原始积累的罪恶，提出了以组织生产、普遍劳动为基础的公有制和平等的原则，奠定了空想社会主义的根基。

启蒙运动时期，德国哲学家伊曼努尔·康德（Immanuel Kant）从法制的角度出发探索人类的安身立命问题，他的《永久和平论》从全球角度提出了"世界永久和平"和"世界公民"的理念。康德"不仅从空间的意义上看待世界的永久和平，而且站在世界公民的立场上将它置于世界历史之中来加以阐释"②，这也意味着他是从人类社会演进的角度来论述通过建立国际联盟实现国际永久和平的设想。康德强调用外在强制的法律来约束每个人的自由行为，促使个体联合建立一个合法的国际组织（国际联盟），并从两个层次提出了建立永久和平的国际法基本准则，即"国际永久和平的临时条款"和"国际永久和平的确定条款"。康德为未来的永久和平世界设计的国际法基本准则，标志着他已经从柏拉图对人类理想社会的构想走向了对理想社会的制度安排。康德最早提出了世界公民理论，在《永久和平论》中，他热切期望"世界上彼此远离的各个大陆能够和平地建立相互关系，而这些关系最终成为公共法律上的关系，并且这些关系还将因此促使人类最终日益接近一种世界公民制"③。康德的永久和平论启迪了哈贝马斯、罗尔斯、勒维纳斯等人的世界公民理论、从民族国家走向世界大同的理论等。

三、19 世纪中后期至 20 世纪初期的共同体

（一）19世纪中后期的共同体思想初探

1845—1846 年，马克思、恩格斯在《德意志意识形态》第一卷中梳理了

---

① 马克思恩格斯全集：第 1 卷 ［M］. 北京：人民出版社，1956：284.

② 舒远招. 康德的永久和平论及其对构建当代人类命运共同体的启示 ［J］. 湖北大学学报（哲学社会科学版），2017（11）：10-15.

③ 科赫休尔德，陈龙. 康德世界公民主义理论的发展 ［J］. 吉林大学社会科学学报，2014（3）：92-100，174.

人类三种共同体，"自然的共同体"（以人的依赖关系为基础的"本源共同体"）、"虚幻的共同体"（以物的依赖或资本的依赖为基础的资本主义社会共同体）和"真正的共同体"（以人的自由全面发展为基础的共产主义社会共同体）。从对资本主义社会的批判出发，马克思、恩格斯在《共产党宣言》中提出："在真正的共同体的条件下，各个人在自己的联合中并通过这种联合获得自己的自由。"马克思、恩格斯对共同体的思考是基于对人类历史、现实和未来的理解，充分体现了他们对未来社会物质生产和生活实践特征的判断、对历史发展规律的把握。

1887年德国社会学家斐迪南·滕尼斯（Ferdinand Tönnies）在《共同体与社会》一书中深入研究了"共同体"这一概念，他认为共同体是人类群体生活中一种有机的生活形态，是与社会相对立的、与机械的公共生活相对立的生活形态。在滕尼斯看来，基于亲属关系、邻里关系和友谊，人们缔结了血缘共同体、地缘共同体和精神共同体。[1] 滕尼斯关注的焦点在于从社会改造的角度提出对现实批判的理论参照系，显然，他受到马克思恩格斯共同体论断的影响。就共同体本身而言，滕尼斯所指称的共同体只是一种小范围的共同体，仅存在于族群或国家之中。

（二）20世纪中后期的公共领域模型

20世纪70年代以来，美国社会学家帕森斯（Talcott Parsons）提出"美国社会共同体"；德国社会学者哈贝马斯（Jürgen Habermas）提出"公共领域"和"生活世界"；美国政治学家柯亨（Gerald Allan Jerry Cohen）和阿拉托（A. Arato）等发展了柏拉图和亚里士多德开创的"市民社会"二元论分析范式，提出"政治社会-经济社会-市民社会"三元论范式（the Politics-Economics-Civil Society Trichotomous Model）。这些代表着这一阶段西方社会理论的发展。哈贝马斯在《公共领域的结构转型》一书中构建了资产阶级公共领域的理想模型，就开展公开对话和讨论展开了分析。他认为，公共领域是介于私人领域和政治系统之间的一个领域，是各种公众聚会场所的总称，主要是独立自主的个体及由其所组成的自治社团组织进行自主交往和自由辩论的一种非官方的文化批判领域。公众通过在这一领域的合理交往形成公共意志和公共观点（公共舆论），自由的、理性的、开放的和批判性的讨论构成公共领域的基本特征，因此公共领域理应是价值中立的、单一的、超越生活世界的。哈贝马斯认为通过公共对话和讨论即能保证公共领域的中立性。[2] 互联网

---

[1] 滕尼斯. 共同体与社会 [M]. 张巍卓，译. 北京：商务印书馆，2019：87-89.
[2] 王晓升. 公共领域概念辨析 [J]. 吉林大学社会科学学报，2011（4）：22-30，159.

时代，社交媒体在一定程度上形成了一个相对自由的公共领域。在这块互联网公地上，政府、互联网超级平台和公众有时相互缠斗，有时彼此合作，形成了社会发展的主要力量。

四、20 世纪末的社群主义

20 世纪 80 年代伴随着自由主义意识形态的危机，社群主义在西方兴起。社群主义者以马克思主义为思想来源，使马克思的共同体思想深入历史发展进程之中，进一步发现共同体是人类历史进程的最终阶段。在社群主义者看来，共同体是一种具有情感联系和共同信念的构成性群体，在当代社会特别是美国社会，真正的共同体往往存在于种族和宗教团体之中。[①] 他们的关注点停留于抽象的政治哲学范畴，视政治自由为追求目标，认为应该对共同体有更多的尊重，以此维持社会秩序的稳定。与马克思主义关注共同体中人的主体性不同，社群主义者停留于人能动的生产力对社会秩序的作用，忽略了人作为社会历史主体的作用。

五、西方理想社会愿景的文化特征

1948 年联合国通过了《世界人权宣言》，确立"人人生而自由，在尊严和权利上一律平等"的原则。在《世界人权宣言》发布 70 周年之际，2018 年 12 月联合国通过《移民问题全球契约》，提出"难民和移民有权享有同样的普世人权和基本自由，这些权利和自由必须始终得到尊重"。这些权利也是西方理想社会构想的基本内核。

抛开马克思对共同体的论述，自古希腊和古罗马时期至 20 世纪末期西方学者提出的理想社会的基本价值或原则，是以契约精神为基础的（《联合国全球契约》见图 10-1），集中体现为五个方面：人本主义、多元主义、公开性与开放性、参与性、法治精神。

人本主义是理想社会的理论基石。它强调人的尊严、人的基本权利以及人性尊严和基本权利的平等性，认为国家和公民社会都应以保护和增进公民权利和利益为旨归。

多元主义强调个人生活方式的多元化、思想文化的多元化和社会组织的多元化，提倡宽容、妥协、互惠与合作精神。

---

① 姚大志. 正义与善：社群主义研究 [J]. 北京：人民出版社，2014：16.

图 10 - 1 《联合国全球契约》

资料来源：金风科技加入联合国全球契约组织．（2021 - 06 - 01）［2022 - 09 - 20］．https://www.ne21.com/news/show - 161826.html.

公共领域的重要特点包括公开性和开放性，这是公众参与公共活动的重要前提。当代公民社会论者都十分强调和坚持公共生活领域的公开性和开放性。

参与国家政治生活和社会公共事务是公民的基本权利。因此，西方的理想社会愿景强调和倡导公民个人或公民社会组织以多种方式积极参与社会公共生活。

法治精神强调反对国家对社会组织及公民个人内部事务的随意干涉，要求从法律上划定国家权力和国家行动的边界，使社会组织或公民个人成为真正自主的领域。

六、西方理想社会愿景的局限

从古希腊和古罗马时期到 20 世纪末期的西方理想社会愿景，经历了从维护国家治理到反思和批判国家的演变。20 世纪中后期以来，这些具有"乌托邦"色彩的理论经由"公共领域"等的包装，向发展中国家传播、扩散、渗透。一些西方国家利用发展中国家社会转型的特点，将"市民社会"理论意识形态化，提出以经济体制改革促进政治体制和价值观变化、以外交活动促进制度改变、以非政府组织等促进"市民社会"发展。"市民社会"理论被注入灌输西方价值观、推销西方制度模式、影响他国政权的非学术因素，与此同时其本身的局限也逐渐显露。

其一，具有泛自由主义倾向，过度强调国家和社会对立。全球市民主义具有矫正狭隘民族主义和国家主义的特征，这对制衡国家权力、捍卫人类自由和反对国家压迫具有一定意义，其当代形态更强调对国家的文化批判。但是把国家置于社会的对立面，就走向了这一理论的反面。国家与社会的分离的确产生了自由和平等的种种新形式，但也创造了统治和强迫的种种新方式。片面强调社会独立的反国家论调，容易走向否定国家的泛自由主义。

其二，过度强调公民自治，具有无政府主义风险。依据这些论点，人类解放存在于公民的自治之中，存在于扩张和发展之中，存在于从国家解放以及对形式民主的保护之中。这就片面夸大了非政府组织的功能，甚至为一些失范的社会组织提供了存在的合法性。以埃及为例，20世纪90年代以来，埃及社会组织成倍增长，达到两万多个，但是由于各组织之间斗争激烈，难以形成共识，反而导致政权更迭不断，国家动荡不安，人民生活水平持续下降。

其三，难以调和个人权利与身份的关系，容易导致极端利己主义。倡导个人的独立和权利，源于资本主义生产关系对封建制度的反抗，有利于彰显主体性，实现个人价值。但是生活方式的多元化、个人身份的多重化以及社会关系和经验的多样化，使得所谓全球市民社会的愿景——一个承认各种性别、文化差异的民主社会，即超越了国家、种族、阶级、性别等界限的理想世界——变得遥不可及。尤其是在这个碎片化的社会中，强调个体承担全球共同义务，个体为本国之外的人们的利益承担共同义务，更显得像是难以实现的梦想。

第二节　中国的人类命运共同体方案

人类命运共同体是中国面对全球格局变革，基于中华优秀传统文化与西方理想社会图景提出的中国方案。一方面它是中国的外交政策，体现在中国的国际交往、对外援助中，特别是在新冠病毒感染疫情中与世界各国联手抗疫；另一方面它也是中国全球治理观的核心，近十年来中国"坚持以公平正义为理念引领全球治理体系改革"，强调从"一个世界＋人类视角"完善全球治理，通过参与各种国际组织、携手各国解决全球性问题、向国际社会提供公共品，践行人类命运共同体理念，以身示范，积极推进全球共同体的构建。传播人类命运共同体理念，已经成为中国媒体全球传播的主要目标。

一、人类命运共同体的提出背景

（一）20世纪以来西方主导的全球治理理念陷入困境

19世纪中期第一次工业革命完成后，以英国为首的欧洲发达国家构建了以自由主义为核心的全球性经济贸易体系，国家和政府间组织共同参与全球治理。两次世界大战后，美国取代英国成为全球治理的魁首，利用其科技、军事和文化优势，建立了以所谓新自由主义为核心的美式全球化体系，除了国家和政府间组织，非政府组织和跨国公司也成为全球治理新成员。

21世纪以来全球格局加快变革，新一轮科技革命和产业变革迅猛推进，国际科技竞争日益激烈；世界经济格局深刻调整，国际产业供应链竞争日益激烈；全球经济治理体系主导权和全球话语权的竞争日益激烈。突发事件及全球风险的威胁，迫切要求全球治理走向新的历史阶段，往昔以自由主义或所谓新自由主义为核心价值的全球治理体系面临重大风险。

美国著名经济学家约瑟夫·斯蒂格利茨（Joseph Stiglitz）在《新自由主义的终结与历史的复兴》一文中批判"历史终结论"，历数所谓新自由主义的几大罪状：侵蚀民主、财富集聚与社会分化、金融市场去监管化与金融风险、气候危机等。他认为，不受约束的市场无法运转，眼下的危机更令人意识到所谓新自由主义确实将终结文明。2020年4月9日法国《观点报》刊发对福山的采访，福山表示"在新冠病毒感染疫情大流行之前，全球化已经达到了它的最大限度……我认为如今我们看到了这种新自由主义的彗星尾巴，它已经死了。"[①]

新冠病毒感染疫情暴发凸显国际合作的缺失，联合国、世界贸易组织、国际货币基金组织、世界银行、G20等全球合作机构的协调机制发挥的作用有限；以世界卫生组织为中心的全球健康治理框架也乏善可陈；欧盟、东盟、非盟、阿盟等众多地区合作框架运作不力，世界各国重新回到国家主义框架下。[②] 基于应对全球性危机和全球性挑战，中国政府提出了人类命运共同体这一新的全球治理方案。

（二）人类命运共同体应运而生

人类命运共同体这一中国方案，最初是作为探寻人类应对全球性危机和

---

① 福山. 新自由主义已死，但中国模式难以复制［N/OL］.（2020-04-20）［2021-05-30］. https://www. huxiu. com/article/351606. html.

② 高金萍. 中国在全球治理中的角色转型与全球传播能力提升［J］. 对外传播，2020（12）：8-10.

全球性挑战之路的一种新视角而提出的。2011 年 9 月国务院新闻办公室发布《中国的和平发展》白皮书，提出"要以命运共同体的新视角，以同舟共济、合作共赢的新理念，寻求多元文明交流互鉴的新局面，寻求人类共同利益和共同价值的新内涵，寻求各国合作应对多样化挑战和实现包容性发展的新道路。"这是在中国共产党成立 90 周年之时，中国再次向世界郑重宣告，中国坚持和平发展道路是实现国家现代化和富民强国的战略抉择，是为世界文明进步做出更大贡献的战略抉择。

随着新一届中央集体登上政治舞台，人类命运共同体也被载入中国共产党全国代表大会报告，作为中国共产党治国理政的新理念、新思路和新举措。2012 年 11 月，党的十八大报告明确提出"要倡导人类命运共同体意识，在追求本国利益时兼顾他国合理关切"。从人类命运共同体理念出发，中国提出了"一带一路"倡议，依靠中国与有关国家既有的双多边机制，借助既有的、行之有效的区域合作平台，积极发展与沿线国家的经济合作伙伴关系，共同打造政治互信、经济融合、文化包容的利益共同体、责任共同体和命运共同体。

此后，习近平主席在多个国际场合郑重阐发中国提出的人类命运共同体理念。2013 年 3 月 23 日，他在莫斯科国际关系学院发表题为《顺应时代前进潮流　促进世界和平发展》的重要演讲，指出"人类生活在同一个地球村里，生活在历史和现实交汇的同一个时空里，越来越成为你中有我、我中有你的命运共同体"。同年 3 月 25 日，习近平主席在访问坦桑尼亚期间发表题为《永远做可靠朋友和真诚伙伴》的重要演讲，首次提出"中非从来都是命运共同体"。这些演讲充分彰显了中国着意深化双方政治互信、拓展经贸合作、密切人文交往，构建息息相关、休戚与共的命运共同体的愿景。

习近平主席在 2020 年 11 月 10 日上海合作组织成员国元首理事会第二十次会议上发表重要讲话，提出构建卫生健康共同体、安全共同体、发展共同体、人文共同体，为推动构建人类命运共同体做出更多实践探索。在新冠病毒感染疫情仍然肆虐、国际格局持续动荡调整的现实背景下，这是中国政府再次向世界重申中国方案、倡议全球行动。近十年来，人类命运共同体从一种探索视角，到一种治理理念，再到实践方案，中国对人类命运共同体的阐释日渐清晰、深刻和有内涵。

在中国共产党成立百年前夕，2021 年 4 月 22 日习近平主席在领导人气候峰会上发表重要讲话，倡导构建"人与自然生命共同体"。中国共产党以"五个共同体"回应了人类面临的紧迫问题，针对"世界怎么了、我们怎么办"这一时代之问给出了答卷，从政治、安全、经济、文化、生态五个方面对人类命运共同体进行了阐释。

2022 年在党的二十大报告中，习近平主席提出"构建人类命运共同体是世界各国人民前途所在。万物并育而不相害，道并行而不相悖……我们真诚呼吁，世界各国弘扬和平、发展、公平、正义、民主、自由的全人类共同价值，促进各国人民相知相亲，尊重世界文明多样性，以文明交流超越文明隔阂、文明互鉴超越文明冲突、文明共存超越文明优越，共同应对各种全球性挑战。"

图 10 - 2 以时间为线索，梳理了人类命运共同体理念的发展过程。

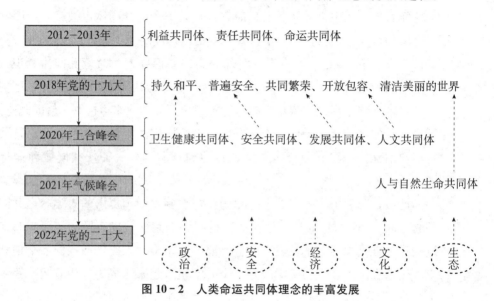

图 10 - 2　人类命运共同体理念的丰富发展

二、人类命运共同体的逻辑起点

人的生存和发展是以共同体的存续为内在前提的，这是人类命运共同体的逻辑起点。人类命运共同体强调"在多样化社会制度中和平并存；在各国之间仍然存在利益竞争和观念冲突的现代国际体系中每个国家在追求本国利益时兼顾他国合理关切；在谋求本国发展中促进各国共同发展，其核心理念是和平、发展、合作、共赢"①，这是基于增进世界人民的共同利益、整体利益和长远利益的安排。

东西方轴心时代，伟大思想家孔子和柏拉图曾分别提出对人类理想社会的构想或愿景。在《论语》中，孔子提出了"博施于民而能济众"的社会至善境界。《礼记·礼运》的"大同社会"又对此进行了描述：其一，大同社会

---

① 李爱敏."人类命运共同体"：理论本质、基本内涵与中国特色［J］.中共福建省委党校学报，2016（2）：96 - 102.

是"天下为公"的社会，天下为天下人所共有、天下之利益为天下人之利益；其二，大同社会是拥有社会保障的社会，男女老幼鳏寡孤独皆有"所终""所用""所长""所养"，既为社会发展贡献力量，又拥有社会保障权利；其三，大同社会是"讲信修睦"的社会，诚信道德是良好人际关系的原则。[①] 在"天下大同"这一社会发展的终极阶段，和谐有序的社会运行状态、完善的社会保障制度、修己安人的相处之道，编织了大同社会的经纬。"天下大同"基于"儒家文化崇尚和谐、倡导天人合一的宇宙观，协和万邦的国际观，和而不同的社会观，人心和善的道德观"[②]，描画了一幅人们相互交流、并行不悖、和谐共存，既各自珍视特色长处，又尊重包容他人的理想化社会图景。这种理念成为人类命运共同体超越民族国家和意识形态的全球治理观的来源。

此后中国历代学者和政治家都对大同社会进行过阐发，从陶渊明的《桃花源记》、太平天国的《天朝田亩制度》、章太炎的《五无论》，到康有为的《大同书》、孙中山的"大同盛世"构想，为人类命运共同体理念提供了重要的思想资源和精神资源。

中西方对于理想社会的愿景，都离不开对共同体的思考和阐释。人类对共同体的向往有增无减，其中蕴含的是人们对和谐共存、自由发展的理想社会的美好追求。随着历史车轮滚滚向前，每个时期的共同体理念虽然拥有不同的内涵，但是核心却始终如一，在以共同体的生活方式维系人类生存发展这一点上，体现着相对稳定性。

人类命运共同体理念是基于全球化发展的现实，坚持马克思主义的立场和方法，对新的历史条件下人类对共同体要求的回应。人类命运共同体理念呼应了东西方对理想社会的共同追求，照应了新时代全球格局的历史性变化，对维护世界的繁荣发展具有重大和深远的意义。

三、人类命运共同体的逻辑主线

伴随着全球化进程，全球性问题和全球性挑战日渐增多，全球治理需求日渐凸显，全球治理主体也不断扩展。习近平主席发出"世界怎么了、我们怎么办"之问，从这两点出发，应对全球性问题和全球性挑战，是人类命运共同体的逻辑主线。

与此同时，百年未有之大变局的特征更加凸显。在中国人民从站起来、富起来到强起来的变迁过程中，中国共产党也从百年前远离全球治

---

① 孙聚友. 儒家大同思想与人类命运共同体建设［J］. 东岳论丛：2016（11）：63－67.
② 同①.

理，到改革开放后逐渐融入全球治理，再到党的十八大以来积极参与全球治理，主动面对全球性问题和全球风险，为世界贡献中国智慧和中国方案。

党的十八大以后，中国通过举办世界性和地区性的大型外交活动积极表达中国方案、倡导人类命运共同体，利用一系列主场外交和提供新的国际合作平台，通过议题设置引导全球治理方向，中国共产党正在从全球治理的"贡献者"逐步向全球治理的"引领者"转变。2013 年中国提出建设"新丝绸之路经济带"和"21 世纪海上丝绸之路"的合作倡议，截至 2022 年底，中国已经与 150 个国家、32 个国际组织签署合作文件共建"一带一路"，举办了两届"一带一路"高峰论坛。据研究者统计，中国与"一带一路"沿线国家货物贸易进出口总额从 2013 年的 1.04 万亿美元[1]增加到 2022 年的 2.06 万亿美元[2]，十年间累计总额达 12.99 万亿美元。2014 年中国倡导成立亚投行以促进亚洲区域的建设互联互通化和经济一体化，截至 2022 年底，亚投行已有 104 个成员国。新冠病毒感染疫情爆发后，亚投行积极作为，一是设立疫情危机恢复基金，对受到疫情严重冲击的公共和私营部门机构提供快速融资，截至 2022 年 3 月该基金规模已从 50 亿美元扩大到 200 亿美元；二是在中国银行市场发行熊猫债券，债券募集资金将用于亚投行相关项目融资，特别是亚投行设立的新冠疫情危机恢复基金支持项目，债券初始规模为 100 亿元。这一系列举措弥补了全球基础设施资金缺口，积极打造推动全球共同发展的实践平台。

2017 年以来，"一带一路"倡议及其核心理念已写入联合国、G20、亚太经济合作组织以及其他区域组织等的有关文件；人类命运共同体被载入联合国不同层面的多份决议，一定程度上体现为一种全球意识，对推动全球治理体系变革、构建新型国际关系和国际新秩序的共同价值规范发挥了重要作用。

1978 年 5 月 10 日中共中央党校《理论动态》刊发《实践是检验真理的唯一标准》一文，文中提出"思想理论本身不能成为检验自身是否符合客观实际的标准，只有千千万万人的社会实践，才能完成检验真理的任务"[3]。近十年来，中国与世界各国人民在"一带一路"共建中、在亚投行发展中、在与各国人民携手抗击新冠病毒感染疫情的过程中，在多个领域践行人类命运共同体理念，通过全球实践检验其真理性和科学性，确证其科学理论

---

① 陈甫军. 共建"一带一路"的基本理论与实践路径［EB/OL］.（2020 - 03 - 02）［2021 - 05 - 11］. http://www.china.com.cn/opinion/think/2021 - 05/11/content_77487808.htm.

② 国务院新闻办就 2022 年全年进出口情况举行发布会［N/OL］.（2023 - 01 - 13）［2023 - 01 - 13］. www.gov.cn/xinwen/2023 - 01/13/content_5736993.htm.

③ 本报特约评论员. 实践是检验真理的唯一标准［N］. 光明日报，1978 - 05 - 10（1）.

的特征。

四、人类命运共同体的理论架构

人类命运共同体着眼于用中国智慧和中国方案解决人类面临的共同挑战和难题，它的立足点是全球化，价值追求是和平发展、合作共赢，实现路径是共商、共治、共建、共享。① 习近平主席在 2020 年 11 月 10 日上海合作组织成员国元首理事会第二十次会议上发表重要讲话，提出上海合作组织要弘扬"上海精神"，为推动构建人类命运共同体作出更多实践探索，要构建卫生健康共同体、安全共同体、发展共同体、人文共同体。2021 年 4 月 22 日习近平主席在领导人气候峰会上发表重要讲话，倡导构建"人与自然生命共同体"。中国共产党以"五个共同体"回应了人类面临的紧迫问题，针对"世界怎么了、我们怎么办"这一时代之问给出了答卷：实践层面上，通过"一带一路"倡议、亚投行建设等举措，积极践行共同体理念、深化共同体实践；理论层面上，将"持久和平、普遍安全、共同繁荣、开放包容和清洁美丽"的理念概括化为"五个共同体"，通过体系化的理论架构完成了从社会理想，到治理理念，再到系统理论的三段式演进过程（见图 10-3）。

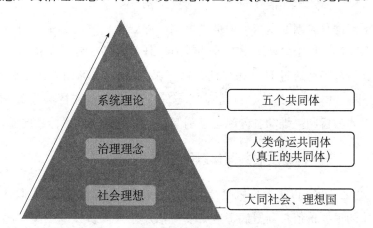

图 10-3　人类命运共同体理念的演进逻辑

（一）构建卫生健康共同体是国际社会的中心任务

新冠病毒感染疫情是百年来全球发生的最严重的大流行传染病，全球经济严重受挫，国际关系急剧变动。美国一些媒体和政客无视中国在抗疫中的努力和贡献，污名化中国或捏造谣言炒作"病毒阴谋论"，蓄意将疫情政治化；叫

---

① 张三元. 论构建人类命运共同体的价值逻辑 [J]. 理论探讨，2019（5）：92-97.

器中美"脱钩"，为构建人类命运共同体设置话语陷阱；丑化中国的国家形象，遏制和阻挠中国崛起。面对这股历史发展逆流，中国坚持"把合作和团结放在应对疫情的中心位置"，倡导共建人类卫生健康共同体，主动与世界各国合作，充分彰显以全人类为本的价值理念。中国用实际行动推动构建卫生健康共同体，在国际援助、疫苗使用等方面积极行动：支持世界卫生组织协调、领导全球抗疫行动，截至 2020 年 6 月，已向世界卫生组织提供两批共5 000 万美元现汇援助；呼吁国际社会团结起来应对疫情，用好上合组织、G20 等现有合作机制，深化疫情监测、疫苗研制等领域交流合作；截至 2021年 4 月，中国疫苗全球供应已突破 1 亿剂次，已向 80 个国家和 3 个国际组织提供疫苗援助，向 40 多个国家出口疫苗。当前，世界各国团结协作、构建全球卫生健康共同体，是战胜这个人类共同敌人的最有效途径。

（二）构建安全共同体以确保人类的发展

安全是人类发展的前提，在世界各国联系日益紧密、互联网传播成为主流的时代，非传统安全（或称"新安全"）已成为世界和平发展的严重威胁和挑战。近年来"三股势力"通过互联网传播生乱的风险陡增，严重威胁各国人民生命安全和信息安全。中国提出构建安全共同体，旨在呼吁各国"要坚定支持有关国家依法平稳推进重大国内政治议程，坚定支持各国维护政治安全和社会稳定，坚决反对外部势力以任何借口干涉成员国内政。要深化团结互信，坚持通过对话和协商化解矛盾和分歧，巩固本组织发展政治基础"，"平衡处理技术进步、经济发展与保护国家安全和社会公共利益的关系"[①]，以此为旨归，推动各方朝着互利互惠、共同安全的目标相向而行。

（三）构建发展共同体以维护世界稳定

21 世纪以来全球风险社会的特征凸显，金融危机让人们认识到经济共同体的重要价值；新冠病毒感染疫情暴发让人们认识到卫生健康共同体的重要意义。风险社会理论的提出者、德国社会学家乌尔里希·贝克认为，风险的自反性在于全球风险不是必然酿成灾难，"风险向来是自我制造的未来挑战，风险动用新的创造力，架起了通往进步的阶梯"[②]，风险也可以为制度转型提供契机。中国素有"利可共而不可独"的文化传统，提出构建发展共同体就是要携手各国化风险为挑战，系统进步、改善民生，通过制度创新解决发展

①　全球数据安全倡议［N/OL］.（2020 - 09 - 08）［2022 - 04 - 05］. http：//www.xinhuanet.com/2020 - 09/08/c_1126466972.htm.
②　贝克.风险社会［M］.张文杰，何博闻，译.北京：译林出版社，2018：288.

不平衡带来的问题，缩小发展差距，促进共同繁荣。中国依托共建"一带一路"倡议，积极推动区域经济畅通循环，扩大相互投资规模，全面实现复工复产，引领全球各国走出发展低谷。

（四）构建人文共同体以超越文明隔阂

新冠病毒感染疫情期间，"文明冲突论""种族优越论"借尸还魂，一些西方媒体蛊惑民众、煽动"黄祸论""排华潮"，加剧社会撕裂、种族冲突。复杂的国际形势下，促进民心相通、构建人文共同体是打破隔阂、消除误解的正道。人文交流是建立互信机制的前提和基础；人文纽带是凝聚精神、促进文明和谐共生的内驱动力。在相互尊重、平等包容的前提下，不同特色的文化相互借鉴、取长补短，通过文化交流激发文化生产力，进而实现文明的再生和复兴。中国提倡开展文化交流和文明对话，推动教育、文化、旅游、体育、媒体、妇女等领域交流合作，形成全方位、深层次、多渠道人文合作机制，以文明交流打破文明隔阂、以文明互鉴超越文明冲突、以文明共存替代文明优越。

（五）构建人与自然生命共同体以维护人与自然和谐共生

人与自然的关系是人类社会最基本的关系，2017年党的十九大报告中首次出现"人与自然是生命共同体"，提出了"天人合一"的绿色发展道路。2021年4月22日习近平以视频方式出席领导人气候峰会并发表重要讲话，从"六个坚持"全面系统阐释"人与自然生命共同体"理念的丰富内涵和核心要义："坚持人与自然和谐共生，坚持绿色发展，坚持系统治理，坚持以人为本，坚持多边主义，坚持共同但有区别的责任原则。"人与自然生命共同体倡导人类在社会生产实践中"尊重自然、顺应自然、保护自然"，把基于生命关怀的人类社会正义延伸至生态正义，呼吁国际社会从政治性正义与伦理性正义合一的视角来处理全球环境问题。

命运与共，既是中国传统文化中天下一家、和衷共济理想的内在追求，也是古希腊哲人理想国的正义所在。从全球化发展的现实出发，人类命运共同体提出了新的国际社会合作观、安全观、发展观和文明观，通过"五个共同体"为推动构建人类命运共同体提供理论遵循。

中国基于对百年未有之大变局的客观判断，结合人类发展史上关于人类理想社会的构想，从马克思主义共同体理论出发，提出构建人类命运共同体。十年来中国共产党对这一理念进行了深入开掘，从实践推进到话语建构，逐步完善这一理念，使之成为一个严密的理论体系。人类命运共同体理念直面人类面临的全球性问题和冲突，从理念层面提出了美好愿景，通过"一带一路"等全球性实践确证其真理性。从"五个共同体"来看，它符合科学理论抽象性、系统性的基本特征。一方面它对具体的实践活动进行了抽象化，是对"一带一路"等实践的简化和提炼；另一方面它建立在明确的判断、正确的推理和证明基础之上，体现为系统化的逻辑体系。总而言之，人类命运共同体符合人类共同价值，具有理论的解释力和实践的可行性。

第三节 全球传播新秩序

传播是社会结构中的一种调节性力量，传播秩序既是社会秩序的产物，也影响着社会秩序的形成。全球传播秩序是全球传播实践过程中逐步形成的内在性结构，一方面它是全球秩序在人类传播活动中的映射，另一方面又影响着全球秩序的构建。

一、全球传播秩序的变迁

第一次工业革命以来的全球传播秩序具有鲜明的欧美中心主义色彩，由欧美等西方国家长期主宰。[1] 全球传播秩序经历了从以欧洲为中心向以美国为中心的转移，自由主义和所谓新自由主义是以欧美为中心的全球传播秩序的核心（见图 10-4）。

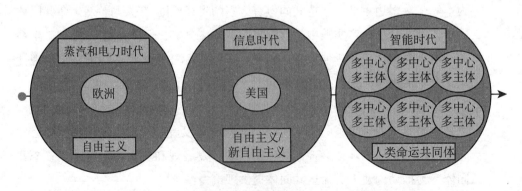

图 10-4 全球传播秩序中心的转移

蒸汽与电力时代的全球传播秩序以欧洲为中心。第一次工业革命和第二

---

① 于国辉. 中国媒体正在推动全球新闻传播秩序变革［N］. 中国社会科学报，2017 - 05 - 17.

次工业革命时期，英法等欧洲资本主义国家凭借其跨国、跨地域的通信技术，占据全球信息传播技术领域的领军地位，路透社、法新社最早使用海底电缆实现了跨洋传播。19世纪70年代，"三社四边协定"实质上划定了第一次世界大战前的全球传播秩序，按照殖民范围，英、法、德三国几乎垄断了全球主要的信息传播。近代以来西欧兴起的自由主义，作为西方世界主导性社会思潮，当之无愧地成为蒸汽与电力时代全球传播秩序的核心思想。以此为统摄，从约翰·弥尔顿的出版自由思想，到托马斯·杰斐逊的言论自由思想，从18世纪至19世纪，自由主义新闻理论构建了全球传播的主导范式。

信息时代的全球传播秩序以美国为中心。第三次工业革命时期，美国凭借其技术优势取代欧洲成为全球秩序的主导者。第二次世界大战后，美国在电子传播领域显示出独特优势，1962年美国发射全球首颗主动式通信卫星"电星1号"，开启了电视全球转播时代；1969年美国阿帕网从实验阶段起步，开启了人类互联网传播的新纪元；20世纪90年代互联网进入社会化应用阶段。近一个世纪以来，美国凭借其传播技术优势雄踞全球传播秩序引领者的宝座。20世纪70年代以来科技革命兴起，所谓的新自由主义助推全球媒介集团快速扩张，这两种力量合力推动资本主义意识形态向全球蔓延。

在当前全球传播生态中，美国拥有无可匹敌的传播霸权[①]，主导着国际舆论的方向，全球传播秩序亦被强权国家的偏好和利益所左右，出现了严重的不平等和不平衡。针对全球传播秩序中"不平等且常常是强制性的权力运作"，发展中国家发起了建立传播新秩序的呼吁和抗争。在1968年联合国教科文组织召开的"大众传播媒介和国际了解"讨论会上，发展中国家首次提出了发达国家和发展中国家新闻和信息传播不均衡、不平等的问题。1970年，在联合国教科文组织第16届大会上，建立世界新闻传播新秩序第一次被正式纳入大会议题。此后，在联合国教科文组织的多次会议上，在不结盟国家首脑会议上，建立世界新闻传播新秩序的论争多次爆发，发达国家代表与发展中国家代表屡屡交锋。[②] 1976年，联合国教科文组织第19届大会决定成立国际传播问题研究委员会（史称"麦克布赖德委员会"），旨在研究新传播技术的发展以及全球传播存在的问题。国际传播问题研究委员会于1980年提交了研究报告《多种声音，一个世界：交流与社会 现状和展望》，对建立传播新秩序提出了82点建议，包括：加强信息传播的独立自主性，传播民主化，职业道德与规范，社会效果和新的任务，鼓励国际合作。实际上，

---

① 赫里尔. 全球秩序与全球治理 [M]. 林曦，译. 北京：中国人民大学出版社，2018：8.
② 郑超然，程曼丽，王泰玄. 外国新闻传播史 [M]. 北京：中国人民大学出版社，2000：525-528.

这一报告关注的对象已经超越发展中国家的范围，扩展到了更加广义的全球层面。[①] 翌年，20多个发达国家代表在法国开会，通过"塔鲁瓦宣言"，抨击国际传播问题研究委员会的研究报告。四年后，美国和英国因此退出了联合国教科文组织。芬兰学者卡拉·诺顿斯登（Kaarle Nordenstreng）指出，新秩序的实质是"信息领域国际关系体系的民主化"[②]。

2013年德国提出"工业4.0"，此后以物联网、大数据、人工智能、量子信息技术以及生物技术等技术为驱动力的第四次工业革命席卷全球[③]，推动人类进入"智能时代"。时至今日，强大的人工智能技术和媒体融合趋势并未弥合数字鸿沟，全球范围内的信息结构不平衡、不平等依然如故。在美国主导的全球传播秩序中，美国及其盟友掌握着全球新闻信息采集、加工和传播的主导权，美国为了维护自身及盟友的核心利益和价值观，大量传播带有西方偏见的甚至是歪曲性的新闻信息，极大地影响着人们对各国实际状况的客观认知。

"智能时代"，每个国家都在发力，希望能够在这场科技竞争中占据领先位置，科技竞争力最终会转化为对全球秩序和全球传播秩序的影响力和塑造力，带来全球秩序和全球传播秩序的大转变，即脱离以欧美中心的单极或单一中心态势，呈现多中心、多主体的传播格局。"智能时代"全球传播的主体超越国家政府，非政府组织、国际组织、跨国公司以及个人均参与全球传播，形成了传播主体的多元化。[④]

新一轮科技革命也将助推传播观念的转变。近十年来，中国倡导的人类命运共同体强调相互依存的国际权力观、共同利益观、可持续发展观和全球治理观，其中蕴含"各国相互尊重、平等相待，合作共赢、共同发展，实现共同、综合、合作、可持续的安全，不同文明兼容并蓄、交流互鉴"[⑤] 的目标追求，人类命运共同体理念与"智能时代"全球传播秩序多极或多中心态势高度契合，正在被越来越多的国家和民族所接受和认同。

二、美国掌握全球传播秩序主导权的根源

（一）美国拥有领先世界的传播技术

美国是世界上网络技术资源的最大拥有者，在根服务器管理权和网络产

① 熊澄宇. 西方新闻传播学经典名著导读［M］. 北京：中国人民大学出版社，2004：629.
② 诺顿斯登. 世界信息与传播新秩序：浴火重生的主张［J］. 徐培喜，译. 中国记者，2011（9）：64-68.
③ 森德勒. 工业4.0：即将来袭的第四次工业革命［M］. 邓敏，译. 北京：机械工业出版社，2014：2.
④ 高金萍. 中国在全球治理中的角色转型与全球传播能力提升［J］. 对外传播：2020（12）：8-10.
⑤ 习近平. 迈向命运共同体 开创亚洲新未来：在博鳌亚洲论坛2015年年会上的主旨演讲［N/OL］. (2015-11-05)［2021-12-13］. www.xinhuanet.com//politics/2015-03/29/c_127632707.htm.

业链核心资源上拥有绝对的技术资源霸权。冷战结束后，美国成立了"互联网名称与数字地址分配机构"（ICANN），对互联网根服务器进行管理，虽然当前 ICANN 的域名管辖权名义上已经独立于美国政府，但是目前全球 13 台根服务器有 10 台分布在美国本土。谁控制了根服务器，谁就控制了互联网。此外美国制造商占据了全球互联网硬件和软件的核心资源，如英特尔垄断电脑芯片，Windows、iOS 和安卓操作系统称霸 PC、平板和智能手机。根据中国网络空间研究院发布的《世界互联网发展报告 2022》，美国仍然是全球互联网基础设施领域的领先者，在信息基础设施、创新能力、产业发展、互联网应用、互联网治理等多项指数排名中，美国处于全球第一。[①]

（二）美国拥有全球传播的制度标准

互联网是全球传播的技术基础，在美国推动互联网走向全球的过程中，"美国标准"也被推向全球，包括互联网行业利益标准、公众利益标准以及特殊条件下的国家利益标准。[②] 当前全球互联网的域名解析、计算机通信等领域的规范，均出自美国。美国政府还出台了一系列政策、法律法规以确保美国的制度标准在全球保持竞争力和领导力。如 2011 年 7 月美国国防部出台了《网络空间行动战略》，规定对美国发动的任意网络攻击都被视为战争行为，美国保留军事回击的权利，这显示美国已经将网络空间的威慑和攻击能力提升到更重要的位置。2022 年 1 月美国众议院通过《2022 年美国创造制造业机会和技术卓越与经济实力法》（简称《2022 年美国竞争法》），提出一揽子计划以"投资下一代尖端科技，让更多的关键产品在美国生产"，其中包括创立"美国芯片基金"，拨款 520 亿美元鼓励美国私营企业投资半导体生产等，授权 450 亿美元改善美国供应链，加强制造业等，确保美国在全球的领导地位。

（三）美国拥有全球传播的话语权

美国凭借制度标准决定权，设定程序员代码必须使用英语，确定了英语作为全球网络空间通行语言的特权。根据专门开展 Web 技术调查的网站 W3Techs 2020 年的调研报告，互联网上近 60％的内容使用英语，而汉语内容仅占 1.3％。利用语言主导优势，美国源源不断地向世界输出美国文化和价值观，强化全球网民对某些国家或政府的刻板印象，兜售与美国竞争者的污名化信息，引导国际舆论导向，从而构建了一个符合美国利益的、虚幻的

---

① 2022 年世界互联网大会蓝皮书发布［N/OL］.（2022-11-09）［2022-11-25］. https：//www.zj. people. com. cn/n2/2022/1109/c186327-40188033. html.

② 王靖华. 美国互联网管制的三个标准［J］. 当代传播：2008（3）：51-54.

"全球舆论环境"。近年来，美国出于维护其全球霸权地位的考量，对中国全面施压，挑动国际舆论对中国的妖魔化和污名化，在2019年中美贸易摩擦中发动对华媒体战；在2020年新冠病毒感染疫情中甩锅中国抛出"病毒来源论"。这些负面舆论和不实信息，一定程度上恶化了全球舆论生态，激发了国际舆论的极化现象，严重影响了中国发展的外部环境。

亨利·基辛格（Henry Kissinger）在《世界秩序》（*World Order*）一书中指出："非西方世界的崛起使得西方世界秩序的普遍性不复存在，西方国家唯有尊重非西方国家的文化传统才能建立起和谐有序的世界新秩序。"[①] 对照美国成为全球秩序引领者的原因，中国在传播技术领域的快速发展和制度创新优势，决定了中国在未来全球传播新秩序中可以有所作为。

三、新技术推动全球传播秩序的重构

以元宇宙为代表的新一轮科技革命，将推动数字技术与现实世界更加深入地融合。新一轮科技革命将为人类赋能，增强人类通过数字化平台感知世界、连接世界的能力。元宇宙将以较低成本实现两个时空的融合，促使现实社会生态与虚拟社会生态高度耦合。现实世界与虚拟世界的融合将改变现有社会的格局和运作，对经济、社会、政治产生深远影响，可能重塑全球的数字经济生态。如果新兴国家能够及时认识并主动适应全球传播技术范式的转变，将有可能参与甚至引领全球传播新秩序的构建。[②]

虚拟世界的建构权必将溢出虚拟世界，影响并改变现实世界。根据中国现代国际关系研究院的研究报告预测，"当前元宇宙并没有产生具有强烈变革性的应用和产品，应用这一概念的产品与传统产品并无本质性区别。但是，随着相关技术成本的降低、用户群的培养，该概念有可能在5至10年后迎来爆发期"[③]。从构建虚拟世界的全球传播秩序入手，这是构建现实世界中新的全球传播秩序的入口。谁主动介入虚拟世界的规则、政策和秩序的制定，谁就能够掌握虚拟世界的建构权。元宇宙不啻一个全新的赛道，谁能够准确把握发展方向，加强基础研究，积累成熟技术，提供符合全球公众共同利益的国际规制，谁就能够成为全球传播秩序的引领者。

元宇宙不仅被苹果、脸书、Epic、微软、英伟达、腾讯等科技巨头青睐，

---

① 基辛格. 世界秩序［M］. 胡利平，等译. 北京：中信出版社，2015：21.
② 龙小农. 从国际传播技术范式变迁看我国国际话语权提升的战略选择［J］. 现代传播，2012（5）：37 - 43.
③ 中国现代国际关系研究院. 元宇宙与国家安全［N/OL］.（2021 - 10 - 31）［2021 - 11 - 05］. https://www.xbfzb.com/2021 - 10/31/content_9290420.html.

一些国家政府也开始关注它，积极争夺虚拟世界的建构权。在亚洲，韩国科学技术和信息通信部 2021 年 5 月发起成立了"元宇宙联盟"，该联盟包括现代、SK 集团、LG 集团等 200 多家韩国本土企业和组织，其目标是打造国家级增强现实平台，并在未来向社会提供公共虚拟服务；韩国财政部公布的 2022 年预算显示，计划投资 2000 万美元用于元宇宙平台开发。日本经济产业省 2021 年 7 月发布《关于虚拟空间行业未来可能性与课题的调查报告》，该报告归纳总结了日本虚拟空间行业亟须解决的问题，认为元宇宙是"在一个特定的虚拟空间内，各领域的生产者向消费者提供各种服务和内容"。该行业应将用户群体扩大到一般消费者，以使日本在全球虚拟空间行业中占据主导地位。

在欧洲，欧盟就人工智能这一未来元宇宙重要支撑领域进行立法提案，试图在该新兴技术成为主流前实施监管。欧盟委员会 2021 年 4 月通过了《人工智能法》提案，新法将调整安全规范，以增加使用者对新一代多功能产品的信任，同时加强欧盟对人工智能的投资、应用和创新，旨在将欧洲打造成为值得信赖的人工智能全球中心。① 该法案已通过普通立法程序提交欧洲议会和成员国，若最终被通过和实施，将直接适用于欧盟所有成员国。立法预示着欧盟更关注元宇宙的监管和规则问题，试图在治理和规则上占据先发优势，进而保护欧洲内部市场，通过规则谈判保护自身利益。

基于 20 世纪 70 年代发展中国家提出建立世界新闻传播新秩序的传统，未来全球传播新秩序应以"平等、均衡、公正"为根本原则，在传播环境、技术规制和价值理念三个层面进行传播秩序重构。

其一，积极培育健康的传播生态，支持底层技术研发。应基于现有技术水平，结合全球市场、用户群体、数字生态和产业链实际，通过政策导向，培育良好的创新环境，鼓励科技公司凝聚力量、分工合作，推进元宇宙技术的开发和应用，构建健康的全球传播生态。其二，研制技术规则和行业标准，探索元宇宙的全球标准。与互联网一样，元宇宙不同系统的链接也需要一系列标准和协议，使开发者、部署者和使用者根据同一套规则、程序行动。为此应加强元宇宙标准统筹规划，引导和鼓励数字科技企业开展标准化合作，进行硬件、软件、技术、服务和内容等行业标准的研制。其三，倡导善治原则，坚持人类命运共同体理念。人类命运共同体理念与 20 世纪全球传播秩序二元对立的预设立场不同，强调人类相互协作、共同应对挑战、共享发展机遇。元宇宙的全球治理应当以促进社会包容、民主、多元、团结、公平、

---

① 欧盟推出新的人工智能法规［EB/OL］.（2021-04-25）［2021-11-05］. https：//lmtw.com/mzw/content/detail/id/200722.

平等和合作为根本原则，建构符合双多边机制发展要求的全球合作新机制，以促进全球传播格局迈向更加公平、平等、合作的共同体。

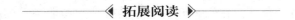

◀ 拓展阅读 ▶

习近平. 论坚持推动构建人类命运共同体 [M]. 北京：中央文献出版社，2018.

阿尔布劳. 中国在人类命运共同体中的角色：走向全球领导力理论. 严忠志，译. 北京：商务印书馆，2020.

滕尼斯. 共同体与社会 [M]. 张巍卓，译. 北京：商务印书馆，2019.

基辛格. 世界秩序 [M]. 胡利平，等译. 北京：中信出版社，2015.

◀ 思 考 题 ▶

第一节

1. 古希腊文学和哲学中的理想社会是什么？

2. 西方理想社会理论的现实局限是什么？

第二节

1. 人类命运共同体的核心内容是什么？

2. 为何说人类命运共同体是符合人类社会发展规律的？

3. 中国是如何践行人类命运共同体理念的？

4. 人类命运共同体有何现实价值？

第三节

1. 19 世纪以来全球传播秩序经历了哪些变革？

2. 20 世纪以来美国拥有哪些优势使之成为全球传播秩序主导者？

3. 构建全球传播新秩序的目标是什么？

参考文献

一、中文参考文献

安浩 . 铸造国家、城市和地区的品牌：竞争优势识别系统［M］. 葛岩，卢嘉杰，何俊涛，译 . 上海：上海交通大学出版社，2010.

贝克 . 风险社会［M］. 张文杰，何博闻，译 . 北京：译林出版社，2018.

蔡拓 . 全球学与全球治理［M］. 北京：北京大学出版社，2018.

戴比尔，梅里尔 . 全球新闻事业：重大议题与传媒体制［M］. 郭之恩，译 . 北京：华夏出版社，2010.

戴佳，曾繁旭 . 环境传播：议题、风险与行动［M］. 北京：清华大学出版社，2006.

戴佳 . 环境传播［M］. 北京：清华大学出版社，2015.

福特奈 . 国际传播：全球都市的历史、冲突及控制［M］. 刘利群，译 . 北京：中国传媒大学出版社，2000.

伽摩利珀 . 全球传播［M］. 尹宏毅，译 . 北京：清华大学出版社，2003.

高芳芳 . 环境传播：媒介、公众与社会［M］. 杭州：浙江大学出版社，2016.

郭小平 . 环境传播［M］. 武汉：华中科技大学出版社，2013.

洪浚浩 . 传播学新趋势［M］. 北京：清华大学出版社，2014.

霍尔兹豪森，策法斯 . 战略传播手册［M］. 陈先红，张凌，译 . 北京：中国传媒大学出版社，2021.

基辛格 . 世界秩序［M］. 胡利平，等译 . 北京：中信出版社，2015.

卡斯特 . 传播力［M］. 汤景泰，星辰，译 . 北京：社会科学文献出版社，2018.

库尔德利 . 媒介、社会与世界：社会理论与数字媒介实践［M］. 何道宽，译 . 上海：复旦大学出版社，2014.

李彬 . 全球新闻传播史［M］. 北京：清华大学出版社，2005.

李华 . 世界新公共外交的模式与趋势［M］. 北京：时事出版社，2017.

李金铨 . 传播纵横：历史脉络与全球视野［M］. 北京：社会科学文献出版社，2019.

李智 . 全球传播学引论［M］. 北京：新华出版社，2010.

刘琛 . 镜像中的中国国家形象［M］. 北京：中国人民大学出版社，2016.

刘涛 . 环境传播［M］. 北京：北京大学出版社 . 2012.

鲁传颖 . 全球网络空间稳定：权力演变、安全困境与治理体系构建［M］. 上海：上海人民出版社，2022.

马特拉 . 全球传播的起源［M］. 朱振明，译 . 北京：清华大学出版社，2015.

麦奎尔. 媒体城市 [M]. 邵文实，译. 南京：江苏教育出版社，2013.

奈. 论权力 [M]. 王吉美，译. 北京：中信出版社，2015.

奈. 硬权力与软权力 [M]. 门洪华，译. 北京：北京大学出版社，2005.

聂静虹. 健康传播学 [M]. 广州：中山大学出版社，2019.

森德勒. 工业 4.0：即将来袭的第四次工业革命 [M]. 邓敏，译. 北京：机械工业出版社，2014.

邵培仁. 媒介生态学 [M]. 北京：北京科文图书业信息技术有限公司，2008.

沈国麟，等. 互联网与全球传播：理论与案例 [M]. 上海：复旦大学出版社，2018.

陶家俊. 形象学研究的四种范式 [M]. 北京：中国社会科学出版社，2019.

滕尼斯. 共同体与社会 [M]. 张巍卓，译. 北京：商务印书馆，2019.

屠苏. 国际传播：延续与变革 [M]. 董关鹏，等译. 北京：新华出版社，2004.

王莉丽. 公共外交：多元理论与舆论战略研究 [M]. 北京：中国社会科学出版社，2018.

肖焕禹. 体育传播学 [M]. 北京：人民体育出版社，2011.

谢尔顿. 社交媒体：原理与应用 [M]. 张振维，译. 上海：复旦大学出版社，2018.

休梅克，科恩. 全球新闻传播：理论架构、从业者及公众传播 [M]. 刘根勤，周一凝，李紫鹏，译. 杭州：浙江大学出版社，2016.

许正林. 体育传播学 [M]. 上海：上海交通大学出版社，2010.

薛国林. 绿色传播与生态文明 [M]. 广州：暨南大学出版社，2011.

姚大志. 正义与善：社群主义研究 [M]. 北京：人民出版社，2014.

张开. 全球传播学 [M]. 北京：中国广播影视出版社，2013.

赵启正. 公共外交与跨文化交流 [M]. 北京：中国人民大学出版社，2011.

周庆安. 超越有形疆界：全球传播中的公共外交 [M]. 北京：中国传媒大学出版社，2018.

二、外文参考文献

BUHMANN A. Measuring country image：theory, method, and effects [M]. Wiesbaden：Springer，2016.

CULL N J. Public diplomacy：foundations for global engagement in the digital age [M]. Medford：Polity，2019.

DIMITROVA D. Global journalism：understanding world media systems [M]. Lanham：Rowman & Littlefield，2021.

FREBERG K. Social media for strategic communication：creative strategies and research-based applications [M]. 2nd ed. New Delhi：Sage，2021.

GRIX J，BRANNAGAN P，LEE D. Entering the global arena：emerging states, soft power strategies and sports mega-events [M]. Singapore：Palgrave Macmillan，2019.

HANSEN A，COX R. The Routledge handbook of environment and communication [M]. New York：Sage，2015.

HOLTZHAUSEN D，ZERFASS A. The Routledge handbook of strategic communication [M]. Devon：Sage，2019.

HSIEH E，KRAMER E M. Rethinking culture in health communication：social interactions as intercultural encounters [M]. Oxford：Wiley-Blackwell，2021.

KAMALIPOUR Y R. Global communication：a multicultural perspective [M]. 3rd ed. Lanham：Rowman & Littlefield，2019.

LUGO-OCANDO J，NGUYEN A. Developing news：global journalism and the coverage of "Third World" development [M]. New York：Routledge，2017.

MCPHAIL T L，PHIPPS S. Electronic colonialism：theories，stakeholders，and trends [M]. Hoboken：Wiley-Blackwell，2019.

MUTSVAIRO B，BEBAWI S，et al. Data journalism in the Global South [M]. Cham：Palgrave Macmillan，2019.

PLOUGH A L. Culture of health in practice：innovations in research，community engagement，and action [M]. New York：Oxford University Press，2020.

ROBERTS A，LAMP N. Six faces of globalization：who wins，who loses，and why it matters [M]. Boston：Harvard University Press，2021.

ROWE D. Global media sport：flows，forms and futures [M]. London：Bloomsbury，2011.

SACHS J D. The ages of globalization：geography，technology，and institutions [M]. New York：Columbia University Press，2020.

THOMPSON T L，PARROTT R，NUSSBAUM J F. The Routledge handbook of health communication [M]. 2nd ed. New York：Routledge，2011.

后 记

本教材的目标读者是国际新闻传播专业和新闻学、传播学、国际政治专业高年级本科生，以及相关专业硕士、博士研究生。

本教材的撰写源于2019级新闻传播专硕班学生们的鼓舞。2020年春季，新冠病毒感染疫情暴发后第一个学期的线上课程"全球传播理论与实践"获得2019级新闻传播专硕班学生们的高度评价，多名学生先后不约而同地告诉我，这是他们在北京外国语大学上过的最好的一门课。后来，这门课又吸引了中国语言文学学院汉语国际教育博士生、国际关系学院和高级翻译学院硕士生选修。

学生的鼓舞当然是老师最大的动力，加之国内缺少全球传播方向的专业教材，让我萌生了撰写本教材的心思。此后两年，我的寒假和暑假，就在严寒与酷暑中，在梳理我近20年来深耕国际传播的心得中，在架构全球传播的基础理论中度过了。

感谢中国人民大学新闻学院张迪教授，与我合作完成了第七章，让我受益匪浅。感谢北京外国语大学国际新闻与传播学院魏伟教授慷慨援手，将他最新的关于体育媒介化的思考奉献给本教材，这些内容值得读者反复阅读。

本教材也是国家社会科学重大招标项目"百年未有之大变局下中国共产党全球形象传播与认同研究"（项目编号：21@ZD314）的阶段性成果。

感谢中国人民大学出版社翟江虹编审的力荐和指点。感谢北京外国语大学国际新闻与传播学院和学校教材处的支持和帮助。感谢本教材的第一批读者，博士生郑佳、蔡懿滢、李庆豪、朱一达，他们的建议、润色和校对让本教材更有针对性。恳切期待读者们对本教材的不足提出宝贵意见，我会进一步完善。

高金萍

2022年9月20日

图书在版编目（CIP）数据

全球传播导论/高金萍著 . -- 北京：中国人民大
学出版社，2023.3
　新编21世纪新闻传播学系列教材
　ISBN 978-7-300-31478-5

Ⅰ.①全… Ⅱ.①高… Ⅲ.①传播学—世界—高等学
校—教材 Ⅳ.①G206

中国国家版本馆 CIP 数据核字（2023）第 028894 号

新编21世纪新闻传播学系列教材
全球传播导论
高金萍　著
Quanqiu Chuanbo Daolun

出版发行	中国人民大学出版社				
社　　址	北京中关村大街 31 号		邮政编码	100080	
电　　话	010 - 62511242（总编室）		010 - 62511770（质管部）		
	010 - 82501766（邮购部）		010 - 62514148（门市部）		
	010 - 62515195（发行公司）		010 - 62515275（盗版举报）		
网　　址	http://www.crup.com.cn				
经　　销	新华书店				
印　　刷	北京七色印务有限公司				
规　　格	185 mm×260 mm　16 开本		版　　次	2023 年 3 月第 1 版	
印　　张	17.75 插页 1		印　　次	2023 年 3 月第 1 次印刷	
字　　数	321 000		定　　价	49.80 元	

关联课程教材推荐

书号	书名	作者	定价（元）	出书时间
978-7-300-27846-9	国际传播（第二版）	李智	45.00	2020 年 1 月
978-7-300-11125-4	传播学教程（第二版）	郭庆光	49.90	2011 年 4 月
978-7-300-28271-8	舆论学教程	李彪	45.00	2020 年 7 月
978-7-300-30840-1	健康传播：理论与实践	王秀丽	49.90	2022 年 8 月
978-7-300-17356-6	跨文化传播	［美］拉里·A·萨默瓦	69.80	2013 年 9 月
978-7-300-30982-8	走向和谐共生：中国环境议题的多元话语建构	黄河	69.80	2022 年 9 月

配套教学资源支持

尊敬的老师：

衷心感谢您选择人大版教材！相关的配套教学资源，请到中国人民大学出版社官网（www.crup.com.cn）下载。部分教学资源需要验证您的教师身份后，才可以下载。请您登录出版社官网后，点右上角"注册"，填写"会员中心"的"我的教师认证"项目，等待后台审核。我们将尽快为您开通下载权限。

如您急需教学资源或教材样书，也可以直接与我们的编辑联系。

联系人：龚洪训　　**电话：**010-62515637　　**电子邮箱：**6130616@qq.com

欢迎加入全国新闻教师 QQ 群（群号：259226416），开展学术讨论，交流教学心得。

俯仰天地　心系人文

www.crup.com.cn

中国人民大学出版社

欢迎登录浏览，了解图书信息，下载教学资源